21世纪高等学校
经济管理类规划教材 高校系列

统计学案例与实训教程

◎ 梁超 主编

PRACTICE OF STATISTICS

人民邮电出版社
北京

图书在版编目（CIP）数据

统计学案例与实训教程 / 梁超主编. -- 北京 : 人
民邮电出版社, 2016.1（2024.7 重印）
21世纪高等学校经济管理类规划教材. 高校系列
ISBN 978-7-115-40368-1

Ⅰ. ①统… Ⅱ. ①梁… Ⅲ. ①统计学－高等学校－教
材 Ⅳ. ①C8

中国版本图书馆CIP数据核字(2015)第207512号

内 容 提 要

统计学是一门关于搜集、整理、分析数据并从数据中得出结论的学科。本书全面、系统地介绍了统计学的基本理论、基本方法和案例应用。其内容包括导论、数据的搜集、数据的预处理、数据的整理、统计图、数据的概括性度量、回归分析、动态数列分析、SPSS 的统计学实训。本书在统计资料的搜集、整理中通过实训介绍了统计资料的汇总、统计图的绘制方法、常见统计指标的计算和 SPSS 的统计应用。

本书适合作为经济类、管理类各专业统计学课程的教学用书，也可作为从事社会、经济和管理等研究和实际工作人员的参考用书。

◆ 主　　编　梁　超
　责任编辑　许金霞
　责任印制　沈　蓉　彭志环
◆ 人民邮电出版社出版发行　　北京市丰台区成寿寺路 11 号
　邮编　100164　　电子邮件　315@ptpress.com.cn
　网址　http://www.ptpress.com.cn
　北京七彩京通数码快印有限公司印刷
◆ 开本：787×1092　1/16
　印张：11.5　　　　2016 年 1 月第 1 版
　字数：260 千字　　2024 年 7 月北京第 10 次印刷

定价：29.80 元

读者服务热线：(010)81055256　印装质量热线：(010)81055316
反盗版热线：(010)81055315

总 序

人才培养质量是大学的生命线，人才培养模式改革是大学发展永恒的主题。作为一所地方性、应用型本科院校，人才培养的优势和特色，决定着学校的发展方向和前途命运。自2007 年 3 月起，德州学院组织全体教授认真学习了《教育部、财政部实施高等学校本科教学质量与教学改革工程的意见》和《教育部关于进一步深化本科教学改革，全面提高教学质量的若干意见》两个重要文件，并先后出台了《德州学院关于深化教学改革，全面提高教学质量的意见》《德州学院关于人才培养模式改革的实施意见》和《德州学院人才培养模式创新实验区建设与管理办法（试行）》三个执行文件。2009 年初，德州学院决定集全校之力，开展经管类创业型人才培养模式创新实验区建设工作。

德州学院于 2011 年 3 月 17 日制订了《关于培养创新性应用型人才的实施意见》，提出了创新性应用型人才的教育改革思路。2011 年 10 月，德州学院决定以经管类创业型人才培养模式创新实验区的建设为试点开展实验区建设工作。同时学院还明确指出经管类创业型人才培养模式创新实验区的任务：扎实开展经管类创业型人才培养模式的理论研究和实践探索，总结培养创新性应用型人才的经验和教训，为创建山东省应用型人才培养特色名校提供理论支撑和工作经验。2012 年 8 月，该实验区（基于四位一体理念的创业教育创新实验区）被山东省教育厅评为省级人才培养模式创新实验区。

从我国目前的经济发展战略以及当前的社会、经济等现实情况来看，我国急需培养经管类创新性应用型人才。我国经济正处在从工业化初期向工业化中后期转变的过程中，以培养基础扎实的专业型人才为主要目标的人才培养模式暴露出了不能满足社会多元化需求的缺陷，从而造成了大量经管类学生就业困难的局面。经管类人才培养模式的改革，首先需要转变教育理念。教育不能局限于知识的传授，教师的作用应该是培养学生的自学能力，注重发掘学生的特长，形成良好的个性品质，要树立培养学生创新与创业精神的教育理念。其次，要调整培养目标，应该以适应地方经济和社会发展变化的岗位工作需要为导向，把培养目标转向知识面宽、能力强、素质高、适应能力强的复合型创业人才；把质量标准从单纯的学术专业水平标准转变为社会适应性标准。最后，要改变培养方式，要与社会对接和交流，要从封闭式走向开放式。同时，应该加快素质教育和能力培养内容与方法的改革，全面提升学生的社会适应能力和应变能力。通过经管类人才培养模式的改革，旨在把学生培养成为具有较高的创新意识，长于行动、敢担风险，勇担责任、百折不挠的创新创业型人才。

人才培养方案的改革是人才培养模式改革的首要工作。创新实验区课题工作小组对德州学院经管类创业型人才培养目标从政治方向、知识结构、应用能力、综合素质、就业岗位、办学定位、办学特色七个方面进行了综合描述，从经管类人才培养的知识结构、能力结构和综合素质三个方面进行了规格设计，针对每一项规格制订了相应的课程、实验、实训、专业创新设计、科技文化竞赛等教学培养方案，形成了以能力为主干、创新为核心，知识、能力和素质和谐统一的理论教学体系、实践教学体系和创新创业教学体系。

人才培养内容与方法的改革是人才培养模式改革的核心内容。创新实验区课题工作小组提出，要以经管类创业型人才培养模式创新系列教材的编写与使用为突破口，利用 3~5 年时间初步实现课堂教学从知识传授向能力培养的转型。这标志着德州学院人才培养模式改革进入核心和攻坚阶段，这既是良好的机遇，又面临着巨大的挑战。

这套经管类创业型人才培养模式创新系列教材的编写基于以下逻辑过程：德州学院经济管理系率先完成了创新性应用型人才培养理论教学体系、实践教学体系和创新创业教学体系的框架构建，其中，理论课程内容的创新在理论教学体系改革中居于核心和统领地位。该体系的人才培养内容与方法的创新是把专业课程划分为核心课程、主干课程、特色课程和一般课程四类，根据专业采取不同的建设方案与措施方法。其中，核心课程建设按照每个专业遴选 3~5 门课程作为专业核心课程进行团队建设。例如，会计学专业选择管理学、初级会计、中级财务会计、财务管理和审计学五门课程为专业核心课程。每一门核心课程按照强化专业知识、培养实践能力和提高教学素质的标准，分为经典教材选用、案例与实训教程设计和教师教学指导设计三个环节。而特色课程是在培养知识、能力、素质和创新精神四位一体的创业型人才培养中专门开设的课程，其目的是增强创业型人才培养的针对性和可操作性。

这套经管类创业型人才培养模式创新系列教材是在许许多多的人，包括德州学院经管系教师、部分学生以及家长的共同努力下完成的，凝聚了大家的心血和智慧，希望这套教材能为德州学院的人才培养模式创新工作探索出一条成功的道路。

季桂起

2012 年 10 月

前言 FOREWORD

随着德州学院创建山东省应用型特色名校步伐的加快和经管类创业型人才培养模式创新实验区改革的发展，探索和编写一套适合会计学专业创新性应用型人才培养模式的经管类系列教材的需求显得更为紧迫。编写组经过反复思考，在借鉴已出版教材的经验基础上，根据经济管理类创新性应用型人才培养目标的要求，决定编写一本适用于地方性、应用型本科院校的教学特点的教材《统计学案例与实训教程》。

“统计学”作为国际经济与贸易专业中的核心课程，教学内容和教学方法的改革直接影响国际经济与贸易专业人才培养的质量。自 2007 年起德州学院国际经济与贸易专业开展一系列人才培养方案的改革工作以来，编写组按照经济管理类创新性应用型人才培养模式改革教材编委会提出的“从理论到实践、从知识到能力，最终实现综合素质全面提升”的总体要求，认真思考“统计学”的理论教学需求，系统分析了“统计学”不同版本的教材的特点，最终选用了贾俊平、何晓群、金勇进教授主编的《统计学》（中国人民大学出版社，第五版）作为理论教材。以此教材为主线，拟定了多个教学模块和不同的教学计划，并编写了《统计学案例与实训教程》一书。

本书整体结构如下。

第一部分实训篇，包括实训与实践练习题。这部分内容根据各章节特点不同而设置，对设置实训的章节要求在完成理论教学后，按照专业人才培养方案的要求安排 4~6 学时的实训课程，加强学生专业技能训练，提升学生实践动手能力，有效地实现理论学习与实践动手的有机融合。

第二部分案例篇，旨在设置论题，引发学生的思考，实现理论与实践的结合。这部分内容要求任课教师在各模块讲授之前，在对模块知识体系介绍的基础上，提前布置给学生，要求学生运用理论知识和案例素材进行团队讨论，并以团队合作方式完成案例分析和展示。实践练习题要求学生课后完成，作为平时成绩进行考核。

本书由梁超负责框架的拟定和编写的组织、审核工作，并负责对全书总纂。其具体分工如下：第 2、3 章由于新匣编写；第 4、5、6 章由靳琳编写；第 7、8、9 章由左力编写；第 1 章、案例篇由梁超编写。

由于作者水平有限，加之时间仓促，本书不当之处在所难免，欢迎广大读者和同行给予我们指导、批评和帮助。

编写组

2015 年 7 月 15 日

目录 CONTENTS

实训篇

案例篇

实训篇

第1章 导论

学习目标

1. 理解统计学的含义。
2. 理解描述统计和推断统计。
3. 了解统计学的应用领域。
4. 了解数据的类型。
5. 理解统计中的几个基本概念。

本章重点

分类数据、顺序数据、数值型数据、参数、统计量、分类变量、顺序变量、数值型变量

基本知识

统计学是一门方法论科学，它在论述其理论与方法时，经常要运用其特有的专门的概念。明确这些基本概念，有利于掌握统计学的基本理论和基本方法，有利于对本书后面各章的学习。本章将介绍统计学的一些基本问题，包括统计学的含义、统计数据及其分类、统计中常用的基本概念等。

1.1 统计及其应用领域

统计学是处理数据的一门科学。人们给统计学下的定义很多，比如，“统计学是收集、分析、表述和解释数据的科学”；“统计是一组方法，用来设计实验、获得数据，然后在这些数据的基础上组织、概括、演示、分析、解释和得出结论”。综合地说，统计学（Statistics）是收集、处理、分析、解释数据并从数据中得出结论的科学。

统计学是关于数据的科学，它所提供的是一套有关数据收集、处理、分析、解释并从数据中得出结论的方法，统计研究的是来自各领域的数据。

数据分析所用的方法可分为描述统计方法和推断统计方法。描述统计（Descriptiye Statistics）研究的是数据收集、处理、汇总、图表描述、概括与分析等统计方法。推断统计（Inferential Statistics）是研究如何利用样本数据来推断总体特征的统计方法。

1.2 统计数据的类型

统计数据是对现象进行测量的结果。例如，对经济活动总量的测量可以得到国内生产总值（GDP）数据，对股票价格变动水平的测量可以得到股票价格指数的数据。下面从不同角度说明统计数据的分类。

1．统计数据的分类

按照所采用的计量尺度不同，可以将统计数据分为分类数据、顺序数据和数值型数据。

分类数据（Categorical Data）是只能归于某一类别的非数字型数据，它是对事物进行分类的结果，数据表现为类别，是用文字来表述的。比如，用1表示“男性”，0表示“女性”；用1表示“医药企业”，2表示“家电企业”，3表示“纺织品企业”等。

顺序数据（Rank Data）是只能归于某一有序类别的非数字型数据。顺序数据虽然也是类别，但这些类别是有序的。比如将产品分为一等品、二等品、三等品、次品等；考试成绩可以分为优、良、中、及格、不及格等。

数值型数据（Metric Data）是按数字尺度测量的观察值。其结果表现为具体的数值。现实中所处理的大多数都是数值型数据。

2．观测数据和实验数据

按照统计数据的收集方法，可以将其分为观测数据和实验数据。观测数据（Observational Data）是通过调查或观测而收集到的数据，这类数据是在没有对事物人为控制的条件下得到的，有关社会经济现象的统计数据几乎都是观测数据。实验数据（Experimental Data）则是在实验中控制实验对象而收集到的数据。比如，对一种新药疗效的实验数据，对一种新的农作物品种的实验数据。

3．截面数据和时间序列数据

按照被描述的现象与时间的关系，可以将统计数据分为截面数据和时间序列数据。截面数据（Cross-sectional Data）是在相同或近似相同的时间点上收集的数据，这类数据通常是在不同的空间上获得的，用于描述现象在某一时刻的变化情况。比如，2013年我国各地区的国内生产总值数据是截面数据。时间序列数据（Time Series Data）是在不同时间收集到的数据，这类数据是按时间顺序收集到的，用于所描述现象随时间变化的情况。比如，2010～2014年我国的国内生产总值数据是时间序列数据。

图1-1给出了统计数据的框图。

区分数据的类型是十分重要的，因为对不同类型的数据，需要采用不同的统计方法来处理和分析。

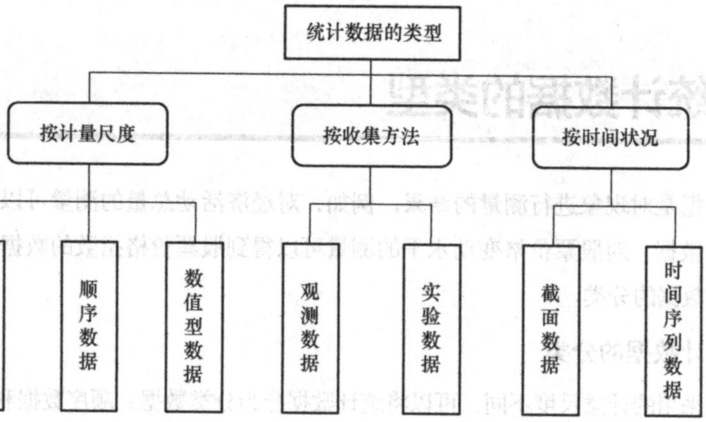

图 1-1 统计数据的分类

1.3 统计学中的几个基本概念

统计学中的概念很多，其中有几个概念是经常要用到的，有必要单独加以介绍。这些概念包括总体和样本、参数和统计量、变量等。

1. 总体和样本

（1）总体

总体（Population）是包括所研究的全部个体（数据）的集合，它通常由所研究的一些个体组成，如由多个企业构成的集合，多个居民构成的集合，多个人构成的集合，等等。

总体根据其所包含的单位数目是否可数可以分为有限总体和无限总体。有限总体是指总体的范围能够明确确定，而且元素的数目是有限可数的。

总体分为有限总体和无限总体主要是为了判别在抽样中每次抽取是否独立。

（2）样本

样本（Sample）是从总体中抽取的一部分元素的集合，构成样本的元素的数目称为样本量（Sample Size）。抽样的目的是根据样本提供的信息推断总体的特征。

2. 参数和统计量

（1）参数

参数（Parameter）是用来描述总体特征的概括性数字度量，它是研究者想要了解的总体的某种特征值。研究者所关心的参数主要有总体均值（μ）、标准差（σ）、总体比例（π）等，在统计中，参数通常用希腊字母表示。

（2）统计量

统计量（Statistic）是用来描述样本特征的概括性数字度量。它是根据样本数据计算出来的一个量，由于抽样是随机的，因此统计量是样本的函数。研究者所关心的样本统计量有样本均值（$\bar{x}$）、样本标准差（s）、样本比例（p）等，样本统计量通常用小写英文字母来表示。

3．变量

变量（Variable）是说明现象某种特征的概念，其特点是从一次观察到下一次观察结果会呈现出差别或变化，如“受教育程度”“产品的质量等级”等都是变量。

（1）分类变量

分类变量（Categorical Variable）是说明事物类别的一个名称，其取值是分类数据，如“性别”就是一个分类变量，其变量值为“男”或“女”。

（2）顺序变量

顺序变量（Rank Variable）是说明事物有序类别的一个名称，其取值是顺序数据。如“产品等级”就是一个顺序变量，其变量值可以为“一等品”“二等品”“三等品”“次品”等。

（3）数值型变量

数值型变量（Metric Variable）是说明事物数字特征的一个名称，其取值是数值型数据。如“产品产量”、“商品销售额”、“零件尺寸”、“年龄”、“时间”等都是数值型变量。离散型变量（Discrete Variable）是只能取可数值的变量，它只能取有限个值，而且其取值都以整位数断开。连续性变量（Continuous Variable）是可以在一个或多个区间中取任何值的变量，它的取值是连续不断的。

结论分析

在本任务中我们学习了统计学必备的一些基本知识，目的是为学习后面各章打好基础。本章主要内容包括统计的含义，统计学的研究对象，统计数据的类型，统计中的基本概念。通过对本章基本内容的学习，提高了大学生对统计学的学习兴趣，并使学生重点掌握统计的含义、统计数据的类型和统计学中的几个基本概念。

实践训练题

1. 统计局抽取了 1 000 个城市职工家庭作为样本，通过这些家庭的收入，分析该城市所有职工家庭的年人均收入。

回答下面问题：

（1）描述总体和样本；

（2）指出参数和统计量。

2. 消费者研究机构从金融行业从业者中随机抽取了 500 人作为样本进行调查，其中 70%的人回答他们的月收入在 8 000 元以上，60%的人回答他们的网购的消费支付方式是使用网银。

回答下面问题：

（1）这一研究的总体是什么？

（2）月收入是分类变量、顺序变量还是数值型变量？

（3）消费支付方式是分类变量、顺序变量还是数值型变量？

（4）这一研究数据是截面数据还是时间序列数据？

第2章 数据的搜集

学习目标

1. 数据的来源。
2. 搜集数据的调查方法。
3. 问卷设计。
4. 搜集数据的实验方法。
5. 数据的误差。
6. 数据的质量要求。

本章重点

调查数据的方法、搜集数据的方法、数据的误差

基本知识

统计数据的搜集，是按照统计任务的基本要求，运用科学的调查方法，有计划、有组织地向被研究对象搜集统计资料的过程。统计资料的搜集是正确认识社会的基本方式，只有对社会的实际情况做调查才能得出正确的结论。统计资料的搜集是统计工作的基础，统计资料的搜集担负着提供基础资料的任务，是决定整个统计工作质量的重要环节。当研究的问题确定之后，我们就要考虑为进行研究所需要的数据。这里包括：我们从哪里获得数据？如果需要调查，有那么多的潜在被调查者，我们应当向谁进行调查？ 这些工作都是一项统计研究活动所不可缺少的环节。本章将对上述有关问题加以讨论。

2.1 数据的来源

所有统计数据追踪其初始来源，都是来自调查或者实验。但是，从使用者的角度看，统计数据主要来自两条渠道：一个是数据的间接来源，即数据是别人通过调查或者实验的方式搜集的，使用者只是找到他们并加以使用，对此我们称为数据的间接来源。另一个是通过自己的调查或实验活动，直接获得的第一手数据，对此我们称为数据的直接来源。本节将对获

取数据的着两条渠道分别加以介绍。

1．数据的间接来源

如果与研究内容有关的原信息已经存在，我们只是对这些原信息重新加工、整理，使之成为我们进行统计分析可以使用的数据，则把他们成为间接来源的数据。

相对而言，这种二手资料的搜集比较容易，采集数据的成本低，并且能很快得到。二手资料的作用也非常广泛。因此，搜集二手资料是研究者首先考虑并采用的。分析也应该首先从二手资料的分析开始。

2．数据的直接来源

调查通常是对社会现象而言的。调查数据通常取自有限总体，即总体所包含的个体单位是有限的。如果调查针对总体中的所有个体单位进行，就把这种调查称为普查。普查数据具有信息全面、完整的特点。对普查数据的全面分析和深入挖掘是统计分析的主要内容。

2.2 调查数据

1．概率抽样和非概率抽样

使用抽样采集数据的具体方式有许多种，可以将这些不同的方式分为两类：概率抽样和非概率抽样。

（1）概率抽样

概率抽样（Probability Sampling）也称随机抽样，是指遵循随机原则进行的抽样，总体中每个单位都有一定的机会被选入样本。它具有下面几个特点。

首先，抽样是按一定的概率以随机原则抽取样本。

其次，每个单位被抽中的概率是已知的，或是可以计算出来的。

最后，当用样本对总体目标量进行估计时，要考虑到每个样本单位被抽中的概率。

调查的实践中经常采用的概率抽样方式有以下几种。

① 简单随机抽样。

进行随机抽样需要抽样框。抽样框（Sampling Frame）通常包括所有总体单位的信息，如企业名录（抽选企业）、学生名册（抽选学生）或住户门牌号码（抽选住户）等。

简单随机抽样（Simple Random Sampling）就是从包括总体 N 个单位的抽样框中随机地、一个个地抽取 n 个单位作为样本，每个单位的入样概率是相等的。

② 分层抽样。

分层抽样（Satratified Sampling）是将抽样单位按某种特征或某种规则划分为不同的层，然后从不同的层中独立、随机地抽取样本。将各层的样本结合起来，对总体的目标量进行估计。

③ 整群抽样。

将总体中若干单位合并为组，这样的组称为群。抽样时直接抽取群，然后对选群中的所有单位全部实施调查，这样的抽样方法称为整群抽样（Cluster Sampling）。

④ 系统抽样

将总体中的所有单位（抽样单位）按一定顺序排列，在规定的范围内随机地抽取一个单位作为初始单位，然后按事先规定好的规则确定其他样本单位，这种抽样方法称为系统抽样（Systematic Sampling）。

系统抽样的主要优点是操作简便，如果有辅助信息，对总体内的单位进行有组织的排列，可以有效地提高估计的精度。

⑤ 多阶段抽样。

采用类似整群抽样的方法，首先抽取群，但并不是调查群内的所有单位，而是再进一步抽样，从选中的群中抽取出若干个单位进行调查。因为取得这些接受调查的单位需要两个步骤，所以将这种抽样方式称为二阶段抽样。这里，群是初级抽样单位，第二阶段抽取的是最终抽样单位。将这种方法推广，使抽样的段数增多，就称为多阶段抽样（Multi-sampling）。

多阶段抽样具有整群抽样的特点，它保证了样本相对集中，从而节约了调查费用；同时由于实行了再抽样，从而使调查单位在更广的范围内展开。在较大规模的抽样调查中，多阶段抽样是经常采用的方法。

（2）非概率抽样

非概率抽样（Non-probability Sampling）是相对于概率抽样而言的，指抽取样本时不是依据随机原则，而是根据研究目的对数据的要求，采用某种方式从总体中抽取出部分单位对其实施调查。非概率抽样的方式有许多种，可以归为以下几种类型。

① 方便抽样。

方便抽样是指在调查过程中由调查员依据方便的原则，自行确定入抽样本的单位。

② 判断抽样。

判断抽样是另一种比较方便的抽样方式，是指研究人员根据经验判断和对研究对象的了解，有目的地选择一些单位作为样本，实施时根据不同的目的有重点抽样、典型抽样、代表抽样等方式。

③ 自愿样本。

自愿样本指被调查者自愿参加，称为样本中的一分子，向调查人员提供有关信息。

④ 滚雪球抽样。

滚雪球抽样往往用于对稀少群体的调查。滚雪球抽样的主要优点是容易找到那些属于特定群体的被调查者，调查的成本也比较低。它适合对特定群体进行研究的资料搜集。

⑤ 配额抽样。

配额抽样类似于概率抽样中的分层抽样，在市场调查中有广泛的应用。它是首先将总体中的所有单位按一定的标志（变量）分为若干类，然后在每个类中采用方便抽样或判断抽样的方式选取样本单位。

（3）概率抽样与非概率抽样的比较

概率抽样与非概率抽样是性质不同的两种抽样类型，在调查中采用何种抽样类型，取决于多种因素，包括研究问题的性质、使用数据要说明的问题、调查对象的特征、调查费用、时间等。

非概率抽样的特点是操作简便、时效快、成本低，而且对于抽样中的统计学专业技术要求不是很高。

概率抽样是依据随机原则抽选样本，这时样本统计量的理论分布是存在的，因此可以根据调查的结果对总体的有关参数进行估计，计算估计误差，得到总体参数的置信区间，并且在进行抽样设计时，对估计的精度提出要求，计算为满足特定精度要求所需要的样本量。当然，概率抽样的技术含量更高，无论是抽选样本还是对调查数据进行分析，都要求有较高的统计学专业知识，调查的成本也比非概率抽样高。

2．搜集数据的基本方法

样本单位确定之后，对这些单位实施调查，即从样本单位那里得到所需要的数据。搜集数据可以采用不同的方法。基本方法有以下几种。

（1）自填式

自填式是指在没有调查员协助的情况下由被调查者自己填写，完成调查问卷。自填式问卷应有制作详细、形象友好的说明，必要时可在问卷上提供调查人员的联系电话，以便被调查者遇到疑问时与调查员联络。

（2）面访式

面访式是指现场调查中调查员与被调查者面对面，调查员提问、被调查者回答这种调查方式。面访式的主要优点是，由于是面对面的交流，调查人员可以激励被调查者的参与意识，对不愿意参与的被访者进行说服工作，由此提高调查的回答率。

（3）电话式

电话式是指调查人员通过打电话的方式向被调查者实施调查。电话调查的最大特点是速度快，能够在很短的时间内完成调查。

搜集数据的不同方法各有特点，在考虑选择数据搜集方法时，需要考虑以下几个问题。

（1）抽样框中的有关信息是影响方法选择的一个因素。如果抽样框中没有通信地址，就不能将自填式问卷寄给被调查者。

（2）目标总体的特征也影响数据搜集方法。目标总体的特征表现在多个人方面。例如，如果总体的识字率很低，对问卷的理解有困难，就不宜使用自填式方法。

（3）调查问题的内容也会影响数据搜集，对于比较复杂的问题，面访调查比较合适。

（4）有形辅助物的使用对调查常常是有帮助或者是必要的，例如在调查期间显示产品、产品的样本、广告等，在一些市场调查中，有时还需要被调查者试用产品，然后接受调查。

（5）实施调查的资源会对搜集数据的方法产生重大影响。这些资源包括经费预算、人员、调查设备和调查所需时间。

（6）有些数据搜集方法比另一些方法更容易管理。因此，管理和控制相对简单。而面访调查中调查员是分散、独立地进行工作，对他们的管理与控制就有一定难度。

（7）质量要求也是确定数据搜集方法的一个重要因素。回答率是影响数据质量的一个重要方面。由于面访具有面对面交流的有利条件，因此，面访式的回答率最高，而自填式的回答案最低。但面访式的调查成本是最高的，而自填式的调查出成本最低。

搜集数据的方法具有各自的特点，其特点如表 2-1 所示。

表 2-1　搜集数据不同方法的特点

项　目	自 填 式	面 访 式	电 话 式
调查时间	慢	中等	快
调查费用	低	高	低
问卷难度	要求容易	可以复杂	要求容易
有形辅助物的使用	中等利用	充分利用	无法利用
调查过程控制	简单	复杂	容易
调查员作用的发挥	无法发挥	充分发挥	一般发挥
回答率	最低	较高	一般

由此可知，没有哪一种方法在所有方面都是最好的，因此，在数据搜集使用方法的选择中要根据调查所需信息的性质、调查对象的特点、对数据质量和回答率的要求，以及预算费用和时间要求等多方面因素综合而定。

2.3　实验数据

搜集数据的另一类方法是通过实验，在实验中控制一个或多个变量，在有控制的条件下得到观测结果。所以，实验数据（Experiment Data）是指在实验中控制实验对象而搜集到的数据。

1．实验组和对照组

实验组（Experiment Group）是指随机抽选的实验对象的子集。在这个子集中，每个单位接受某种特别的处理。而在对照组（Control Group）中，每个单位不接受实验组成员所接受的某种特别的处理。

2．实验中的若干问题

实验法的逻辑严密，可以较好地证明假设，分析事物因果关系，但在实验过程中也会遇到一些问题。

（1）人的意愿

根据前面的讨论，我们知道，在划分实验组和对照组时，应该采用随机原则，但在实施过程中会遇到挑战。如果研究的对象是人，这种挑战就更为明显。

（2）心理问题

在实验研究中，人们对被研究非常敏感，这使得他们更加注意自我，从而走向另一个极端。

（3）道德问题

道德问题使得对人和动物做的实验复杂化了。当某种实验涉及道德问题时，人们会处于进退两难的尴尬境地。

2.4 数据的误差

数据的误差是指通过调查搜集到的数据与研究对象真实结果之间的差异。数据的误差有两类：抽样误差和非抽样误差。

1．抽样误差

抽样误差（Sampling Error）是由抽样的随机性引起的样本结果与总体真值之间的误差。在概率抽样中，我们依据随机原则抽取样本，可能抽中由这样一些单位组成的样本，也可能抽中由另外一些单位组成的样本。根据不同的样本，可以得到不同的观测结果。

抽样误差的大小与多方面因素有关。最明显的是样本量的大小，样本量越大，抽样误差就越小。

2．非抽样误差

非抽样误差（Non-sampling Error）是相对抽样误差而言的，是指除抽样误差之外的，由于其他原因引起的样本观察结果与总体真值之间的差异。非抽样误差有以下几种类型。

（1）抽样框误差

在概率抽样中需要根据抽样框抽取样本。抽样框是有关总体全部单位的名录，在地域抽样中，抽样框也可以是地图。

（2）回答误差

回答误差是指被调查者在接受调查时给出的回答与真实情况不符。导致回答误差的原因有多种，主要有理解误差、记忆误差和有意识误差。

① 理解误差。不同的被调查者对调查问题的理解不同，每个人都按自己的理解回答，大家的标准不一致，由此造成理解误差。

② 记忆误差。有时，调查的问题是关于一段时期内的现象或事实，需要被调查者回忆。需要回忆的时间间隔越久，回忆的数据可能就越不准确。

③ 有意识误差。当调查的问题比较敏感，被调查者不愿意回答，迫于各种原因又必须回答时，可能就会提供一个不真实的数字。

（3）无回答误差

无回答误差是指被调查者拒绝接受调查，调查人员得到的是一份空白的答卷。无回答也包括那些调查进行时被访者不在家的情况。

（4）调查员误差

这是指由于调查员的原因而产生的调查误差。例如，调查员粗心，在记录调查结果时出现错误。

（5）测量误差

如果调查与测量工具有关，则很可能产生测量误差。例如，对小学生的视力状况进行抽样调查，而视力的测定与现场的灯光、测试距离都有密切关系。

3．误差的控制

上面对调查中的误差问题进行了比较详细的讨论。如何有效地控制各种误差，提高数据的质量，这是研究人员和现场调查人员面临的挑战。允许的抽样误差是多大，取决于对数据精度的要求。一旦这个误差确定下来，就可以采用相应的措施进行控制。

2.5 案例实训

【实训目的】

1. 熟悉 Excel 的基本操作。
2. 了解间接数据和直接数据的收集方法，并熟悉调查方案和调查问卷的设计。
3. 了解数据的误差和数据的质量要求。
4. 掌握使用 Excel 进行随机抽样。
5. 掌握使用 Excel 对调查问卷进行编码及录入。

【实训环境】

本书实训需要使用 Excel 的【数据分析】工具。Excel 中的【数据分析】工具提供了一些常用统计方法的程序，如果你的 Excel 尚未安装“数据分析”，请依次选择“工具”→“加载宏”，在【可用加载宏】选项中选中【分析工具库】，然后单击【确定】，系统会提示安装。随后将 Office 安装盘插入光驱，然后单击【确定】。

案例实训 2.1——抽取样本

【准备知识】

统计数据主要来源于两种渠道：一是来源于调查或实验的数据，称为第二手数据或间接数据；二是来源于直接的调查数据（取得社会数据）和 实验数据（取得自然科学数据），称为第一手数据或直接数据。

间接数据的收集：可以通过查找公开出版的刊物，如《中国统计年鉴》《新中国六十年资料汇编》等，还可以通过期刊、报纸、杂志、广播、电视等。在网络广泛普及的今天，可以越来越多地通过网络收集二手数据，通常可以采用的方式有：一是直接进入网站查询数据；二是通过搜索引擎搜集二手数据，最常用的网站是百度。

直接数据的来源主要有两个渠道：一是调查，二是实验。统计调查是取得社会数据的主要来源。它主要包括抽样调查、普查、统计报表等方式。抽样调查主要包括：调查方案设计、调查问卷设计、抽取样本等环节。调查方案主要包括调查目的、调查对象和调查单位、调查内容、调查时间和调查期限、调查的组织和实施等内容。调查问卷是用于收集调查数据的一种工具，是调查者根据调查目的和要求所设计的，由一系列问题、备选答案、说明以及码表组成的一种调查形式。不同的调查问卷在具体结构、题型、措辞、版式等设计上会有所不同，但在结构上一般都有开头部分、甄别部分、主体部分和背景部分组成。本节主要介绍抽取样本的操作。在 Excel 的【数据分析】工具中有一个“抽样”工具，可以简便迅速地完成抽样工作。

【实训内容及数据】

德州学院教务处期中教学检查组检查学生的考试试卷，检查组拟对总体进行抽样调查，对该校某班 50 名学生随机抽取 20 名学生作为调查样本，并且对 50 名学生按照学号编号进行随机抽样。

【操作步骤】

第一步：启动 Excel，建立学生学号的数据集，如图 2-1 所示。

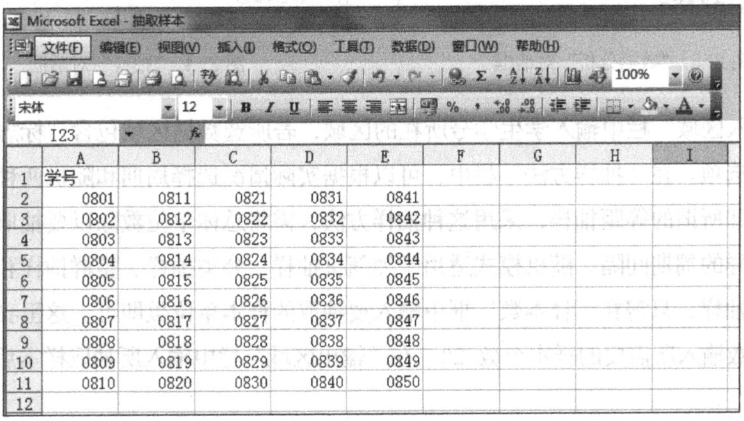

图 2-1 建立学号的数据集

注意

要实现上述数据集的建立，需要对所输入的数据格式进行设置。在 A2、A3 两个单元格中输入“801”“802”两个数字后，选中这两个单元格，单击右键，选择“设置单元格格式”；单击“数字”标签，在“分类”列表框中选择“自定义”选项，在对话框右侧的“类型”栏中输入“0000”，表示当数字未满 4 位数时，将在前面自动补“0”，并且自动四舍五入，仅显示整数部分，如图 2-2 所示。

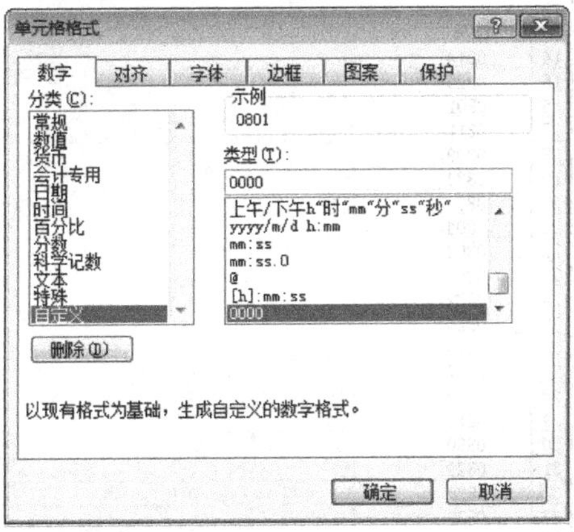

图 2-2 设置单元格格式

第二步：依次选择“工具”→“数据分析”→“抽样”，单击“确定”按钮，如图 2-3 所示。

第三步：在弹出“抽样”对话框中进行如下设置，如图 2-4 所示。

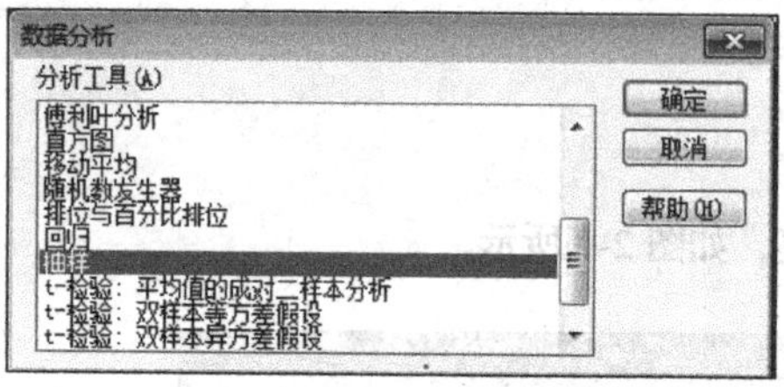

图 2-3 “数据分析”对话框

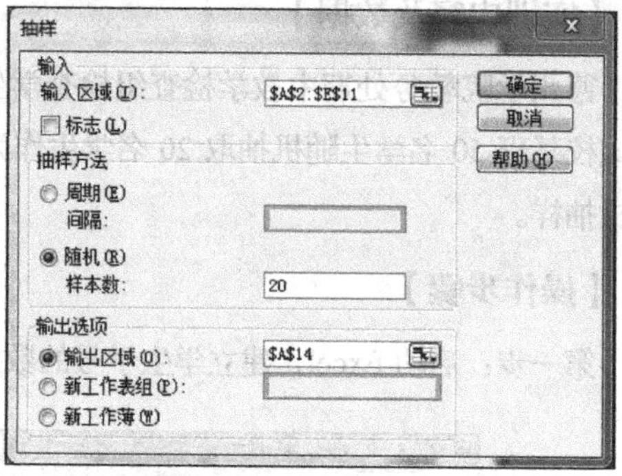

图 2-4 “抽样”对话框

在“输入区域”栏中输入学生学号所在的区域，若所选数据区域包含“标志”项，则勾选“标志”选项。在“抽样方法”栏中，可以根据实际情况选择周期和随机两种抽样模式。周期模式，即所谓的等距抽样，采用这种抽样方法，需将总体单位数除以要抽取的样本单位数，求得取样的周期间隔。随机模式适用于纯随机抽样、分类抽样、整群抽样和阶段抽样。采用纯随机抽样，只需在“样本数”框中输入要抽取的样本单位数即可。这里我们采用随机抽样，样本数输入所需要的样本个数 20。在“输出区域”栏中输入所抽取样本后存放的起点位置。

第四步：单击“确定”按钮，抽样结果如图 2-5 所示。因为任何数值都有可能使某个样本被重复抽取，如“0804”被抽取了两次，可以使用“筛选”功能对所得数据进行筛选。

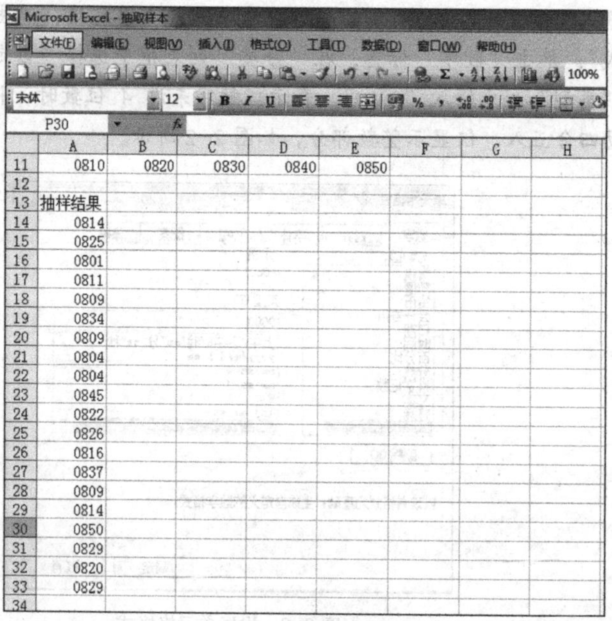

图 2-5 抽样结果

第五步：依次选择“数据”→“筛选”→“高级筛选”，即弹出“高级筛选”的对话框，依次填入相关内容，如图 2-6 所示，勾选“选择不重复的记录”选择框。

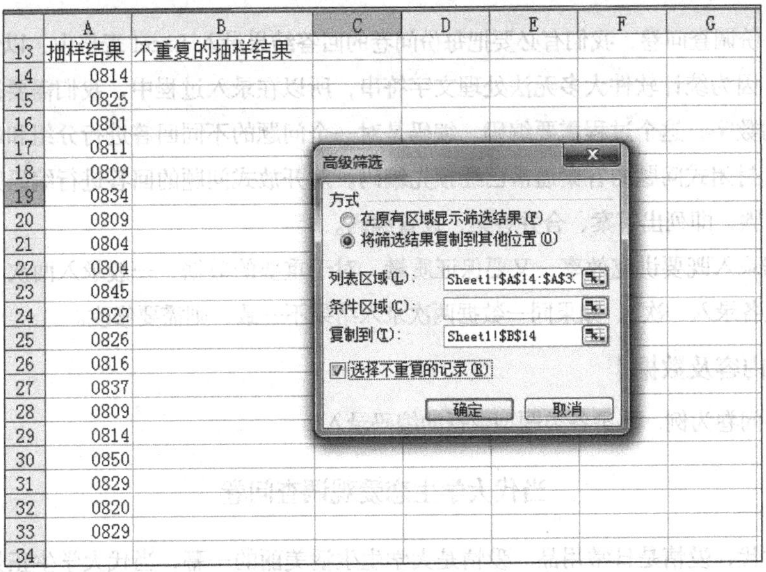

	A	B	C	D	E	F	G
13	抽样结果	不重复的抽样结果					
14	0814						
15	0825						
16	0801						
17	0811						
18	0809						
19	0834						
20	0809						
21	0804						
22	0804						
23	0845						
24	0822						
25	0826						
26	0816						
27	0837						
28	0809						
29	0814						
30	0850						
31	0829						
32	0820						
33	0829						
34							

图 2-6 筛选抽样结果

第六步：单击“确定”按钮，即得到不重复抽样结果，共有样本 16 个，如图 2-7 所示。

	A	B	C	D	E	F
13	抽样结果	不重复的抽样结果				
14	0814	0814				
15	0825	0825				
16	0801	0801				
17	0811	0811				
18	0809	0809				
19	0834	0834				
20	0809	0804				
21	0804	0845				
22	0804	0822				
23	0845	0826				
24	0822	0816				
25	0826	0837				
26	0816	0814				
27	0837	0850				
28	0809	0829				
29	0814	0820				
30	0850					
31	0829					
32	0820					
33	0829					
34						
35						

图 2-7 不重复抽样结果

案例实训 2.2——数据的编码及录入

【准备知识】

对于每份调查问卷，我们有必要把每份问卷的回答结果录入 Excel 表格中，以便以后进行统计分析。因为统计软件大多无法处理文字符串，所以在录入过程中，我们需要把回答结果转为适当的数字，这个过程需要编码。编码是对一个问题的不同回答进行分组和确定数字代码的过程。封闭式问题的答案通常已经预先编码。对开放式问题的回答进行编码则需要采用以下三个步骤，即列出答案、合并答案、设置编码。

而数据录入既要讲究效率，又要保证质量。对于重要的数据，一般录入两次（最好是不同的两个人各录入一次）。如果同一数据两次录入结果不一致，则需要修改。

【实训内容及数据】

以下面问卷为例，熟悉各类题型数据的编码录入。

当代大学生恋爱观调查问卷

大学时代，爱情是日常用品。爱情是大学生生活美丽的一幕，当代大学生正处于思维、行为成长的阶段。那作为大学生的你，对恋爱又有什么看法呢？

1. 你的性别是？

A. 男　　B. 女

2. 你的年级是？

A. 大一　　B. 大二　　C. 大三　　D. 大四

3. 你现在的恋爱状态是？

A. 正在恋爱中

B. 曾经有过恋爱的经历

C. 正处于寻找中

D. 不准备在大学阶段谈恋爱

4. 你认为大学生认识爱情的主要途径有哪些？

A. 同龄伙伴和朋友之间交流

B. 随着的年龄增长而形成的一些看法

C. 学校老师的教诲

D. 杰出人物或名人的影响

E. 自身的体验

F. 社会上人们的观点及习俗等的影响

5. 对于大学生是否应该恋爱，您持的态度是？

A. 应该，不能错过青春年华

B. 不应该，谈恋爱浪费时间、精力和金钱

C. 顺其自然，重要的是有没有缘分

D. 其他

6. 对待周围的情侣，你的感受是？

A. 这是正常现象　　B. 随便他们，这不关我的事

C. 在公共场合下会感到不舒服　　D. 十分羡慕

7. 你认为大学生恋爱的动机是什么？

A. 丰富生活，精神寄托　　B. 周围同学的影响，弥补空虚

C. 在生活和学习上找到好伴侣　　D. 积累经验，体验人生

8. 你认为大学生谈恋爱有何好处或坏处？（多选题）

A. 减轻自己的心理压力　　B. 在生活上和学习上有个好伴侣

C. 消除寂寞　　D. 满足了自己的心理需求

E. 分散精神　　F. 浪费时间

G. 影响学习　　H. 影响自己与异性同学交往

I. 其他

9. 假如让你选择，你会选择？

A. 你喜欢的人　　B. 喜欢你的人

10. 你会选择年龄比自己小（大）的男（女）朋友吗？

A. 不在乎　　B. 暂不作考虑，如果实在有喜欢的可能会

C. 基本上不会　　D. 绝对不会

11. 你会选择身高比自己矮（高）的男（女）朋友吗？

A. 不在乎身高　　B. 很介意身高，但如果实在有喜欢的可能会

C. 基本不会　　D. 绝对不会

12. 你会选择学历比自己低（高）的男（女）朋友吗？

A. 不在乎学历　　B. 很介意学历，但如果实在有喜欢的可能会

C. 基本不会　　D. 绝对不会

13. 如果你要选择或已有恋人，你最看重对方的？

A. 自身修养，气质品位　　B. 是否有自己相同的爱好，喜欢自己

C. 看其发展潜力　　D. 其家庭和经济条件

14. 你认为自己会为了在大学里谈恋爱而降低自己的选择要求吗？

A. 会　　B. 基本不会，但有调整

C. 完全不会　　D. 不知道

15. 邂逅你喜欢的人时，你会主动追求吗？

A. 会大胆主动追求　　B. 会有所暗示

C. 觉得不好意思，静而观之　　D. 会在追求我的人中选择

16. 你的父母是否提出过禁止或不主张你在大学期间谈恋爱？

A. 是　　B. 否　　C. 没说过

17. 如果你在大学期间恋爱，你会告诉你的父母吗？

A. 一定会　　B. 不会　　C. 只要不被父母说，可能会　　D. 看情况

18. 你认为恋人间或你与恋人见面的频率是？

A. 天天在一起　　B. 隔几天见一次

C. 每个月见一两次　　D. 一年只能寒暑假见面

19. 你认为恋人间或你和恋人在开销方面是？

A. 花男的钱多　　B. 花女的钱多

C. 谁有钱花谁的　　D. AA 制

20. 你认为你和恋人每个月平均在恋爱上的消费开支大概是多少？

A. 100 元以下　B. 100～300 元　C. 300～500 元　D. 500 元以上

21. 你认为恋爱和学业之间有何关系？

A. 学习与恋爱二者不可兼得，谈恋爱肯定要影响学习

B. 爱情是一种动力，可以促进学习，男女朋友之间可以相互监督，促进学习

C. 没有必然联系

D. 没概念

22. 如果恋爱和学业发生冲突，你会如何选择？

A. 以学业为重　　B. 以爱情为重

C. 尽量把握好学业和爱情的关系　　D. 其他

23. 你觉得恋爱的底线行为是？

A. 一般身体接触　B. 约会时接吻　C. 性爱关系　D. 同住关系

24. 爱情和金钱你会如何选择？

A. 爱情　B. 金钱　C. 中立　D. 无所谓

25. 你认为恋爱与婚姻的关系是？

A. 恋爱应以结婚为前提　　B. 恋爱不一定非要结婚，只要爱过即可

C. 恋爱只是游戏　　D. 没想过

26. 你认为毕业后，你会和恋人继续保持关系或结婚吗？

A. 会，我们是很认真的　　B. 不会，现在就出现了摩擦

C. 顺其自然吧　　D. 没有明确的态度

27. 如果你失恋了，你会？

A. 疯狂购物与大吃大喝发泄　　B. 坦然面对，不会太有情绪

C. 一段时间会伤心，不会马上恋爱　　D. 旧的不去，新的不来，再次恋爱

28. 爱情和金钱你会如何选择？

29. 请用几句话写出你对解决大学生恋爱观问题的建议。

【操作步骤】

第一步：单选题的编码录入。

处理方式可以在问卷设计时在每道题目的选项前直接用 1、2、3 等数字表示选项，也可以在录入 A、B、C、D 等各选项时转换为 1、2、3、4 等对应数字。

另外，我们有必要对收回并录入数据的有效问卷进行编号，以方便在以后发现输入错误

时容易找到对应的原问卷。

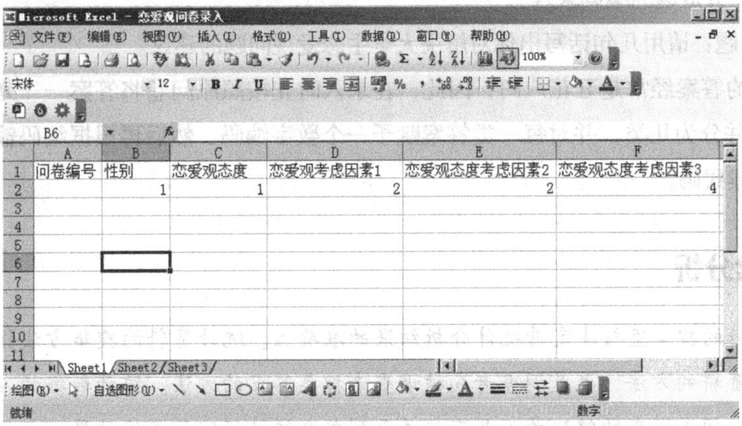

	A	B	C	D	E	F
1	问卷编号	性别	恋爱观态度	恋爱观考虑因素1	恋爱观态度考虑因素2	恋爱观态度考虑因素3
2		1	1	2	2	4

图 2-8　问卷录入结果

对于图 2-8 录入结果的解释：性别输入“1”，表示被调查者性别为“A”，即男性；对就业前景态度输入“2”，表示被调查者选择为“B”；依次类推，录入每份问卷的调查结果。

第二步：多选题的编码录入。

如果是多选题，编码输入数据时，可以根据该题可能选择的答案个数，在其后增加相应的列数，如第 8 题。

8. 你认为大学生谈恋爱有何好处或坏处？（多选题）

A. 减轻自己的心理压力　　B. 在生活上和学习上有个好伴侣

C. 消除寂寞　　D. 满足了自己的心理需求

E. 分散精神　　F. 浪费时间

G. 影响学习　　H. 影响自己与异性同学交往

I. 其他

这个题在回答中可能会选择 9 个答案，所以在录入中可以采取如下处理方式，如图 2-9 所示。

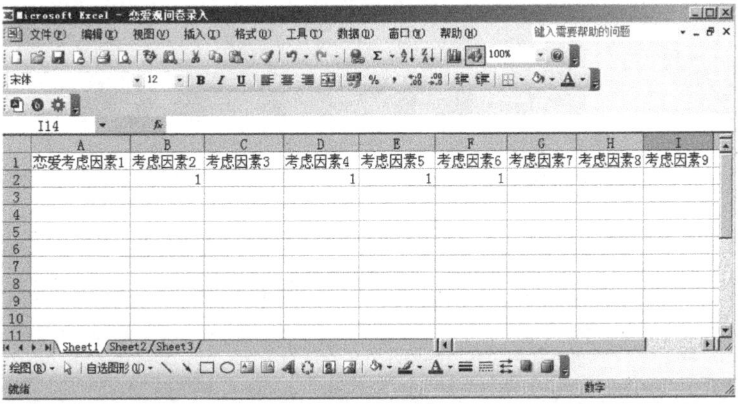

	A	B	C	D	E	F	G	H	I
1	恋爱考虑因素1	考虑因素2	考虑因素3	考虑因素4	考虑因素5	考虑因素6	考虑因素7	考虑因素8	考虑因素9
2		1		1	1	1			

图 2-9　多选题录入结果

在图 2-9 所示的录入结果中，此题问卷的调查结果选择为 B、D、E、F 4 个选项。

第三步：开放题的编码录入。

如第 29 题：请用几句话写出你对解决大学生恋爱观问题的建议。

这类题的答案经常是五花八门，因此，在录入时先按照原问卷将答案一一列出，将相似的答案合并并分为几类，并对每一类答案赋予一个数字编码，然后再根据编码输入每个问卷调查者的答案代码。

结论分析

统计资料的搜集直接决定着统计分析结果的准确性。统计资料的搜集方法指的是搜集调查对象原始资料的方法，也是调查者向被调查者搜集答案的方法。统计数据的抽样调查、筛选抽样结果、问卷调查的编码录入是直接关系到整个统计研究的最终结果，也是统计分析的一种重要方法。

实践训练题

1. 德州学院打算了解 4 700 名大一新生的数学水平，通过随机抽样的方式选择 500 名大一新生进行调查，请通过 Excel 加载宏系统的抽样工具对样本进行抽样。

2. 根据大学生恋爱观的调查问卷，大学生每月零花钱数额为多少，花费的来源及去向是怎样的？对这些问卷或者你感兴趣的其他问题进行模拟统计调查，尝试设计一份调查问卷，进行问卷调查并回收调查结果，对调查结果进行编码录入。

第3章 数据的预处理

学习目标

1. 了解数据预处理的内容和目的。
2. 掌握分类和顺序数据的整理与显示方法。
3. 掌握数值型数据的整理与显示方法。
4. 用 Excel 作频数分布表和图形。
5. 合理使用图表。

本章重点

数据筛选、数据排序、数据汇总、数据透视表

基本知识

合理使用图表描述统计结果是应用统计的基本技能之一。统计图表是指利用各种图形来表现统计资料的形式，它是以点之多寡、线之长短、面积或体积大小、颜色之浓淡、线条之疏密或曲线之倾斜度及象形图示等来表示统计资料的。它具有直观、形象、具体、生动，使人一目了然的优点。本章从三个方面进行论述。

1. 数据的审核

数据搜集、整理上来并完成数据录入之后，接下来的工作就是审核。数据审核就是对调查取得的原始数据进行审查和核实。其目的在于保证资料的完整性、准确性和连续性，为进一步的资料整理打下基础。一般而言，数据审核的内容主要包括完整性、准确性和及时性三个方面。

2. 数据的筛选

数据筛选包括两方面的内容：一是将某些不符合要求的数据或有明显错误的数据予以剔除；二是将某些符合特定条件的资料筛选出来。数据的筛选可借助 Excel 完成。在 Excel 中设置的筛选命令主要有自动筛选和高级筛选，前者适用于简单条件下的筛选，后者适用于复杂条件下的筛选。

3．数据透视表

数据透视表是一种交互式的统计报表，对多种来源的资料都可以进行分析。为了从复杂的数据中提取有用的信息，可以利用 Excel 提供的数据透视表工具。利用数据透视表，可以对数据表的重要信息按使用者的习惯或分析需要进行汇总和作图，形成一个符合要求的交叉表（列联表）。在利用数据透视表时，数据源表中的首行必须有列标题。

数据透视表创建后，用户还可以对其进行编辑和修改。数据透视表的最大优点之一就是可以通过实际需求迅速实现不同的分类、汇总和统计图标的显示，从而拓展数据透视表的强大功能。一般来说，数据透视表的编辑主要分为两大类：①在数据透视表中更改或添加页字段、行字段、列字段；②改变数据透视表原有的汇总分类。

本章首先介绍数据的预处理方法，然后介绍频数分布的编制及图表展示方法。

3.1 数据预处理的概述

数据的预处理是在对数据分类或分组之前所做的必要处理，内容包括数据的审核、筛选、排序等。

1．数据审核

数据审核就是检查数据中是否有错误。对于通过调查取得的原始数据（Raw Data），主要从完整性和准确性两方面去审核。完整性审核主要是检查应调查的单位或个体是否有遗漏，所有的调查项目是否填写齐全等。准确性审核主要是检查数据是否有错误，是否存在异常值等。

2．数据筛选

数据筛选（Data Filter）是根据需要找出符合特定条件的某类数据。例如，找出销售额在 1 000 万元以上的企业；找出考试成绩在 90 分以上的同学，等等。数据筛选可以借助计算机自动完成。

3．数据排序

数据排序是指按一定顺序将数据排列，以便研究者通过浏览数据发现一些明显的特征或趋势，找到解决问题的线索。

对于数值型数据，排序只有两种，即递增和递减。设一组数据为 $x_1,x_2,\cdots,x_n$，递增排序后可表示为：$X_{(1)}<X_{(2)}<\cdots<X_{(n)}$。递减排序后可表示为：$X_{(1)}>X_{(2)}>\cdots>X_{(n)}$。排序后的数据也称为循序统计量，无论是分类数据还是数值型数据，排序均可借助 Excel 很容易完成。

4．数据透视表

利用数据透视表，可以对数据表的重要信息按使用者的习惯或分析要求进行汇总和作图，形成一个符合需要的交叉表。在利用数据透视表时，数据源表中的首行必须有列标题。

3.2 案例实训

【实训目的】

1. 了解对原始数据进行预处理的意义。
2. 掌握利用 Excel 对数据进行筛选。
3. 掌握利用 Excel 进行数据的排序和分类汇总。
4. 掌握利用 Excel 按需要进行数据透视表。

案例实训 3.1——资料的审核与筛选

【实训内容及数据】

表 3-1 所示为某公司彩电的销售记录，试按要求做数据筛选：（1）首选采用自动筛选功能找出购买海尔的所有销售单，并计算该品牌彩电的总销售。然后在此基础上查找“海尔彩电”由销售员“王”经手的销售单。（2）筛选“由单位购买海信彩电”对应的销售单。

表 3-1 某公司彩电月销售记录

销售单号	生产商	客户	数量（台）	单价（元）	总价（元）	销售员
0001	海尔	单位	10	3999	39990	王
0002	海信	个人	1	4999	4999	李
0003	海信	单位	6	5999	35994	李
0004	海信	单位	4	3999	15996	李
0005	海尔	个人	1	3999	3999	李
0006	海信	个人	2	4999	9998	王
0007	海尔	单位	8	3999	31992	赵
0008	海信	个人	1	4999	4999	赵
0009	海尔	单位	3	3999	11997	赵
0010	海信	单位	6	5999	35994	王
0011	海尔	个人	1	3999	3999	王
0012	海信	个人	2	3999	7998	王
0013	海尔	单位	5	4999	24995	孙
0014	海信	单位	7	3999	27993	孙
0015	海尔	个人	1	4999	4999	孙
0016	海信	个人	1	3999	3999	李
0017	海尔	单位	5	4999	24995	王
0018	海信	个人	1	3999	3999	赵
0019	海尔	单位	9	4999	44991	李
0020	海信	个人	1	3999	3999	赵

续表

销售单号	生产商	客户	数量（台）	单价（元）	总价（元）	销售员
0021	海尔	单位	12	4999	59988	王
0022	海信	个人	1	3999	3999	孙
0023	海尔	单位	5	4999	24995	孙
0024	海信	单位	7	5999	41993	王
0025	海尔	个人	1	3999	3999	赵
0026	海信	个人	2	3999	7998	李

【操作步骤】

1. 自动筛选

第一步：把具体数据复制到工作表中，任选一数据区域的单元格，单击菜单“数据”栏下的“筛选”，如图 3-1 所示。

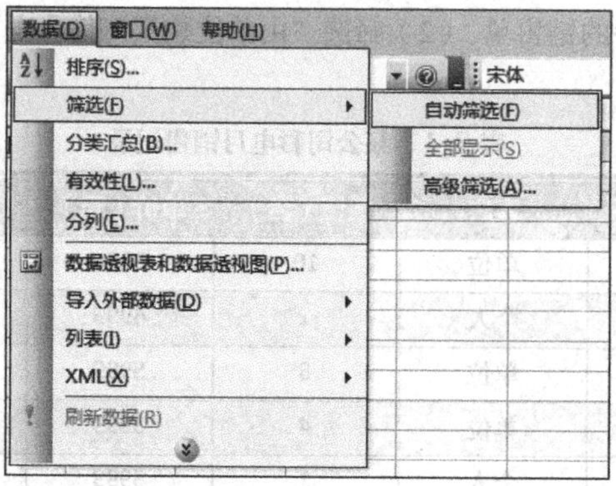

图 3-1　选择“自动筛选”

第二步：选择“自动筛选”命令，这时每个列标题所在的单元格后出现了一个下拉箭头，用鼠标单击下拉箭头即可进行选择。在此题中，单击“生产商”列表单元格后的下拉箭头，并选择“海尔”，结果如图 3-2 所示。

A	B	C	D	E	F	G
销售单号	生产商	客户类型	数量(台)	单价(元)	总价(元)	销售员
0001	海尔	单位	10	3999	39990	王
0003	海尔	单位	6	5999	35994	李
0005	海尔	个人	1	3999	3999	李
0007	海尔	单位	8	3999	31992	赵
0009	海尔	单位	3	3999	11997	赵
0011	海尔	个人	1	3999	3999	王
0013	海尔	单位	5	4999	24995	孙
0015	海尔	个人	1	4999	4999	孙
0017	海尔	单位	5	4999	24995	王
0019	海尔	单位	9	4999	44991	李
0021	海尔	单位	12	4999	59988	王
0023	海尔	单位	5	4999	24995	孙
0025	海尔	个人	1	3999	3999	赵

图 3-2　资料筛选结果

第三步：查找“海尔彩电”由销售员“王”经手的销售单，只需在之前的筛选基础上，进行二次筛选，单击“销售员”后的下拉箭头，选择“王”即可。筛选结果如图 3-3 所示。

A	B	C	D	E	F	G
销售单号	生产商	客户类型	数量(台	单价(元	总价(元	销售员
0001	海尔	单位	10	3999	39990	王
0011	海尔	个人	1	3999	3999	王
0017	海尔	单位	5	4999	24995	王
0021	海尔	单位	12	4999	59988	王

图 3-3　二次筛选结果

从以上筛选结果可以看出，在资料量很大的时候，这种自动筛选功能往往会起到事半功倍的效果，既敏捷又直观明了。

2. 高级筛选

高级筛选功能可以设置更为复杂的筛选条件，使用高级筛选时，必须建立条件区域。在条件区域中分别输入条件标志的条件值。

第一步：首先取消前面自动筛选的结果，选中任一数据区域的单元格，然后选择“数据”→“筛选”→“自动筛选”命令，则数据清单就恢复成筛选前的原始状态。

第二步：在工作表中的其他单元格位置设定筛选条件区域，如本来我们要查找“由单位购买海信彩电”对应的销售单，则建立条件区域如图 3-4 所示。

	A	B	C
28			
29			
30	客户类型	生产商	
31	单位	海信	
32			

图 3-4　建立条件区域

第三步：任选一数据区域的单元格，然后选择“数据”→“筛选”→“高级筛选”命令，弹出“高级筛选”对话框，如图 3-5 所示。

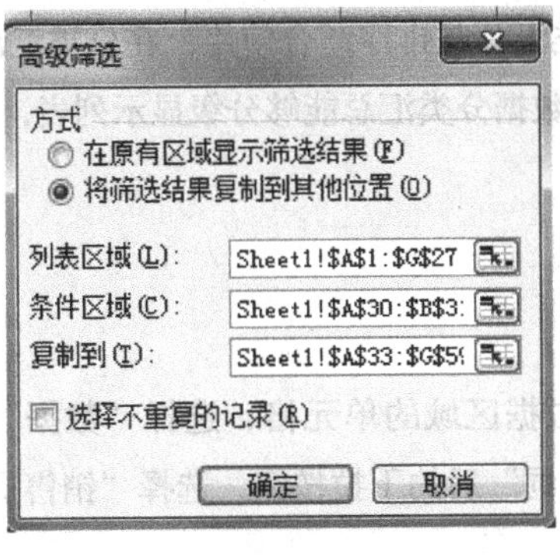

图 3-5　填写“高级筛选”对话框

第四步：在“方式”选项框下选择“将筛选结果复制到其他位置”选项，并选好条件区域和复制区域，单击“确定”按钮，可得到筛选结果如图 3-6 所示。

0021	海尔	单位	12	4999	59988	王
0022	海信	个人	1	3999	3999	孙
0023	海尔	单位	5	4999	24995	孙
0024	海信	单位	7	5999	41993	王
0025	海尔	个人	1	3999	3999	赵
0026	海信	个人	2	3999	7998	李

客户类型	生产商
单位	海信

销售单号	生产商	客户类型	数量(台)	单价(元)	总价(元)	销售员
0004	海信	单位	4	3999	15996	李
0010	海信	单位	6	5999	35994	王
0014	海信	单位	7	3999	27993	孙
0024	海信	单位	7	5999	41993	王

图 3-6　高级筛选结果

由于本例中引用的数据清单较为简单，所以高级筛选的优势不能很好地体现出来。但是如果数据量较大或较为复杂，高级筛选功能将发挥更大的优势，从而可以在此基础上对其进行统计分析。

【准备知识】

1. 数据的排序

数据排序是按一定的顺序将数据排列，以便于研究者通过浏览数据发现一些明显的特征或趋势，找到解决问题的线索。同时，排序还有助于对数据检查纠错，以便为重新归类或分组等提供方便。

对于分类的数据，如果是字母型数据，排序有升序降序之分，但人们习惯于用升序，因为升序与字母的自然排列相同；如果是汉字型资料，排序方式很多，比如按字母，也可以按笔画排序，对于数值型数据的排序只有两种，即递增和递减。无论是分类数据还是数值型数据，排序均可借助于 Excel 完成。

2. 资料的分类汇总

通常情况下，数据的分类汇总与排序结合使用，在分类汇总前需要对数据进行排序，然后得到汇总结果。Excel 中的数据分类汇总能够分级显示列表，以便根据需要隐藏或者显示明细数据行。

【操作步骤】

1. 关于排序

第一步：首先选择任一数据区域的单元格，选择“数据”→“排序”命令，出现“排序”对话框，单击“主要关键词”后的下拉按钮，选择“销售员”，并选择按“升序”方式，如图 3-7 所示。

第二步：“销售员”属于汉字类型数据，排序方法有按字母和按笔画两种方法，单击“选项”可相应确定排序方法，此处选择“按字母排序”选项，如图 3-8 所示。

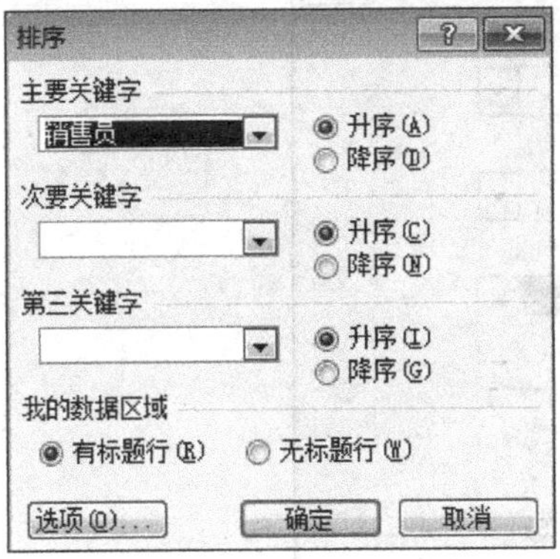

图 3-7 “排序”对话框

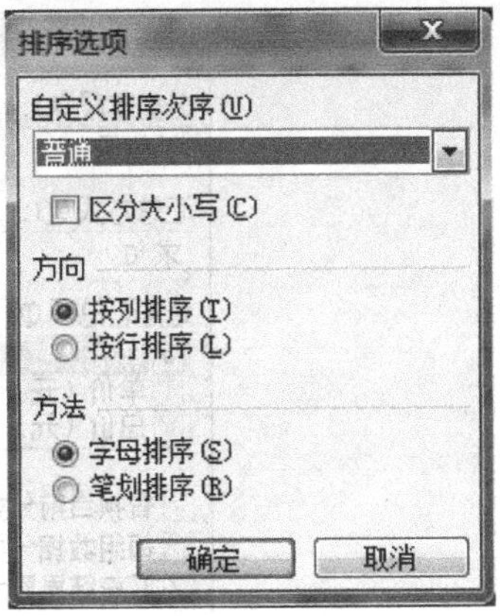

图 3-8 “排序选项”框

第三步：单击“确定”按钮返回“排序”对话框，然后再单击“确定”按钮，即可按“销售员”的排序结果，如图 3-9 所示。

A	B	C	D	E	F	G
销售单号	生产商	客户类型	数量(台)	单价(元)	总价(元)	销售员
0002	海信	个人	1	4999	4999	李
0003	海尔	单位	6	5999	35994	李
0004	海信	单位	4	3999	15996	李
0005	海尔	个人	1	3999	3999	李
0016	海信	个人	1	3999	3999	李
0019	海尔	单位	9	4999	44991	李
0026	海信	个人	2	3999	7998	李
0013	海尔	单位	5	4999	24995	孙
0014	海信	单位	7	3999	27993	孙
0015	海尔	个人	1	4999	4999	孙
0022	海信	个人	1	3999	3999	孙
0023	海尔	单位	5	4999	24995	孙
0001	海尔	单位	10	3999	39990	王
0006	海信	个人	2	4999	9998	王
0010	海信	单位	6	5999	35994	王
0011	海尔	个人	1	3999	3999	王
0012	海信	个人	2	3999	7998	王
0017	海尔	单位	5	4999	24995	王
0021	海尔	单位	12	4999	59988	王
0024	海信	单位	7	5999	41993	王
0007	海尔	单位	8	3999	31992	赵
0008	海信	个人	1	4999	4999	赵
0009	海尔	单位	3	3999	11997	赵
0018	海信	个人	1	3999	3999	赵
0020	海信	个人	1	3999	3999	赵
0025	海尔	个人	1	3999	3999	赵

图 3-9 排序结果

2. 分类汇总

第一步：在排序基础上，选择任一数据区域的单元格，选择“数据”→“分类汇总”命令，出现“分类汇总”对话框，在“分类字段”下拉列表中选择“销售员”，在“汇总方式”下拉列表中选择“求和”，在“选定汇总项”列表中选择“数量”和“总价”复选框，然后选中“替换当前分类汇总”和“汇总结果显示在数据下方”复选框，如图 3-10 所示。

第二步，单击“确定”按钮，即得按照销售员进行分类汇总的结果，如图 3-11 所示。

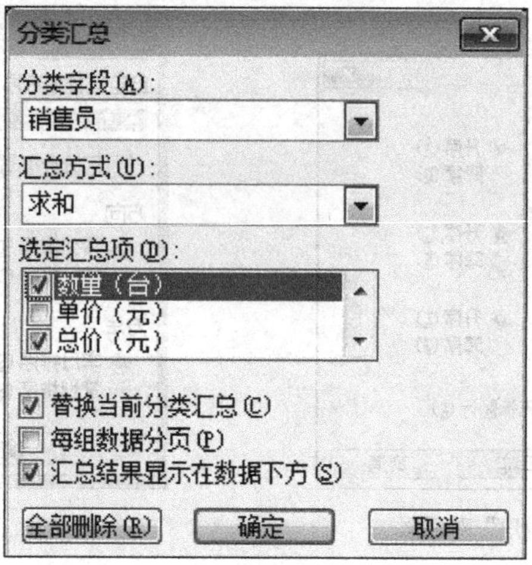

图 3-10 “分类汇总”对话框

	A	B	C	D	E	F	G
1	销售单号	生产商	客户	数量(台)	单价(元)	总价(元)	销售员
2	0002	海信	个人	1	4999	4999	李
3	0003	海尔	单位	6	5999	35994	李
4	0004	海信	单位	4	3999	15996	李
5	0005	海尔	个人	1	3999	3999	李
6	0016	海信	个人	1	3999	3999	李
7	0019	海尔	单位	9	4999	44991	李
8	0026	海信	个人	2	3999	7998	李
9				24		117976	**李 汇总**
10	0013	海尔	单位	5	4999	24995	孙
11	0014	海信	单位	7	3999	27993	孙
12	0015	海尔	个人	1	4999	4999	孙
13	0022	海信	个人	1	3999	3999	孙
14	0023	海尔	单位	5	4999	24995	孙
15				19		86981	**孙 汇总**
16	0001	海尔	单位	10	3999	39990	王
17	0006	海信	个人	2	4999	9998	王
18	0010	海信	单位	6	5999	35994	王
19	0011	海尔	个人	1	3999	3999	王
20	0012	海信	个人	2	3999	7998	王
21	0017	海尔	单位	5	4999	24995	王
22	0021	海尔	单位	12	4999	59988	王
23	0024	海信	单位	7	5999	41993	王
24				45		224955	**王 汇总**
25	0007	海尔	单位	8	3999	31992	赵
26	0008	海信	个人	1	4999	4999	赵
27	0009	海尔	单位	3	3999	11997	赵
28	0018	海信	个人	1	3999	3999	赵

图 3-11 按销售员分类汇总结果

第三步：单击分类汇总结果表左侧二级目录按钮，就可以隐去三级目录表，如图 3-12 所示。如需要重新显示详细数据清单，再单击三级目录按钮，即可恢复。

	A	B	C	D	E	F	G
1	销售单号	生产商	客户	数量(台)	单价(元)	总价(元)	销售员
9				24		117976	**李 汇总**
15				19		86981	**孙 汇总**
24				45		224955	**王 汇总**
31				15		60985	**赵 汇总**
32				103		490897	**总计**

图 3-12 隐藏三级目录后的分类汇总结果

从上面分析结果可以看出，本月彩电销售数量最多的是销售员王，其次是李，孙，赵；销售总额的位次排列最多的仍然是王，其次是李，孙再次之，销售员赵销售总额最少。因此本月的“最佳销售员”为王。

由本例可以看出，Excel 的排序和汇总功能能够使复杂的统计数据按照不同的标准得到不同的汇总结果，用户可以根据不同的分析目的，对本月不同的销售数据作不同的分类汇总，如比较分析该月两种彩电生产厂家的销售业绩等。

案例实训 3.2——数据透视表

【实训内容及数据】

根据表 3-1 某公司彩电月销售记录数据，试通过建立一个数据透视表：（1）分析两类客户中销售员对不同生产厂家彩电的销售总金额。（2）在所创建的透视表的基础上，分析对应销售员销售不同单价彩电的数量。

首先要分析两类客户中销售员对不同生产厂家彩电的销售总金额，所建立的数据透视表中，应该以客户类型为页字段，销售员为列变量，生产商为行变量，数据区域为销售总额。

其次要分析对应销售员销售不同单价彩电的数量，只要在原来数据透视表的基础上，添加单价为行变量，并把数据区域更改为数量即可。

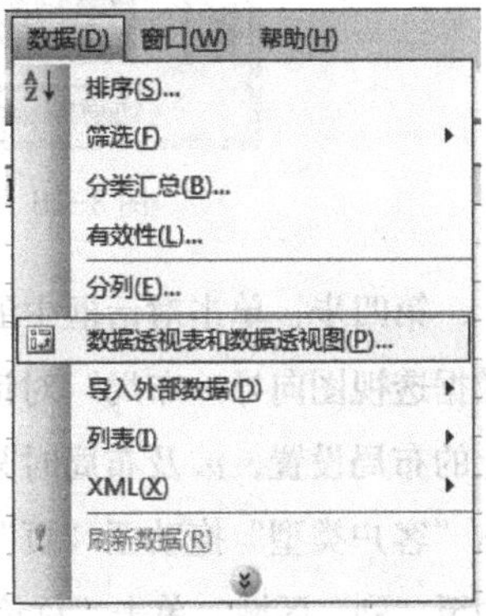

图 3-13　选择数据透视命令

【操作步骤】

1. 根据第一个要求创建数据透视表

第一步：打开销售记录表，选择“数据”→“数据透视表和数据透视图”命令，如图 3-13 所示，即可弹出“数据透视表和数据透视图向导—3 步骤之 1”对话框，如图 3-14 所示。然后根据需要选择“数据源类型”和“报表类型”，单击“下一步”按钮。

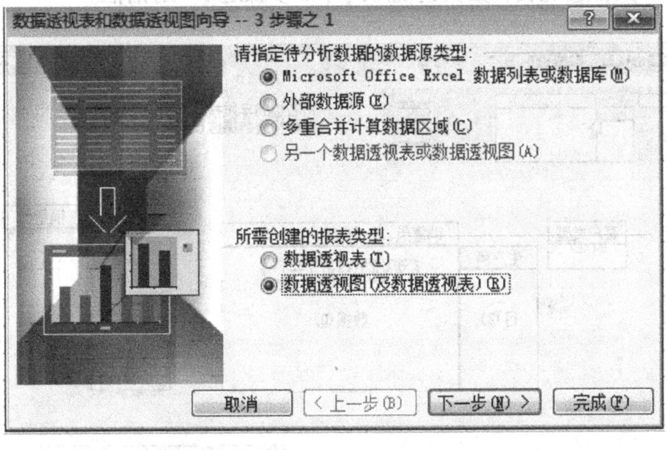

图 3-14　“数据透视表和数据透视图向导-3 步骤之 1”对话框

第二步：随即弹出“数据透视表和数据透视图向导-3 步骤之 2”对话框，如图 3-15 所示，确定数据源区域，本例中的数据源区域为$A$1：$G$27。然后单击“下一步”按钮。

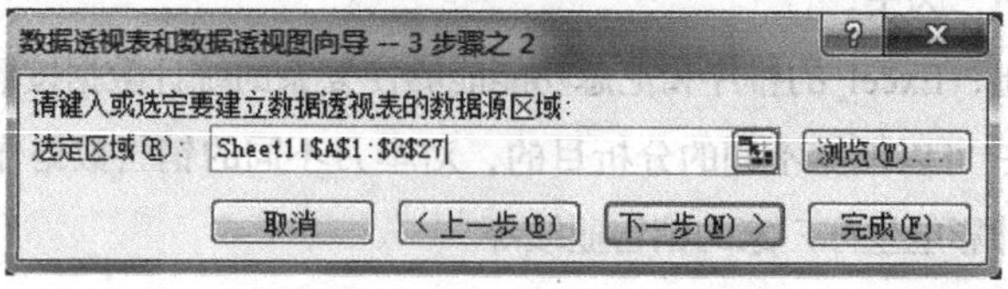

图 3-15 “数据透视表和数据透视图向导-3 步骤之 2”对话框

第三步：随即弹出“数据透视表和数据透视图向导-3 步骤之 3”对话框，如图 3-16 所示，选择数据透视表的输出位置，本例中为原工作表的单元格 A29。

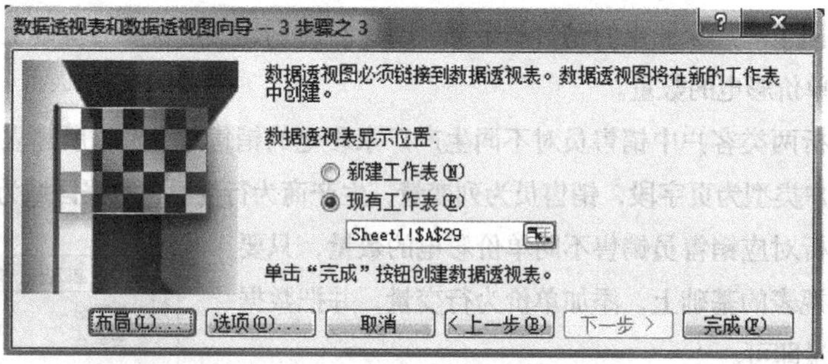

图 3-16 “数据透视表和数据透视图向导-3 步骤之 3”对话框

第四步：单击对话框中的“布局”按钮，来设置数据透视表布局。弹出“数据透视表和数据透视图向导—布局”对话框，对话框的右侧为数据清单上的各列，中间位置为数据清单上的布局设置，涉及布局时只需要单击右侧列标题并拖动至相应位置上即可。在本例中，单击“客户类型”拖动至“页”区域，单击“生厂商”拖动至“行”区域，单击“销售员”拖动至“列”区域，单击“总价”拖动至“数据”区域，如图 3-17 所示。如果想更改对应区域的设置，可以在此单击将改变量拖出对应的区域后重新设定需要显示的变量。然后按“确定”按钮，返回“数据透视表和数据透视图向导-3 步骤之 3”对话框。

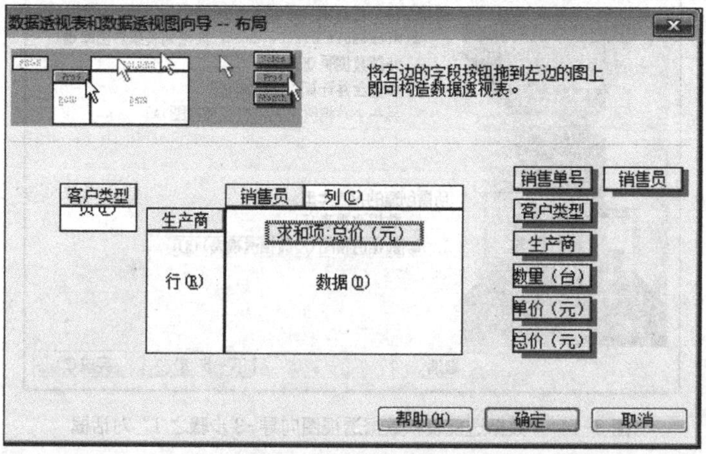

图 3-17 “数据透视表和数据透视图向导—布局”对话框

第五步：单击对话框中"选项"按钮，将出现"数据透视表选项"对话框，可以对其进行相应的设置，如图 3-18 所示，设置完毕单击"确定"按钮返回。

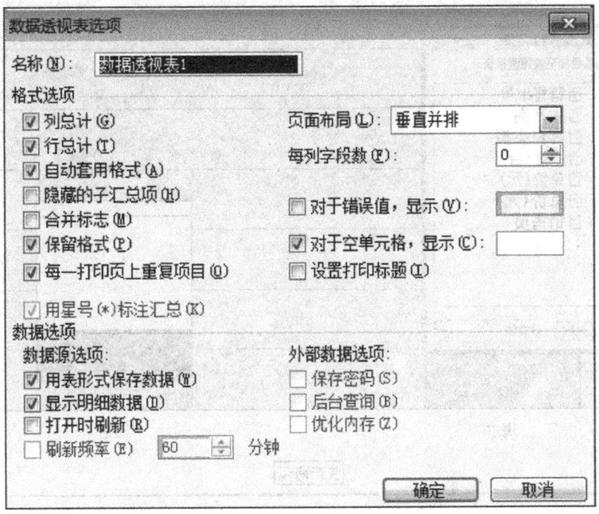

图 3-18 "数据透视表选项"对话框

第六步：单击"数据透视表和数据透视图向导-3 步骤之 3"对话框的"完成"按钮，即可在相应位置输出对应的数据透视表，并生成资料透视图，如图 3-19 和图 3-20 所示。

	A	B	C	D	E	F	G
8	0007	海尔	单位	8	3999	31992	赵
9	0008	海信	个人	1	4999	4999	赵
10	0009	海尔	单位			1997	赵
11	0010	海信	单位			5994	王
12	0011	海信	个人			3999	王
13	0012	海信	单位			7998	王
14	0013	海尔	单位			4995	孙
15	0014	海信	单位			7993	孙
16	0015	海尔	个人			3999	孙
17	0016	海尔	单位			3999	李
18	0017	海尔	单位			4995	王
19	0018	海信	个人			3999	赵
20	0019	海尔	单位			4991	李
21	0020	海信	个人			3999	赵
22	0021	海信	单位			9988	王
23	0022	海信	个人			3999	孙
24	0023	海尔	单位			4995	孙
25	0024	海信	单位			1993	王
26	0025	海尔	个人	1	3999	3999	赵
27	客户类型	(全部)	个人	2	3999	7998	李
28							
29	求和项:总价(元)	销售员					
30	生产商	李	孙	王	赵	总计	
31	海尔	84984	54989	128972	47988	316933	
32	海信	32992	31992	95983	12997	173964	
33	总计	117976	86981	224955	60985	490897	
34							

图 3-19 根据需要建立的数据透视表

从图 3-20 所示的数据透视图中，可以看出左上角的"页"为客户类型，可以单击"客户类型"后的下拉按钮选择"个人"或"单位"数据，如图 3-21 所示。若单击"个人"按钮，并单击"确定"按钮，结果如图 3-22 所示。

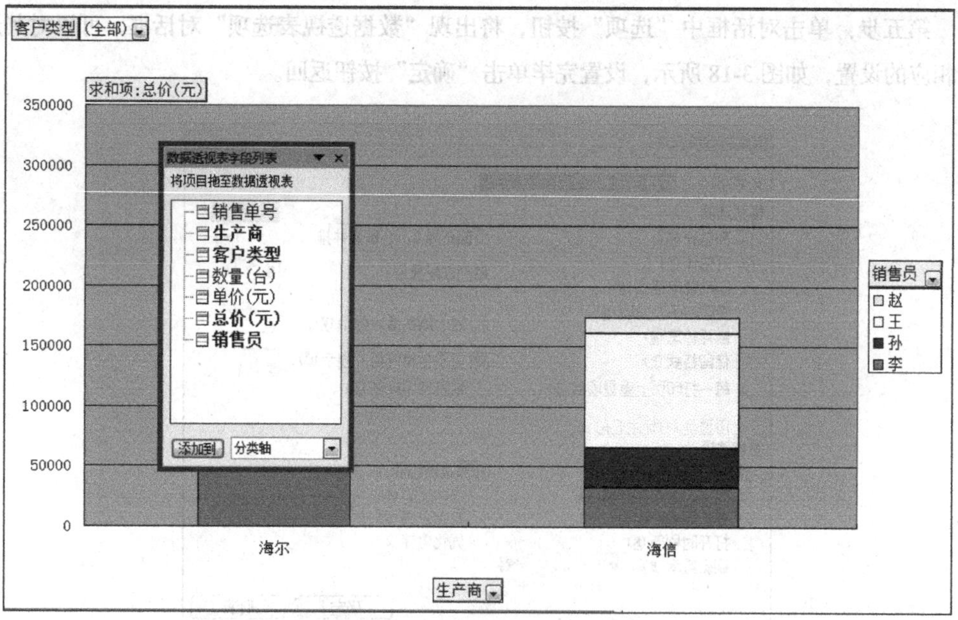

图 3-20　资料透视图

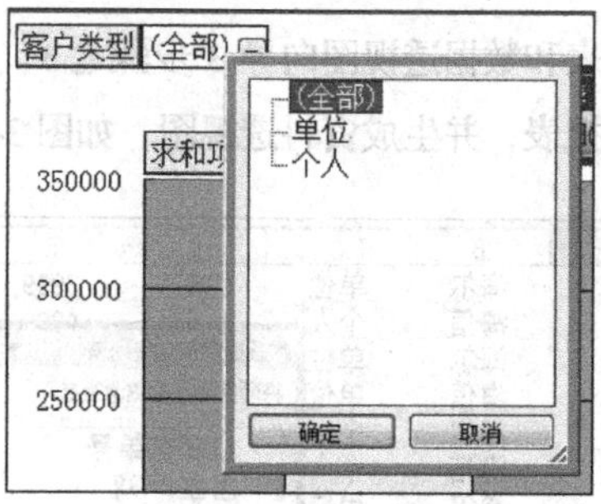

图 3-21　页字段选项

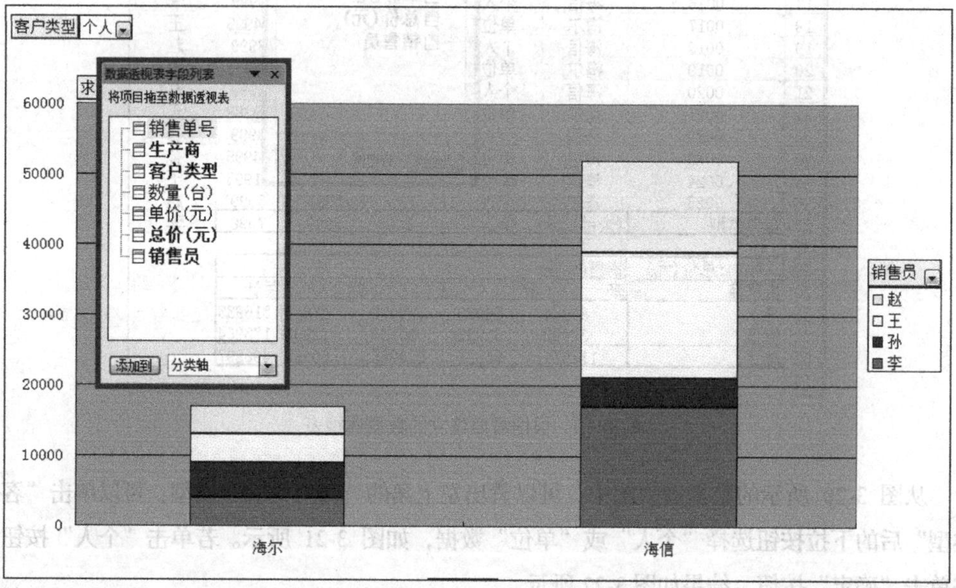

图 3-22　显示个人记录的数据透视表

同理，在“生厂商”和“销售员”后的下拉按钮中可以根据需要进行选择，如图 3-23 和图 3-24 所示。

图 3-23 “生产商”选择按钮

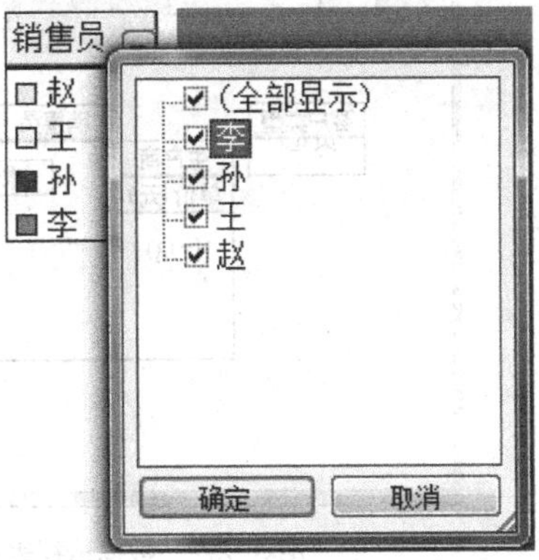

图 3-24 “销售员”选择按钮

2. 进行分析

在所创建的数据透视表的基础上，分析对应销售员销售不同单价彩电的数量。

第一步：在所创建的透视表的基础上，添加“单价”到行字段。在“数据透视表字段列表”对话框中，单击“单价”按钮，在“添加到”后的下拉列表中选择“行区域”选项，如图 3-25 所示，单击“添加到”按钮，就完成了行字段的添加。

第二步：把数据区域的“总计”更改为“数量”。单击“数据透视表”显示框中的“数据透视表向导”，如图 3-26 所示，返回“数据透视表和数据透视图向导—布局”对话框。

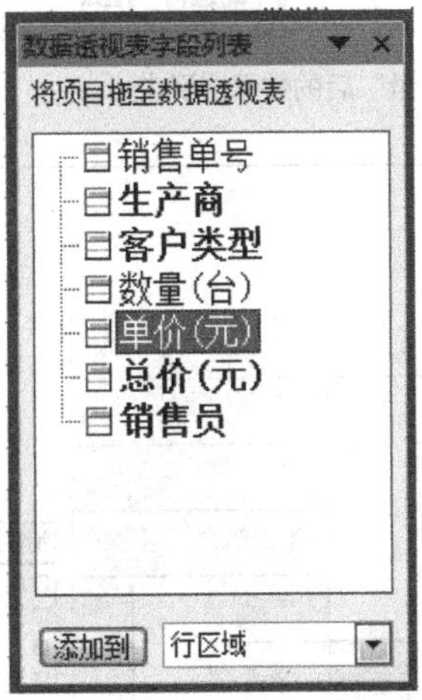

图 3-25 “数据透视表字段列表”对话框

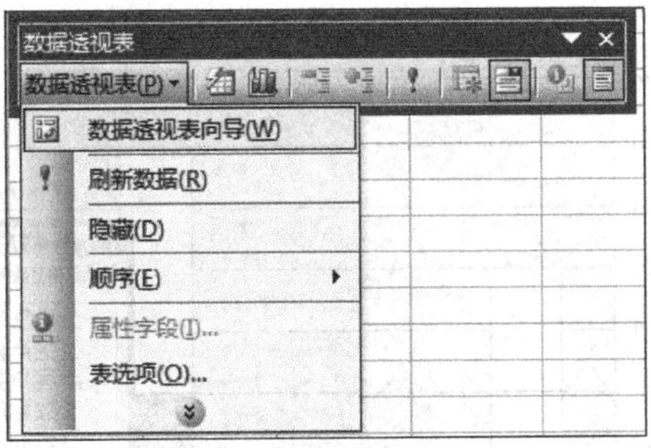

图 3-26 “数据透视表”显示框

第三步：在“数据透视表和数据透视图向导—布局”对话框中，把“数据”区域的“求和项：总价”拖出“数据”区域，并把“数量”拖至“数据”区域即完成“数据”区域的更改，如图 3-27 所示。

第四步：单击“确定”按钮，即可得到对应编辑后的数据透视表如图 3-28 所示，数据透视图如图 3-29 所示。

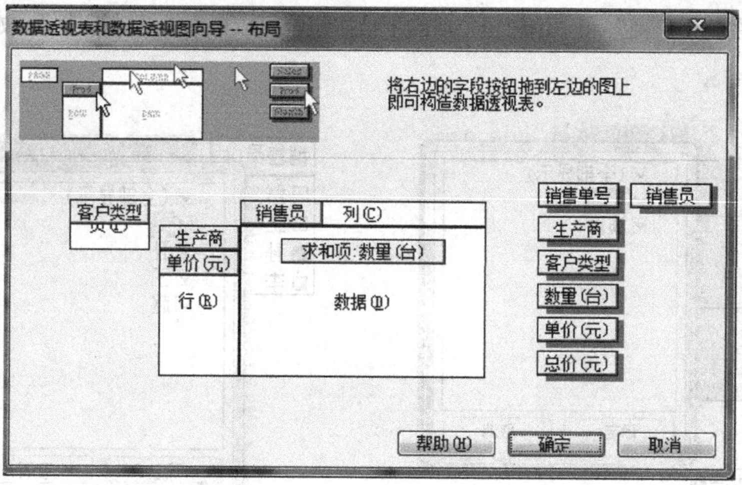

图 3-27 “数据透视表和数据透视图向导—布局”对话框

客户类型	(全部)	个人	2	3999	7998	李
求和项:数量(台)		销售员				
生产商	单价(元)	李	孙	王	赵	总计
海尔	3999	1		11	12	24
	4999	9	11	17		37
	5999	6				6
海尔 汇总		16	11	28	12	67
海信	3999	7	8	2	2	19
	4999	1		2	1	4
	5999			13		13
海信 汇总		8	8	17	3	36
总计		24	19	45	15	103

图 3-28 添加行字段“单价”和更改数量区域为“数量”后的数据透视表

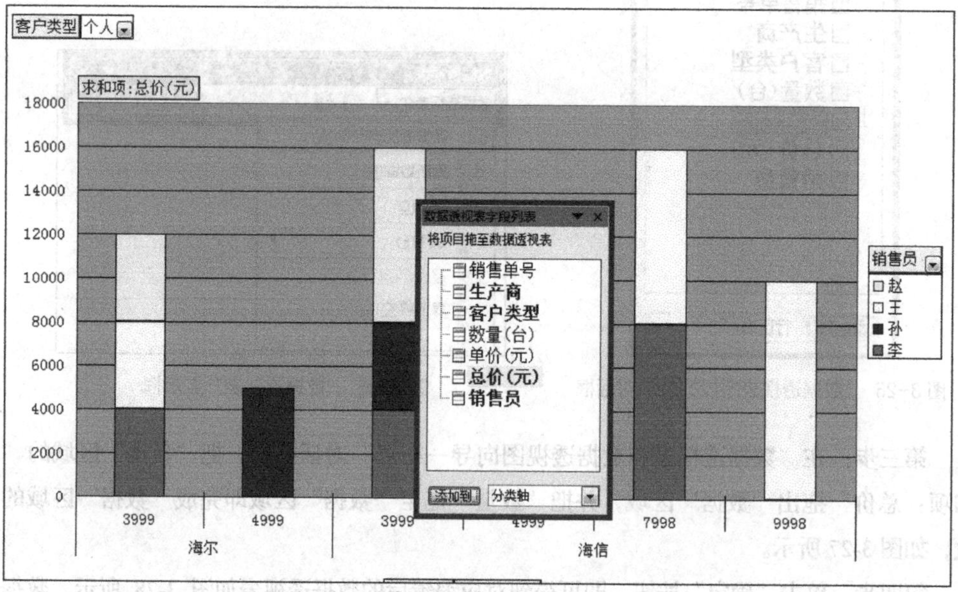

图 3-29 添加行字段“单价”和更改数量区域为“数量”后的数据透视图

从以上操作过程可知，可以根据不同需要在创建的数据透视表的基础上加以修改，如选择不同的行字段、列字段、页字段，可以实现不同的统计分析需要。

结论分析

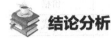

数据审核要求数据具有完整性、准确性和及时性的特性，数据的筛选是将某些不符合要求的数据或有明显错误的数据予以剔除，另外，是将某些符合特定条件的资料筛选出来。数据透视表是一种交互式的统计报表，可以对数据表的重要信息按使用者的习惯或分析需要进行汇总和作图，形成一个符合要求的交叉表（列联表）。

实践训练题

1. 表3-2所示是8名学生4门课程的考试成绩数据（单位：分）。试找出统计学成绩等于75分的学生，英语成绩最高的前3名，4门课程成绩都大于70分的学生。

表3-2　8名学生的考试成绩数据

姓　名	统计学成绩	数学成绩	英语成绩	经济学成绩
张松	69	68	84	86
王翔	91	75	95	94
田雨	54	88	67	78
李华	81	60	86	64
赵颖	75	96	81	83
宋媛	83	72	66	71
袁方	75	58	76	90
陈风	87	76	92	77

2. 根据表3-1所示某公司彩电月销售记录的数据，试通过分类汇总命令比较分析该月两种彩色电视生产厂家的销售业绩，从而为企业的管理和决策提供支持。（提示：要分析三家厂商的销售业绩，首先要按“生产商”进行排序，然后按照“生产商”进行分类汇总。）

3. 在某大学随机抽取30名学生，调查他们的性别、家庭所在地区、平均月生活费用、平均每月购买衣物支出和购买衣物时所考虑的首要因素等，得到数据如表3-3所示。试创建一个数据透视表，在表的行变量中给出性别和购买衣物首选因素，在列变量中给出学生的家庭所在地区，对平均月生活费用和平均每月购买衣物支出进行交叉汇总。

表3-3　随机抽取30名学生的调查数据

编号	性别	家庭所在地区	平均月生活费（元）	月平均衣物支出（元）	买衣首选因素
1	男	大型城市	800	200	价格
2	女	中小城市	600	180	款式
3	男	大型城市	1000	300	品牌

续表

编号	性别	家庭所在地区	平均月生活费（元）	月平均衣物支出（元）	买衣首选因素
4	男	中小城市	400	40	价格
5	女	中小城市	500	150	款式
6	女	乡镇地区	800	80	品牌
7	男	中小城市	600	180	品牌
8	女	乡镇地区	400	120	价格
9	男	中小城市	1000	300	款式
10	女	大型城市	600	180	款式
11	女	中小城市	500	150	价格
12	男	乡镇地区	300	30	价格
13	男	乡镇地区	500	50	价格
14	女	中小城市	300	35	价格
15	男	中小城市	1000	300	款式
16	女	大型城市	800	350	款式
17	男	中小城市	500	150	款式
18	男	乡镇地区	1000	100	价格
19	女	中小城市	800	80	价格
20	男	乡镇地区	800	240	品牌
21	女	大型城市	500	50	品牌
22	女	大型城市	300	30	价格
23	男	大型城市	500	150	款式
24	女	中小城市	500	150	价格
25	男	大型城市	300	30	价格
26	女	大型城市	400	200	价格
27	男	中小城市	1000	300	品牌
28	男	中小城市	500	50	款式
29	女	大型城市	700	70	款式
30	女	中小城市	500	50	价格

第4章 数据的整理

学习目标

1. 掌握数据的整理方法
2. 掌握数值型数据的整理方法

本章重点

品质数据的图示、数值型数据的图示

基本知识

数据经过预处理后，可根据需要进一步做分类或分组处理。在对数据进行整理时，首先要弄清楚所面对的是什么类型的数据，因为不同类型的数据所采取的处理方式和处理方法是不同的。

对品质数据而言，主要是作分类处理。在分类处理时首先列出所分的类别，然后计算出每一类别的频数、频率或比例等，即可形成一张频数分布表，最后可根据需要选择适当的图形进行展示，以便对数据及其特征有个初步的了解。

频数指落在某一特定类别（或组）中的数据个数。频数分布表中所反映的频数分布状态，通过频数分布图可以更为直观、生动地显示出来。适用于品质数据的频数分布图主要有条形图、饼形图、帕累托图等。

4.1 数据整理的基本概念

数据经过预处理后，可根据需要进一步做分类或分组。对品质数据主要是做分类处理，对数值型数据则主要是做分组整理。品质数据包括分类数据和顺序数据，它们在整理和图形展示的方法上大多是相同的，但也有些微小差异。

频数（Frequency）是落在某一特定类别或组中的数据个数。把各个类别及落在其中的相应频数全部列出，并用表格形式表现出来，称为频数分布（Frequency Distribution）。

由两个或两个以上变量交叉分类的频数分布表也称为列联表（Contingency Table）。二维的列联表（两个变量交叉分类）也称为交叉表（Cross Table）。

除用频数分布表进行描述，还可以使用比例、百分比、比率等统计量进行描述。比例（Proportion）也称构成比，它是一个样本（或总体）中各个部分的数据与全部数据之比，通常用于反映样本（或总体）的构成或结构。将比例乘以 100 得到的数值称为百分比（Percentage），用%表示。比率（Ratio）是样本（或总体）中不同类别数据之间的比值，由于比率不是部分与整体之间的对比关系，因此比值可能大于 1。

4.2 案例实训

【实训目的】

1. 了解对数据进行整理的意义。
2. 掌握利用 Excel 对品质数据进行整理。
3. 掌握利用 Excel 对数值型数据进行整理。

案例实训 4. 1——品质数据的整理

【实训内容及数据】

在一项关于某种品牌产品的研究中，研究人员为研究购买此种产品顾客的消费行为，调查员抽样调查了经济管理学院 50 名老师的文化程度，表 4-1 所示就是记录的原始数据。试建立顾客文化程度的频数分布表。

表 4-1 经济管理学院教师的文化程度

本 科	本 科	博 士	博 士	博 士
博士	硕士	硕士	博士	博士
博士	博士	博士	博士	博士
博士	大专	大专	本科	本科
硕士	硕士	硕士	硕士	硕士
博士	博士	博士	博士	硕士
硕士	硕士	硕士	硕士	硕士
本科	本科	硕士	硕士	博士
博士	博士	硕士	博士	博士
博士	博士	博士	硕士	博士

【操作步骤】

第一步：为了用 Excel 建立分类数据的频数分布表，首先需要将各类别用一个数字代码来表示，比如，对各文化程度指定的代码是：

1-本科；2-硕士；3-博士；4-大专

然后，将各文化程度的代码输入 Excel 工作表中，如图 4-1 所示。

	A	B	C
1	文化程度	代码	
2	本科	1	
3	博士	3	
4	博士	3	
5	博士	3	
6	硕士	2	
7	博士	3	
8	硕士	2	
9	本科	1	
10	博士	3	
11	博士	3	
12	本科	1	
13	硕士	2	
14	博士	3	
15	大专	4	
16	硕士	2	
17	博士	3	
18	硕士	2	
19	本科	1	
20	博士	3	
21	博士	3	

图 4-1　输入各文化程度对应的代码

第二步：为建立频数分布表和条形图，Excel 要求将每一文化程度的代码单独作为一例，以作为“接收区域”，因此将代码输入到工作表中的 C2:C5。如图 4-2 所示，Excel 对代码数据值小于或等于每一文化程度的数据进行计算。这样，Excel 提供的合计数就是各文化程度的频数分布表。

	A	B	C	D
1	文化程度	代码	代码区域	
2	本科	1	1	
3	博士	3	2	
4	博士	3	3	
5	博士	3	4	
6	硕士	2		
7	博士	3		
8	硕士	2		
9	本科	1		
10	博士	3		
11	博士	3		
12	本科	1		

图 4-2　输入接受代码的上限

第三步：选择“工具”→“数据分析”命令，如图 4-3 所示，即可弹出“数据分析”对话框，如图 4-4 所示，在“数据分析”对话框中选择“直方图”命令，并单击“确定”按钮。

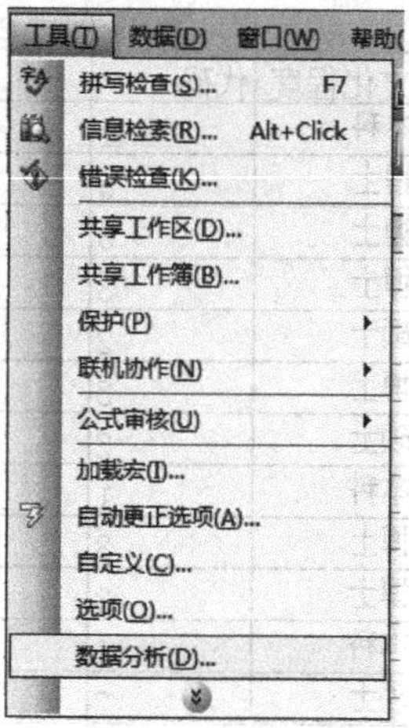

图 4-3 选择“数据分析”命令

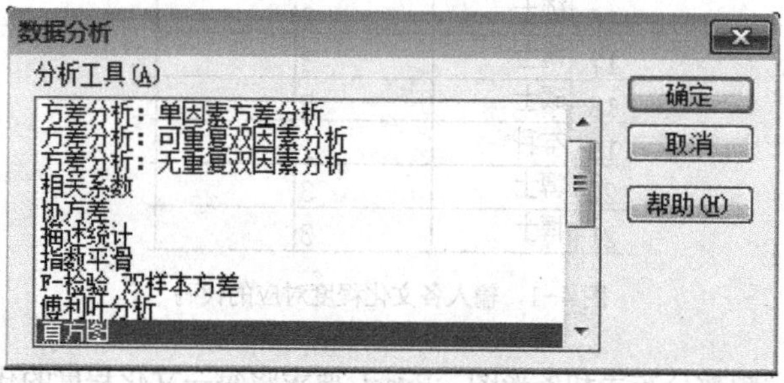

图 4-4 “数据分析”对话框

第四步：在弹出的“直方图”对话框中，设置“输入区域”“接收区域”和“输出区域”，如图 4-5 所示。

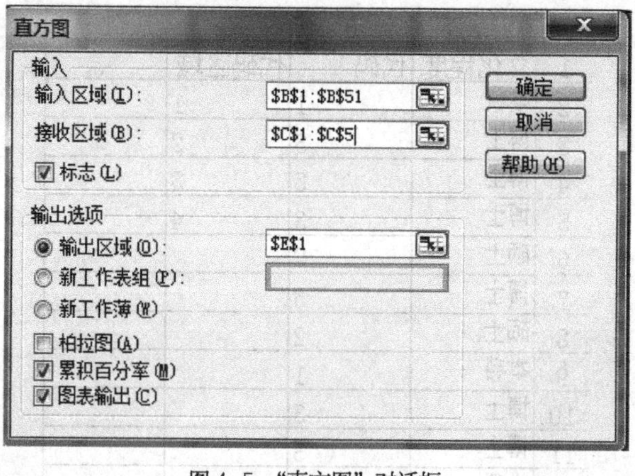

图 4-5 “直方图”对话框

在“直方图”对话框中，对于相关选项设置说明如下。

（1）在“输入区域”文本框中输入待分析数据区域的单元格引用，若输入区域有标志项，则选中“标志”；否则，系统自动生成数据标志。在“接收区域”文本框中输入接收区域的单元格引用，也即确定的分组上限所在的单元格。该文本框可空，为空时系统自动利用输入区域中的最小值和最大值建立平均分布的区间间隔的分组。本例中输入区域单元格为B1:B51，接收区域单元格为C1:C6。

（2）在“输出选项”栏中可选择输出去向。选择“柏拉图”可以在输出表中同时按降序排列频数数据，选择“累计百分率”可在输出表中增加一列累计百分比数值，并绘制一条百分比曲线；选择“图表输出”可生成一个嵌入式直方图。

第五步：设置完毕，单击“确定”按钮，即可在输出区域单元格得到频数分布，如图 4-6 所示。

	A	B	C	D	E	F	G	H	I
1	文化程度	代码	代码区域		代码区域	频率	累积 %		
2	本科	1	1		1	6	12.00%		
3	博士	3	2		2	17	46.00%		
4	博士	3	3		3	25	96.00%		
5	博士	3	4		4	2	100.00%		
6	硕士	2			其他	0	100.00%		
7	博士	3							
8	硕士	2							
9	本科	1							
10	博士	3							
11	博士	3							
12	本科	1							
13	硕士	2							
14	博士	3							
15	大专	4							
16	硕士	2							
17	博士	3							
18	硕士	2							
19	本科	1							
20	博士	3							
21	博士	3							
22	博士	3							

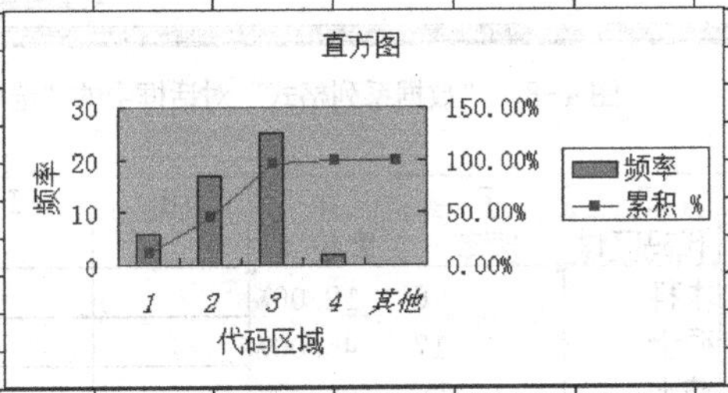

图 4-6 直方图频数分布结果

第六步：为了把频数表转化为易于阅读的方式，可以把频数表中的标题改为描述性标题“文化程度”，将文化程度代码 1、2、3、4 用文化程度的名称来代替。同时将条形图转换成标准直方图，将具体做法是：单击条形图的任一直条，再单击鼠标右键，如图 4-7 所示。

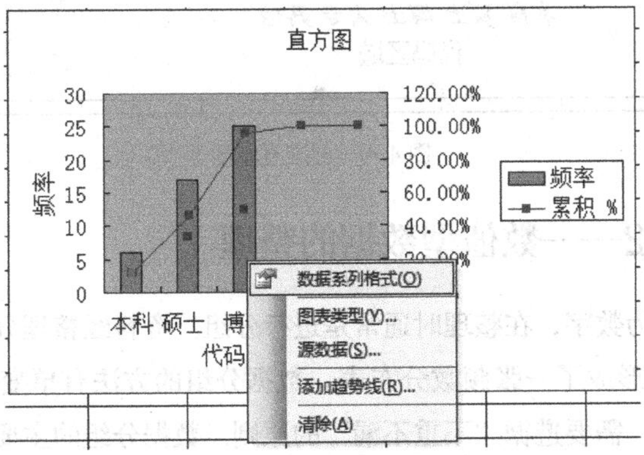

图 4-7 选择“数据系列格式”

在快捷菜单中选取“数据系列格式”，然后在“数据系列格式”对话框中选择“选项”卷标，将间距宽度改为0，如图4-8所示；单击“确定”按钮即可，如图4-9所示。

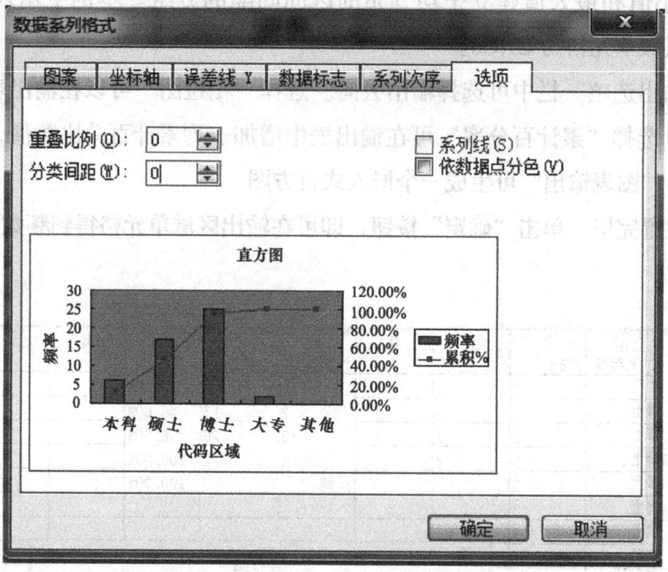

图4-8 “数据系列格式”对话框中的“选项”卷标

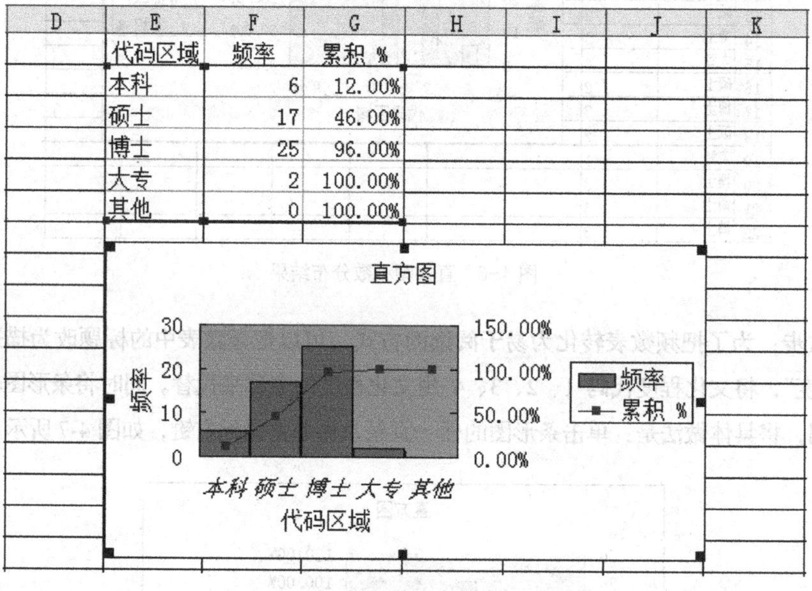

图4-9 标准直方图

案例实训4.2——数值型数据的整理

数值型数据表现为数字，在整理时通常是进行分组。资料经整理分组后，计算出各组数据中出现的频数，就形成了一张频数分布表。数据分组的方法有单变量分组和组距分组两种。采用组距分组时，需要遵循“不重不漏”的原则。数据分组的主要目的是观察数据的分布特征。

编制数值型数据频数分布表的具体步骤如下。

（1）确定组数。组数的确定应以能够显示数据的分布特征和规律为目的。

（2）确定各组的组距。组距可根据全部资料的最大值和最小值及所分的组数来确定，即组距=（最大值-最小值）/组数。

（3）根据分组整理成的频数分布表。用 Excel 来做频数分布表，这一过程与上一实训中介绍的品质数据类似。

【实训内容及数据】

根据抽样调查，某月某市 100 个灯泡的使用寿命如表 4-2 所示（单位：h），试对数据进行分组。

表 4-2　灯泡的使用寿命　（单位：h）

700	716	728	719	685	709	691	684	705	718
706	715	712	722	691	708	690	692	707	701
708	729	694	681	695	685	706	661	735	665
668	710	693	697	674	658	698	666	696	698
706	692	691	747	699	682	698	700	710	722
694	690	736	689	696	651	673	749	708	727
688	689	683	685	702	741	698	713	676	702
701	671	718	707	683	717	733	712	683	692
693	697	664	681	721	720	677	679	695	691
713	699	725	726	704	729	703	696	717	688

分组前我们可以先对资料进行一个简单排序，观察到此组数据的最小值为 651，最大值为 749。因此可以把其按 650～660、660～670、670～680、680～690、690～700、700～710、710～720、720～730、730～740、740～750 分为 10 个组，具体操作过程见下列操作步骤。

	A	B	C
1	使用寿命	分组上限	
2	700	659	
3	706	669	
4	708	679	
5	668	689	
6	706	699	
7	694	709	
8	688	719	
9	701	729	
10	693	739	
11	713	749	
12	716		
13	715		
14	729		
15	710		
16	692		
17	690		
18	689		

图 4-10　输入分组上限

【操作步骤】

第一步：首先将数据输入到 Excel 工作表中，并给出分组上限，如图 4-10 所示。

第二步：选择“工具”→“数据分析”命令，即可弹出“数据分析”对话框，如图 4-11 所示，在“数据分析”对话框中选择“直方图”命令，并单击“确定”按钮。

第三步：在弹出的“直方图”对话框中，设置“输入区域”“接收区域”和“输出区域”，如图 4-12 所示。

第四步：设置完毕，单击“确定”按钮，即可在输出区域单元格得到频数分布表，如图 4-13 所示。

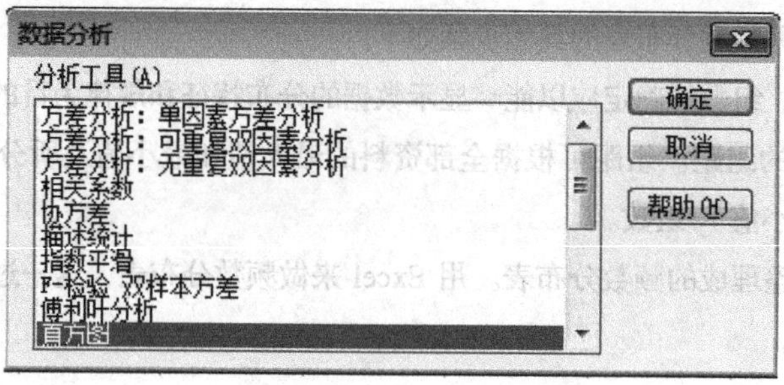

图 4-11 “数据分析”对话框

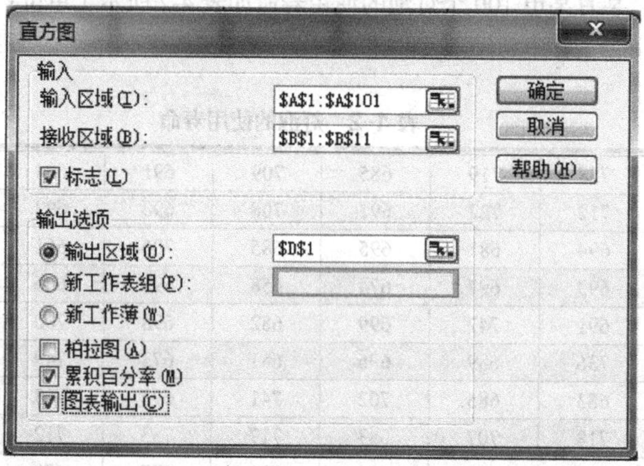

图 4-12 “直方图”对话框

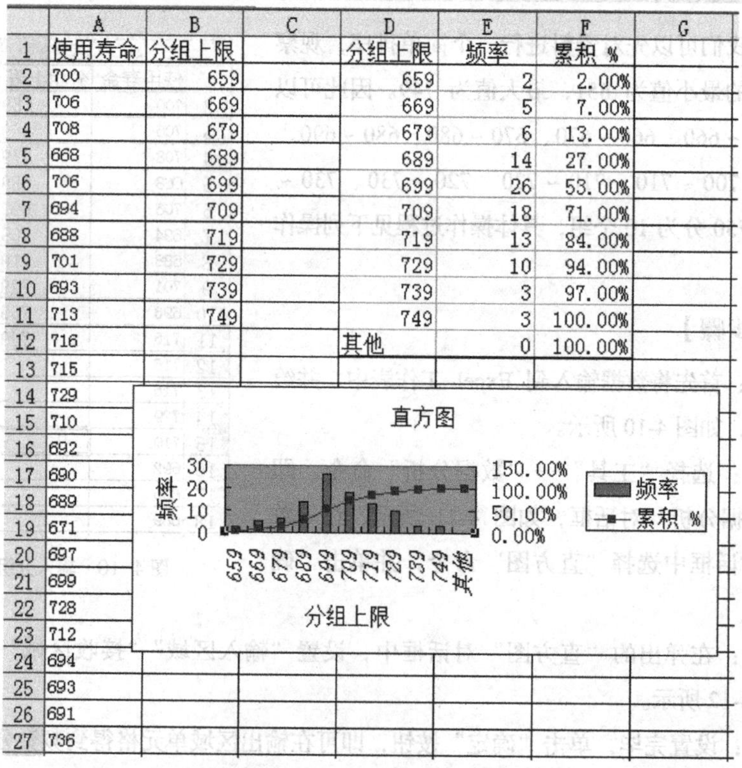

	A	B	C	D	E	F	G
1	使用寿命	分组上限		分组上限	频率	累积 %	
2	700	659		659	2	2.00%	
3	706	669		669	5	7.00%	
4	708	679		679	6	13.00%	
5	668	689		689	14	27.00%	
6	706	699		699	26	53.00%	
7	694	709		709	18	71.00%	
8	688	719		719	13	84.00%	
9	701	729		729	10	94.00%	
10	693	739		739	3	97.00%	
11	713	749		749	3	100.00%	
12	716			其他	0	100.00%	
13	715						
14	729						
15	710						
16	692						
17	690						
18	689						
19	671						
20	697						
21	699						
22	728						
23	712						
24	694						
25	693						
26	691						
27	736						

图 4-13 频数分布表和分布图

第五步：将条形图转换成标准直方图，具体做法是：单击条形图的任一直条，再单击鼠标右键，如图 4-14 所示；在快捷菜单中选取“数据系列格式”命令，然后在“数据系列格式”对话框中选择“选项”卷标，将间距宽度改为 0，如图 4-15 所示，单击“确定”按钮即可，如图 4-16 所示。

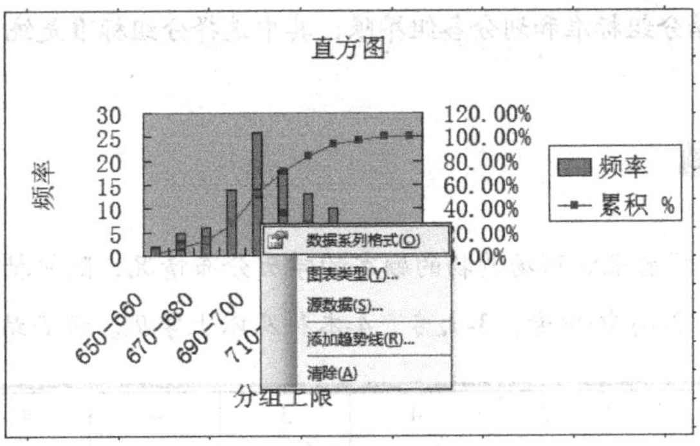

图 4-14　选择“数据系列格式”命令

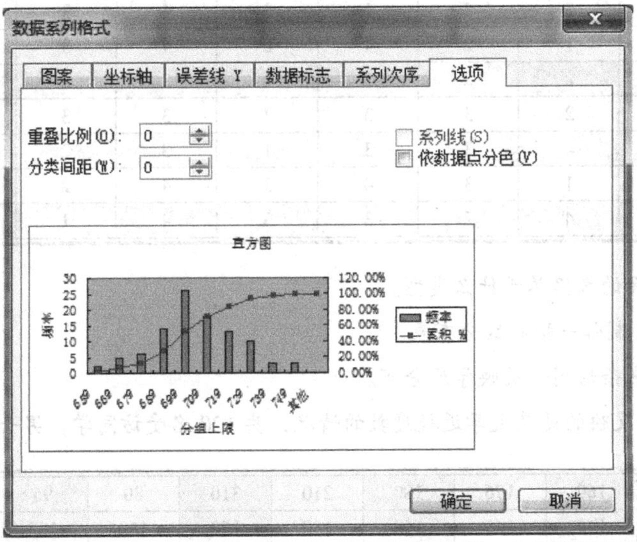

图 4-15　选择“选项”卷标

分组	频率	累积 %
650-660	2	2.00%
660-670	5	7.00%
670-680	6	13.00%
680-690	14	27.00%
690-700	26	53.00%
700-710	18	71.00%
710-720	13	84.00%
720-730	10	94.00%
730-740	3	97.00%
740-750	3	100.00%
其他	0	100.00%

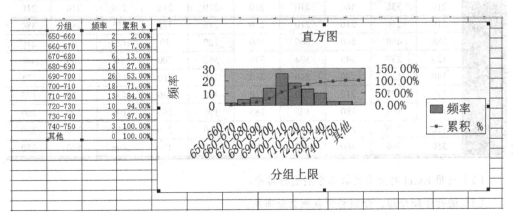

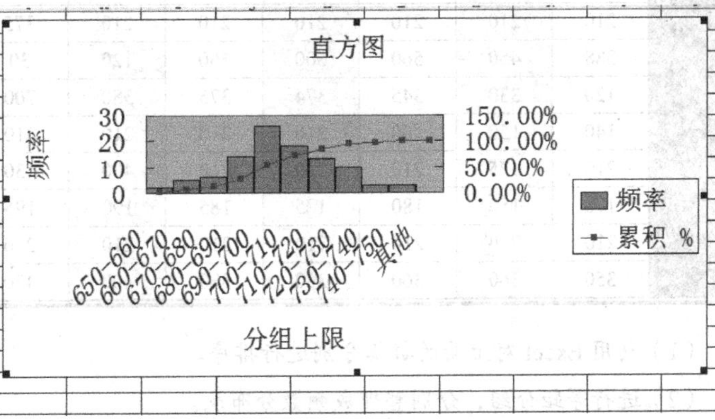

图 4-16　标准直方图

结论分析

统计整理直接关系到整个统计研究的结果，品质数据和数值型数据是统计分析的一种重要方法，能够系统组织和合理安排大量的统计资料，同时也是积累分析统计资料的主要手段，统计分组的关键在于选择分组标准和划分各组界限，其中选择分组标准是统计分组的核心问题。

实践训练题

1. 某家商场为了解前来该商场购物的顾客的学历分布情况，随机抽取了 100 名顾客。其学历表示为：1-初中，2-高中/中专，3-大专，4-本科及以上学历。调查结果如下。

4	2	2	2	4	3	4	4	1	4
2	2	4	4	4	3	2	4	2	2
3	1	2	1	4	4	1	4	2	4
2	3	3	2	1	3	4	3	4	4
3	3	1	2	4	2	4	3	2	4
2	3	2	2	2	1	2	2	4	4
2	1	2	3	3	3	3	3	3	4
2	3	4	3	3	1	3	2	3	2
4	3	1	3	4	3	4	2	1	4
2	2	4	2	3	3	4	1	2	1

（1）指出上面的数据属于什么类型。

（2）用 Excel 制作一张频数分布表。

（3）绘制一张条形图，反映学历分布。

2. 如下数据反映的是某大学近视度数的情况，共 120 名受访同学，男女同学各 60 名。

男	149	160	176	180	210	310	80	95	108	140
	140	144	145	150	150	150	160	168	188	210
	210	210	210	105	210	210	210	110	168	175
	210	356	460	210	210	210	210	210	310	210
	210	210	210	210	210	210	375	375	380	380
	388	450	560	600	650	120	30	120	75	210
女	120	330	345	374	375	380	700	90	700	60
	140	150	160	210	210	210	210	150	175	175
	210	175	210	210	210	400	430	450	120	175
	178	180	180	185	185	190	195	196	200	200
	210	210	210	210	210	210	210	210	330	330
	350	360	360	360	380	400	470	486	500	550

（1）利用 Excel 对上面的数据分别进行排序。

（2）进行等距分组，分别整理成频数分布表。

（3）分别绘制直方图。

第5章 统计图

学习目标

1. 掌握分类和顺序数据的整理与显示方法。
2. 掌握数值型数据的整理与显示方法。
3. 用Excel作频数分布表和图形。

本章重点

熟练运用条形图、帕累托图、饼图、环形图、直方图、茎叶图、雷达图

基本知识

统计图是以图形形象地表现统计资料的一种形式。用统计图表现统计资料，具有鲜明、富于表现、易于理解的特点，因而绘制统计图是统计整理的重要内容之一，统计图可以揭示现象的内部结构和依存关系，显示现象的发展趋势和分布状况，有利于进行统计分析与研究。常用的统计图主要有条形图、直方图、折线图、饼图、帕累托图、茎叶图、雷达图。

5.1 品质数据的整理与图示

1. 分类数据的整理与图示

这里首先介绍分类数据的图示方法，其中包括条形图、帕累托图、饼图等。如果有两个总体或两个样本的分类相同且问题可比，还可以绘制环形图。

（1）条形图

条形图（Bar Chart）是用宽度相同的条形的高度或长短来表示数据多少的图形。条形图可以做横置或纵置，纵置时也称为柱状图（Column Chart）。此外，条形图有简单条形图、复杂条形图等形式。

（2）帕累托图

帕累托图（Pareto Chart）是以意大利经济学家V.Pareto的名字命名的。该图是按各类数据出现的频数多少排序后绘制的条形图。

（3）饼图

饼图（Pie Chart）是用圆形及圆内扇形的角度表示数值大小的图形，它主要是用于表示一个样本（或总体）中各组成部分的数据占全部数据的比例，对于研究结构性问题十分有用。

（4）环形图

简单饼图只能显示一个样本各部分所占的比例。把饼图叠在一起，挖去中间的部分就可以了，这就是环形图（Doughnut Chart）。

2．顺序数据的整理与图示

累积频数（Cumulative Frequencies）是将各有序类别或组的频数逐级累加起来得到的频数。

累积频率或累积百分比（Cumulative Percentages）是将各有序类别或组的百分比逐级累加起来，它也有向上累积和向下累积两种方法。

5.2 数值型数据的整理与图示

1．数据分组

数据分组是根据统计研究的需要，将原始数据按照某种标准分成不同的组别，分组后的数据称为分组数据（Grouped Data）。数据分组的主要目的是观察数据的分布特征。在连续变量或变量值较多的情况下，通常采用组距分组。它是将全部变量值一次划分为若干个区间，并将一个区间的变量值作为一组。在组距分组中，一个组的最小值称为下限（Lower Limit）；一个组的最大值称为上限（Upper Limit）。组距（Class Width）是一个组的上限与下限的差。

组距分组掩盖了各组数据分布状况，为反映各组数据的一般水平，我们通常用组中值作为该组数据的一个代表值。组中值（Class Midpoint）是每一组中下限值与上限值中间的值，即

$$组中值=（下限值+上限值）/2$$

2．数值型数据的图示

数值型数据还有以下一些图示方法，这些方法并不适用于分类数据和顺序数据。

（1）分组数据——直方图

用图形来展示数据的分布会更形象、直观。先是分组数据频数分布特征的图形有直方图、折线图和曲线图等。直方图（Histogram）是用于展示分组数据分布的一种图形，它是用矩形的宽度和高度（即面积）来表示频数分布的。绘制该图时，在平面直角坐标中，用横轴表示数据分组，纵轴表示频数或频率，这样，各组与相应的频数就形成了一个矩形，即直方图。

（2）未分组数据——茎叶图和箱线图

① 茎叶图（Stem-leaf Display）是反映原始数据分布的图形。它是由茎和叶两部分构成，其图形是由数字组成的。通过茎叶图，可以看出数据的分布形状及数据的离散状况。

绘制茎叶图的关键是设计好树茎。

茎叶图类似于横置的直方图，与直方图相比，茎叶图既能给出分布状况，又能给出每一个原始数值。

② 箱线图（Box Plot）是由一组数据的最大值（Maximum）、最小值（Minimum）、中位数（Median）、两个四分位数（Quartiles）这 5 个特征值绘制而成的，它主要用于反映原始数据分布的特征，还可以进行多组数据分布特征的比较，如图 5-1 所示。

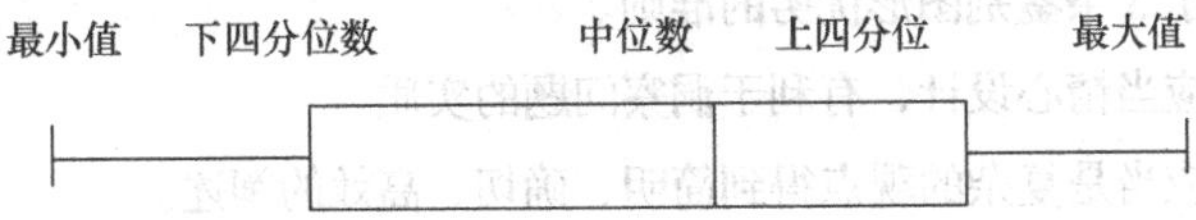

图 5-1 简单箱线图

（3）时间序列数据——线图

如果数值型数据是在不同时间上取得的，即时间数列数据，则可以绘制线图。线图（Line Plot）主要用于反映现象随时间变化的特征。

（4）多变量数据的图示

上面介绍的一些图形描述的都是单变量数据。当有两个或两个以上变量时，可以采用多变量的图示方法，常见的有散点图、气泡图、雷达图等。

① 散点图

散点图（Scatter Diagram）是用二维坐标展示两个变量之间关系的一种图形。

② 气泡图

气泡图（Bubble Chart）可用于展示三个变量之间的关系。它与散点图类似，绘制时将一个变量放在横轴，另一个变量放在纵轴，而第三个变量则用气泡的大小来表示。

③ 雷达图

雷达图（Radar Chart）是显示多个变量的常用图示方法，也称为蜘蛛图（Spider Chart）。设有 n 组样本 S_1，S_2，…，S_n，每个样本测得 P 个样本 X_1，X_2…，X_p，要绘制这 P 个变量的雷达图，具体做法是：先画一个圆，然后将圆 P 等分，得到 P 个点，令这 P 个点分别对应 P 个变量，再将 P 个点与圆心相连，得到 P 个辐射状的半径，这 P 个半径分别作为 P 个变量的坐标轴，每个变量值的大小由半径上的点到圆心的距离表示，再将同一样本的值在 P 个坐标上的点连线。这样，n 个样本形成的 n 个多边形就是一张雷达图。

5.3 合理使用图表

1. 鉴别图形优劣的准则

一张精心设计的图形展示是数据的有效工具。精心设计的图形可以准确表达数据要传达的信息。设计图形时，应绘制得尽可能简洁，以能够清晰地显示数据、合理地表达统计目的为依据。一张好的图形应具有以下特征。

（1）显示数据。

（2）让读者把注意力集中在图形的内容上，而不是制作图形的程序上。

（3）避免歪曲。

（4）强调数据之间的比较。

（5）服务于一个明确的目的。

（6）有对图形的统计描述和文字说明。

塔夫特还提出了 5 条鉴别图形优劣的准则。

（1）一张好图应当精心设计，有利于洞察问题的实质。

（2）一张好图应当是复杂的观点得到简明、确切、高效的阐述。

（3）一张好图应当能在最短的时间内以最少的笔墨给读者提供最大量的信息。

（4）一张好图应当是多维的。

（5）一张好图应当表述数据的真实数据。

2．统计表的设计

统计表是用于展示数据的另一个基本工具。在数据的收集、整理、描述和分析过程中，都要使用统计表。许多杂乱的数据，即不便于阅读，也不便于理解和分析，一旦整理在一张统计表内，就会使这些数据变得一目了然。

5.4 案例实训

【实训目的】

1. 熟悉并掌握 Excel 软件的图表制作功能。

2. 掌握各种统计图的特点，并能够熟练应用 Excel 软件制作统计图，包括柱形图（条形图）、环形图、折线图和雷达图等，以鲜明、具体地反映统计总体的数量特征及数量关系。

案例实训 5.1——柱形图和环形图

【准备知识】

1. 柱形图（条形图）

柱形图是用宽度相同的柱形的高度或长短来表示数据变动的图形。柱形图与条形图类似，横置时也称为条形图。此外，柱形图还有单式、复式等形式。

需要注意的是，柱形图与数据整理中所介绍的直方图不同，柱形图是用矩形的高度来表示各类别数据的多少，其宽度是固定的，而直方图是用矩形的面积表示各组的频数分布，矩形的高度表示每一组的频数或百分比，宽度表示各组组距，因此其宽度和高度均有意义；由于分组数据具有连续性，因而直方图的各矩形通常都是连续排列的，而柱形图则是分开排列的。

2. 环形图

环形图类似圆形图，但又有区别，环形图中间有一个“空洞”，总体中的每一部分数据用环中的一段来表示。环形图可以同时绘制多个总体的数据系列，每个总体的数据系列为一个环，因而环形图可以显示多个总体各部分所占的相应比例，从而有利于我们进行比较研究，对研究结构性问题很有用。

【实训内容及数据】

表 5-1 所示为第三次全国经济普查公布的 2013 年末我国第二产业和第三产业的法人单位和有证照个体经营户的地区分布资料，请根据以下数据制作图表：（1）按地区绘制企业法人单位和有证照个体经营户数量的柱形图；（2）绘制环形图比较企业法人单位和有证照个体经营户的地区结构。

表 5-1　法人单位和有证照个体经营户的地区分布　　（单位：万个）

	企业法人单位	有证照个体经营户
东部地区	601.9	1 311.4
中部地区	214.1	762.5
西部地区	197.4	915.4
东北地区	72.2	289.7

【操作步骤】

1. 按地区绘制企业法人单位和有证照个体经营户数量的柱形图

第一步：创建工作表，将统计数据输入 Excel 工作表中。

第二步：选择菜单中的“插入”→“图表”命令，或单击工具栏的图表向导按钮，如图 5-2 所示。

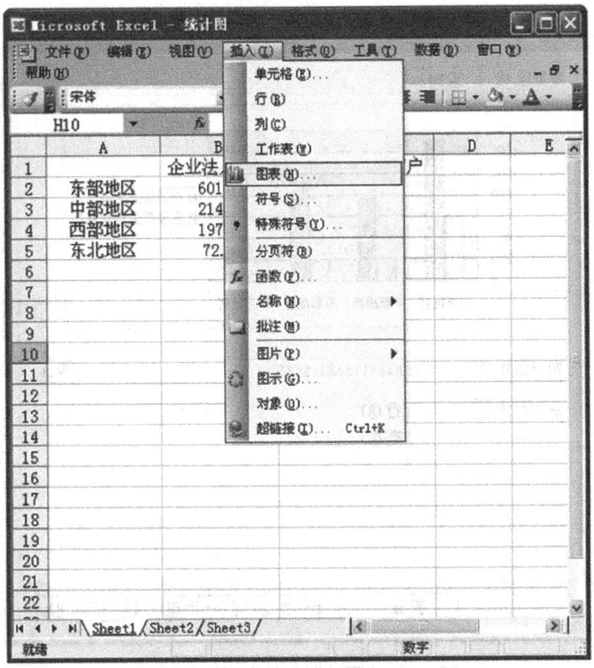

图 5-2　选择“图表”命令

第三步：选定图表类型。在弹出的“图表向导-4 步骤之 1-图表类型”对话框中选择所需要的图表类型，然后单击“下一步”按钮，如图 5-3 所示。

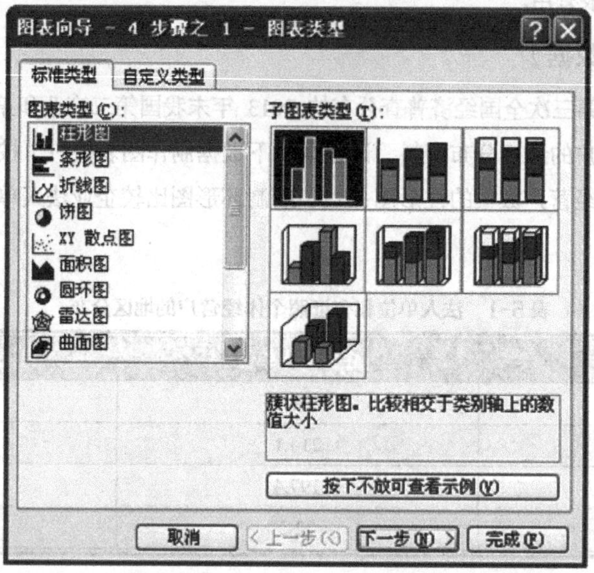

图 5-3 “图表向导-4 步骤之 1-图表类型”对话框

第四步：确定数据范围。在弹出的“图表向导-4 步骤之 2-图表源数据”对话框的“数据区域”标签中设定源数据区域和数据系列的形式，并且单击“系列”标签，以确认图形“系列”的名称与源数据范围以及“分类（X）轴标志”的源数据范围，如图 5-4 和 5–5 所示。然后单击“下一步”按钮。

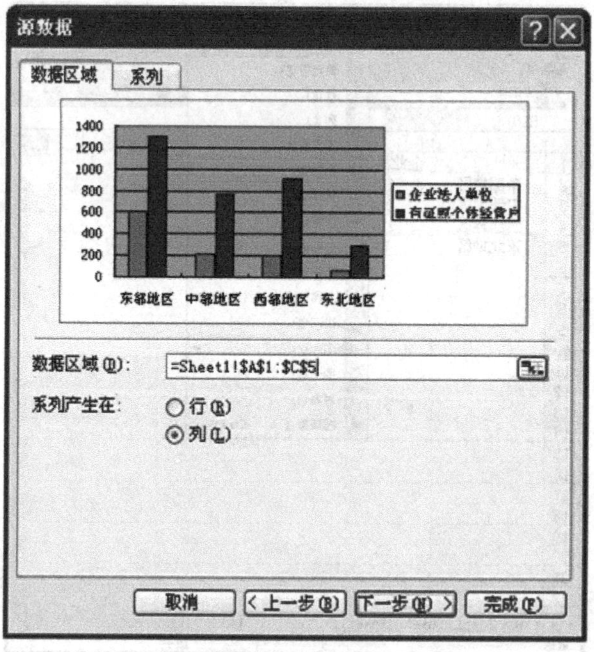

图 5-4 “源数据”数据区域与系列

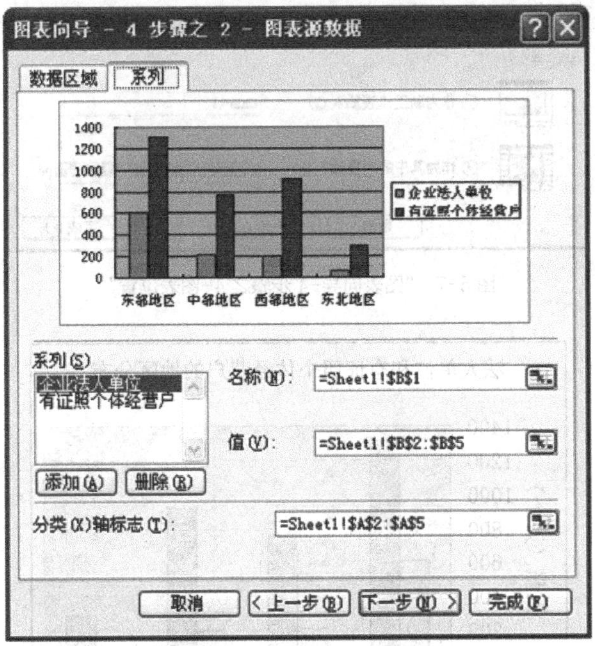

图 5-5 “图表向导-4 步骤之 2-图表源数据”对话框

第五步：随即出现“图表向导-4 步骤 3-图表选项”对话框，如图 5-6 所示。在“图表标题”中输入柱形图的名称，在“分类（X）轴”中输入 X 坐标轴的名称，在“数值（Y）轴”中输入 Y 轴坐标的名称，有选择地填写“坐标轴”“网格线”“图例”“数据标志”等内容。填完对话框后，单击“下一步”按钮。

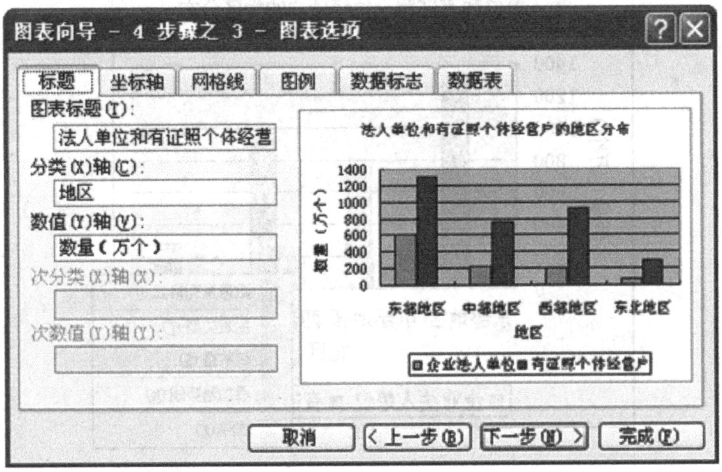

图 5-6 “图表向导-4 步骤 3-图表选项”对话框

第六步：选择图表位置并显示结果。在弹出的“图表向导-4 步骤之 4-图表位置”对话框中可为图表选择保存位置：或放在独立的工作表中，或作为一个对象放在当前工作表中。在本例中选择作为一个对象放在工作表中，如图 5-7 所示。填完对话框后，单击“完成”按钮即可自动生成柱形图，如图 5-8 所示。图表形成之后，可以将鼠标箭头放在图形任一位置，按右键出现快捷键，选择相应命令对图表进行修改，如图 5-9 所示。

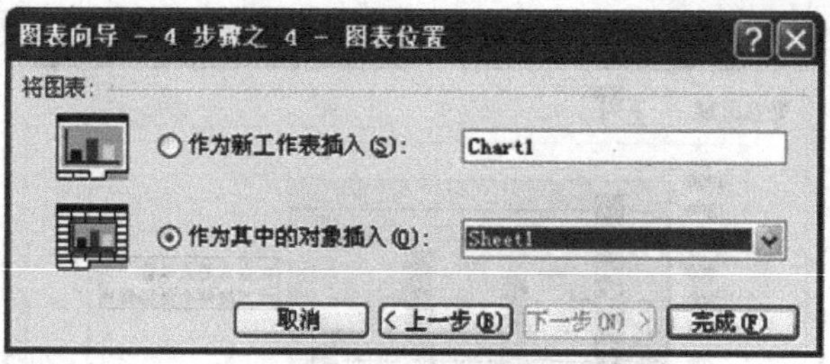

图 5-7 “图表向导-4 步骤之 4-图表位置”

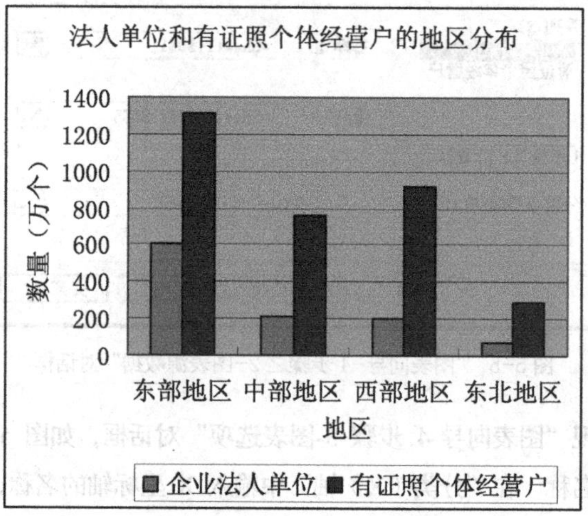

图 5-8 法人单位和有证照个体经营户的地区分布

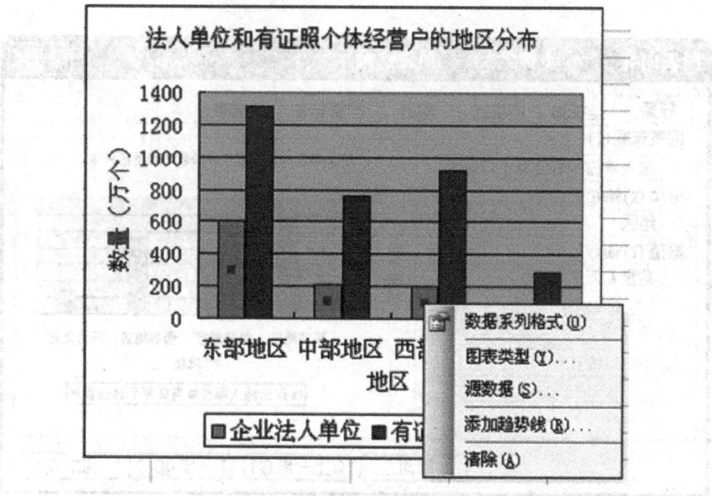

图 5-9 快捷键选项

根据柱形图 5-8 可以得出如下结论：第三次全国经济普查的数据表明，截止至 2013 年年末，我国第二产业和第三产业的企业法人单位数量要远远小于有证照个体经营户的数量，这与个体经营户的注册门槛低、经营灵活有很大关系。从地区结构上看，东部地区的企业法人单位和有证照个体经营户的总数最多，西部地区次之，中部地区再次，东北地区最少，反映了各地区的经济繁荣程度：东部地区经济最繁荣，而东北地区相对低迷。虽然西部地区企业法人单位和有证照个体经营户的总数在各地区中排名第二，但是西部地区个体经营户的比例较大，而企业法人单位个数相对较少，说明在公司化进程中，西部地区还处于较为落后的阶段。

2. 绘制环形图比较企业法人单位和有证照个体经营户的地区结构

第一步：在工作表中输入数据资料后，选择菜单中的“插入”→“图表”命令，然后在弹出的“图表向导-4 步骤之 1-图表类型”对话框中选择“圆环图”，如图 5-10 所示，然后单击“下一步”按钮。

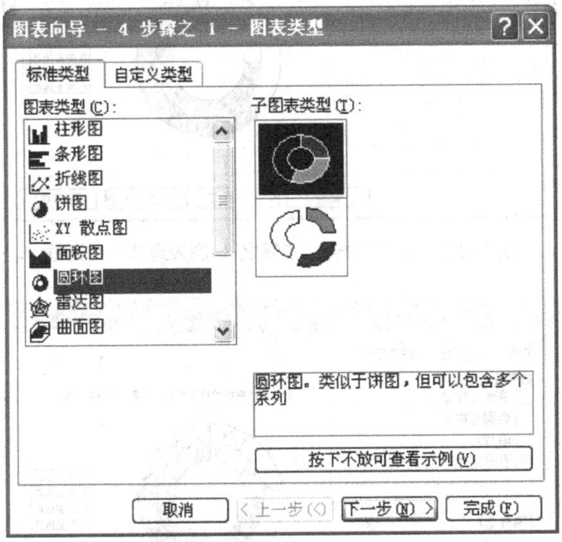

图 5-10 “图表向导-4 步骤之 1-图表类型”对话框

第二步：确定数据范围。在弹出的“图表向导-4 步骤之 2-图表源数据”对话框的“数据区域”标签中设定源数据区域和数据系列的形式，并且单击“系列”标签，以确认图形“系列”的名称与源数据范围，如图 5-11 所示，然后单击“下一步”按钮。

图 5-11 “图表向导-4 步骤之 2-图表源数据”对话框

第三步：出现“图表向导-4 步骤之 3-图表选项”对话框，在图表标题中输入图的名称，如图 5-12 所示。并且选择“数据标志”→“百分比”，如图 5-13 所示。填写完对话框后单击“下一步”按钮。

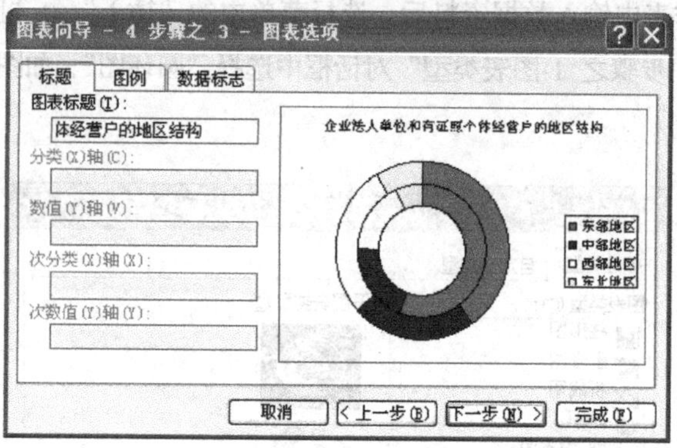

图 5-12 “图表向导-4 步骤之 3-图表选项”对话框

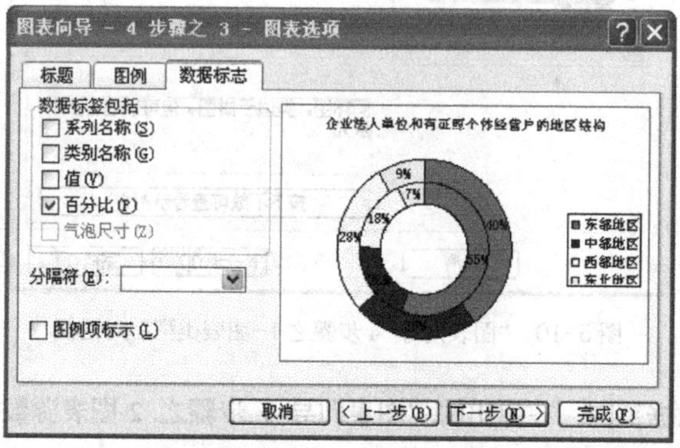

图 5-13 “数据标志”标签

第四步：选择图表位置并显示结果。在弹出的“图表向导-4 步骤之 4-图表位置”对话框中可为图表选择保存位置：或放在独立的工作表中，或作为一个对象放在当前工作表中。填完对话框后，单击“完成”按钮即可自动生成环形图。本例选择作为一个对象放在工作表中，如图 5-14 所示。

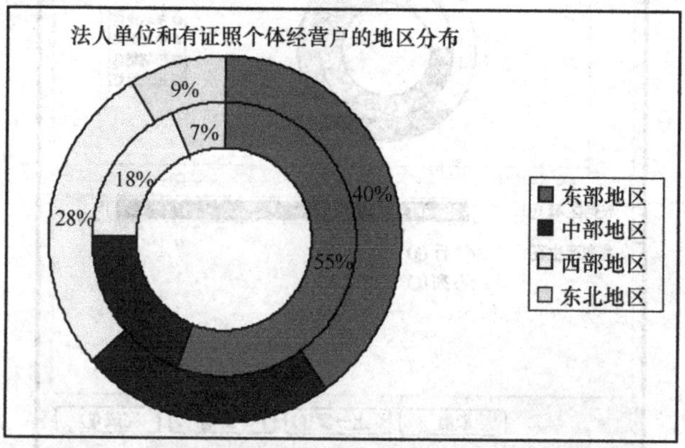

图 5-14 企业法人单位和有证照个体经营户的地区结构

图 5-13 所示的内环表示企业法人单位的地区结构，外环表示有证照个体经营户的地区结构。通过两个环形的结构对比可以看出，相对而言，东部地区企业法人单位所占比例较高，占全国的 55%，而东部地区的有证照个体经营户的数量仅占全国的 40%。其他三个地区，有证照个体经营户所占比例都高于企业法人单位所占比例，尤其是西部地区，有证照个体经营户数量占全国的 28%，而企业法人单位数量仅占全国的 18%，差异巨大。这些特征表明，东部地区的经济发展水平和繁荣程度，要远远高于其他三个地区。

案例实训 5.2——折线图

【准备知识】

折线图是在平面坐标系中用折线表现数量变化特征和规律的统计图。折线图主要用于显示时间序列数据的特征，以反映事物发展变化的规律和趋势。

【实训内容及数据】

表 5-2 所示为我国 2004～2013 年按三次产业分就业人员数，试以折线图显示表 5-2 中的数据。

表 5-2　2004～2013 年按三次产业分就业人员数　　（单位：万人）

年　份	第一产业	第二产业	第三产业
2004	34 829.8	16 709.4	22 724.8
2005	33 441.9	17 766.0	23 439.2
2006	31 940.6	18 894.5	24 142.9
2007	30 731.0	20 186.0	24 404.0
2008	29 923.3	20 553.4	25 087.2
2009	28 890.5	21 080.2	25 857.3
2010	27 930.5	21 842.1	26 332.3
2011	26 594.0	22 544.0	27 282.0
2012	25 773.0	23 241.0	27 690.0
2013	24 171.0	23 170.0	29 636.0

【操作步骤】

第一步：在工作表中，输入数据资料，选择菜单中的“插入”→“图表”命令，进入图表向导。然后选择“图表类型”为“折线图”，单击“下一步”按钮。

第二步：确定数据范围。在弹出的“源数据”对话框的“数据区域”标签中设定数据区域和数据系列的形式，并且单击“系列”标签，以确认图形“系列”的名称与源数据范围以及“分类（X）轴标志”的源数据范围，如图 5-15 所示，然后单击“下一步”按钮。

第三步：随即出现“图表向导-4 步骤之 3-图表类型”对话框，在图表标题中输入图的名称。在“分类（X）轴”中输入 X 坐标轴的名称，在“数值（Y）轴”中输入 Y 坐标轴的名称。有选择地填写“坐标轴”“网格线”“图例”“数据标志”“数据表”等内容，本例分类（X）轴和数值（Y）轴都取消主要网格线和次要网格线，如图 5-16 所示。填写完对话框后，单击“下一步”按钮。

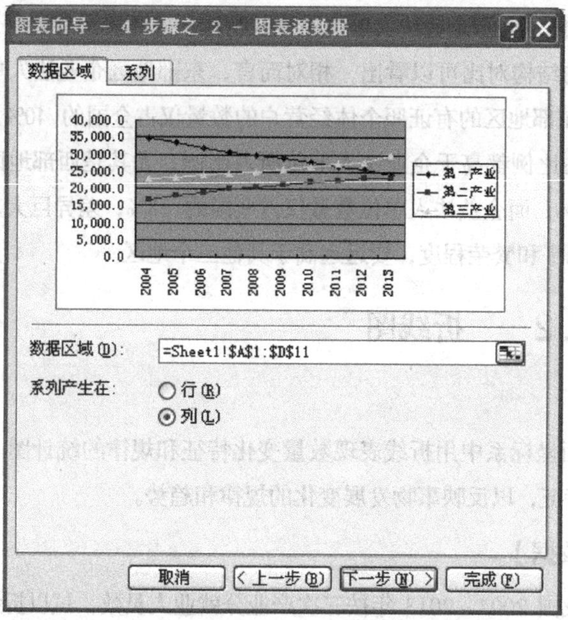

图 5-15 “图表向导-4 步骤之 2-图表源数据”对话框

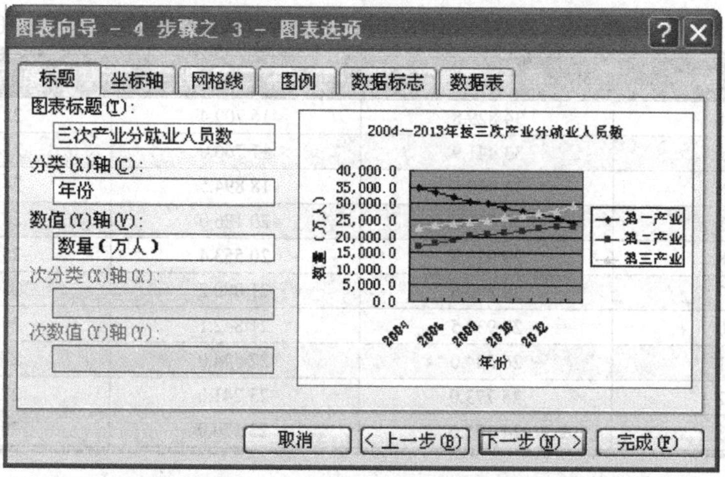

图 5-16 “图表向导-4 步骤之 3-图表选项”对话框

第四步：选择图表位置并显示结果。在弹出的“图表向导-4 步骤之 4-图表位置”对话框中可为图表选择保存位置：或放在独立的工作表中，或作为一个对象放在当前工作表中，本例中选择作为一个对象放在工作表中。填写完对话框后，单击“完成”按钮即可生成折线图，如图 5-17 所示。

图 5-17 表明：随着时间的变化，第一产业的就业人员数越来越少，第二产业和第三产业的就业人员数越来越多，尤其 2012～2013 年，第三产业的就业人员数迅速增长。三次产业就业人员数量的变化，反映了我国产业结构的优化：第一产业在国民经济中的比重呈持续下降的态势，第二产业的比重缓慢增长或持平，第三产业在国民经济中的比重处于不断上升的过程之中。

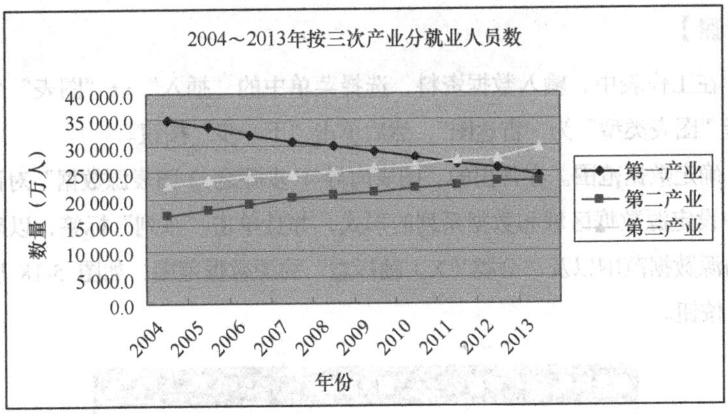

图 5-17　2004～2013 年按三次产业分就业人员折线图

案例实训 5.3——雷达图

【准备知识】

雷达图是显示多个变量的常用图示方法，也称为蜘蛛图。利用雷达图有助于观测多元数据的某些特点，便于进行分析。此外，利用雷达图也可以研究多个样本之间的相似程度。

雷达图的作图步骤如下。

（1）画一个圆形，并把圆周分为 P 等份，得到 P 个点，令这 P 个点分别对应于 P 个变量。

（2）连接圆心和各分点，把这 P 条半径依次定义为各变量的坐标轴，并标以适当的刻度。

（3）对给定的一次观测值，把它的 P 个分量分别点在相应的坐标轴上，然后连接成一个 P 边形，这个 P 边形就是 P 元观测值的图示，n 次观测值可画出 n 个 P 边形，它们共同组成一张雷达图。

【实训内容及数据】

2013 年我国城乡居民家庭人均消费支出构成资料如表 5-3 所示。试绘制雷达图。

表 5-3　2013 年城乡居民家庭人均消费支出构成（%）

项　目	城镇居民	农村居民
食品	35.02	37.67
衣着	10.55	6.62
居住	9.68	18.62
家庭设备及用品	6.74	5.84
医疗保健	6.20	9.27
交通和通信	15.19	12.01
文教娱乐服务	12.73	7.33
其他	3.88	2.64

资料来源：《中国统计年鉴（2014）》，中国统计出版社 2014 年版

【操作步骤】

第一步：在工作表中，输入数据资料，选择菜单中的“插入”→“图表”命令，进入图表向导。选择“图表类型”为“雷达图”，然后单击“下一步”按钮。

第二步：确定数据范围。在弹出的“图表向导-4 步骤之 2-图表源数据”对话框的“数据区域”标签中设定源数据区域和数据系列的形式，并且单击“系列”标签，以确认图形“系列”的名称与源数据范围以及“分类（X）轴标志”的源数据范围，如图 5-18 所示。然后单击“下一步”按钮。

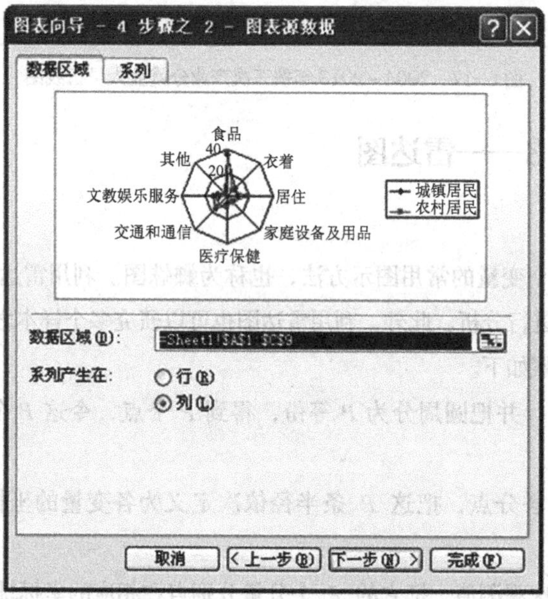

图 5-18 “图表向导-4 步骤之 2-图表源数据”对话框

第三步：随即出现“图表向导-4 步骤之 3-图表类型”对话框，在图表标题中输入图的名称。有选择地填写“坐标轴”“网格线”“图例”“数据标志”“数据表”等内容，本例数值（Y）轴取消主要网格线和次要网格线，如图 5-19 所示。填完对话框后，单击“下一步”按钮。

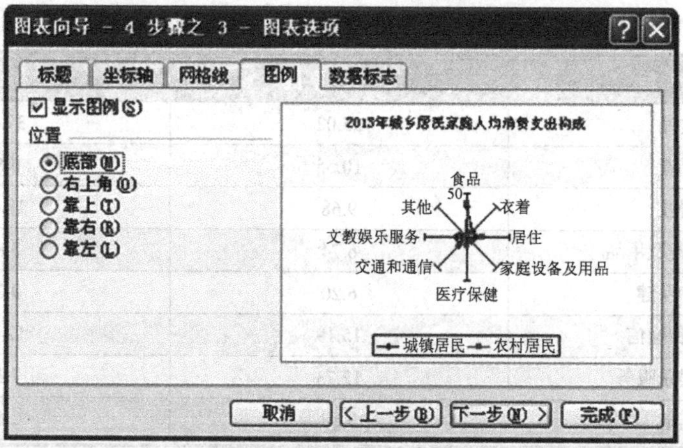

图 5-19 “图表向导-4 步骤之 3-图表选项”对话框

第四步：选择图表位置并显示结果。在弹出的“图表向导-4 步骤之 4-图表位置”对话框中可为图表选择保存位置：或放在独立的工作表中，或作为一个对象放在当前工作表中。填写完对话框后，单击“完成”按钮即可生成雷达图，如图 5-20 所示。

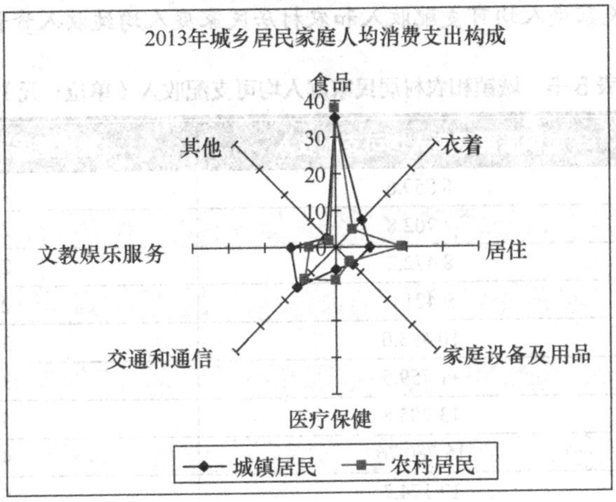

图 5-20　2013 年城乡居民家庭人均消费支出构成雷达图

根据雷达图 5-20，可以得出以下几点结论：首先，无论是城镇居民还是农村居民，家庭消费支出中食品支出所占的比重最大，其他商品及服务支出的比重最小；其次，除食品支出、居住支出和医疗保健支出外，城镇居民的支出比重都高于农村；最后，城镇居民支出和农村居民支出在结构上具有很大的相似性。

结论分析

统计图是以图形形象地表现统计资料的一种形式。用统计图表现统计资料，具有鲜明、富于表现、易于理解的特点，因而绘制统计图是统计整理的重要内容之一，统计图可以揭示现象的内部结构和依存关系，显示现象的发展趋势和分布状况，有利于进行统计分析与研究。常用的统计图主要有条形图、直方图、折线图、饼图、帕累托图、茎叶图、雷达图。

实践训练题

1. 甲乙两个班各有 45 名学生，统计学期末考试成绩的分布如表 5-4 所示。

表 5-4　甲、乙两班统计学考试成绩

考试成绩	人数	
	甲班	乙班
优	5	6
良	6	17
中	19	9
及格	11	11
不及格	4	2

（1）根据上面的数据，画出两个班考试成绩的对比柱形图、环形图和饼图。

（2）比较两个班考试成绩分布的特点。

（3）画出雷达图，比较两个班考试成绩的分布是否相似。

2. 已知城镇居民家庭人均可支配收入和农村居民家庭人均纯收入资料如表5-5所示。

表5-5 城镇和农村居民家庭人均可支配收入（单位：元）

年　份	城镇居民家庭人均可支配收入	农村居民家庭人均纯收入
2001	6 859.6	2 366.4
2002	7 702.8	2 475.6
2003	8 472.2	2 622.2
2004	9 421.6	2 936.4
2005	10 493.0	3 254.9
2006	11 759.5	3 587.0
2007	13 785.8	4 140.4
2008	15 780.76	4 760.6
2009	17 174.7	5 153.2
2010	19 109.4	5 919.0
2011	21 809.8	6 977.3
2012	24 564.7	7 916.6
2013	26 955.1	8 895.9

资料来源：《中国统计年鉴（2014）》，中国统计出版社2014年版

（1）根据上面的数据，画出城镇居民家庭人均可支配收入和农村居民家庭人均纯收入的对比柱形图和折线图。

（2）比较镇居民家庭人均可支配收入和农村居民家庭人均纯收入随时间变化的特点。

第 6 章　数据的概括性度量

学习目标

1. 集中趋势各测度值的计算方法。
2. 集中趋势各测度值的特点及应用场合。
3. 离散程度各测度值的计算方法。
4. 离散程度各测度值的特点及应用场合。
5. 偏态与峰态的测度方法。
6. 用 Excel 计算描述统计量并进行分析。

本章重点

众数、中位数、分位数、平均数、方差、四分位差、偏态、峰态

基本知识

利用图表展示数据，可以对数据分布的形状和特征有一个大致的了解，但要全面把握数据分布的特征，还需要找到反映数据分布特征的代表值。数据分布的特征可以从三个方面进行测度和描述：一是分布的集中趋势，反映各数据向其中心值的趋势；二是分布的离散程度，反映各数据远离其中心值的趋势；三是分布的形状，反映数据分布的偏态和峰态。这三个方面分别反映了数据分布特征的不同侧面。

6.1　集中趋势的度量

集中趋势（Central Tendency）是指一组数据向某一中心值靠拢的程度，它反映了一组数据中心点的位置所在。

1．分类数据——众数

众数（Mode）是一组数据中出现次数最多的变量值，用 M_0 表示。众数主要用于测度分类数据的集中趋势，当然也适用于作为顺序数据以及数值型数据集中趋势的测度值。

2．顺序数据——中位数和分位数

在一组数据中，可以找出处在某个位置上的数据，这些位置上的数据就是相应的分位数，其中包括中位数、四分位数、百分位数等。

（1）中位数

中位数（Median）是一组数据排序后处于中间位置上的变量值，用 M_e 表示。

中位数位置的确定公式为

$$中位数位置=\frac{n+1}{2}$$

式中，n 为数据个位数。设一组数据为 x_1，x_2，…，x_n，按从小到大的顺序排序后为 $x(1)$，$x(2)$，…，$x(n)$，则中位数为

$$M_e=\begin{cases} x_{\left(\frac{n+1}{2}\right)} & ，n为奇数 \\ \frac{1}{2}\left\{x_{\left(\frac{n}{2}\right)}+x_{\left(\frac{n}{2}+1\right)}\right\} & ，n为偶数 \end{cases}$$

（2）四分位数

中位数是从中间点将全部数据等分为两部分。与中位数类似的还有四分位数、十分位数（Decile）和百分位数（Percentile）等。

四分位数（Quartile）也称四分位点，它是一组数据排序后处于25%和75%位置上的值。

设下四分位数为 Q_L，上四分位数为 Q_U，根据四分位数的定义有

$$\begin{cases} Q_L位置=\frac{n}{4} \\ Q_U位置=\frac{3n}{4} \end{cases}$$

3．数值型数据——平均数

平均数也称为均值（Mean），它是一组数据相加后除以数据的个数得到的结果。根据所掌握数据的不同，平均数有不同的计算形式和计算公式。

（1）简单平均数与加权平均数

简单算术平均数和加权算术平均数。对一组原始数据 x_1，x_2，…，x_n，采用简单算术平均数的形式，即

$$\bar{x}=\frac{x_1+x_2+\ldots+x_n}{n}=\frac{\sum_{i=1}^{n}x_i}{n}$$

而对于分组数据，设原始数据被分为 n 组，各组的组中值分别用 M_1，M_2，…，M_k 表示，各组变量值出现的频数分别用 f_1，f_2，…，f_k 表示，则采用加权算术平均数的形式，即

$$\bar{x}=\frac{M_1f_1+M_2f_2+\ldots+M_kf_k}{f_1+f_2+\ldots+f_k}=\frac{\sum_{i=1}^{k}M_if_i}{n}$$

（2）一种特殊的平均数——几何平均数

几何平均数（Geometric Mean）是 n 个变量值乘积的 n 次方根，用 G 表示，计算公式为

$$G_m = \sqrt[n]{x_1 \times x_2 \times \cdots \times x_n} = \sqrt[n]{\prod_{i=1}^{n} x_i}$$

式中，Π为连乘符号。

几何平均数适用于特殊数据的一种平均数，它主要用于计算平均比率。

6.2 离散程度的度量

数据的离散程度是数据分布的另一个重要特征，它反映的是各变量值远离其中心值的程度。数据的离散程度越大，集中趋势的测度值对该组数据的代表性就越差；离散程度越小，其代表性就越好。

1．分类数据——异众比率

异众比率（Variation Ratio）是指非众数组的频数占总频数的比例，用 V_r 表示。

其计算公式为

$$v_r = \frac{\sum f_i - f_m}{\sum f_i} = 1 - \frac{f_m}{\sum f_i}$$

式中，$\sum f_i$ 为变量值的总频数；f_m 为众数组的频数。

2．顺序数据—四分位数差

四分位差（Quartile Deviation）也称为内距或四分间距（Inter-quartile Range），它是上四分位数与下四分位数之差，用 Q_d 表示。其计算公式为

$$Q_d = Q_u - Q_L$$

四分位差反映了中间 50%数据的离散程度，其数值越小，说明中间的数据越集中；其数值越大，说明中间的数据越分散。

3．数值型数据—方差和标准差

（1）极差

一组数据的最大值与最小值之差称为极差（Range），也称全距，用 R 表示。其计算公式为

$$R = \max(x_i) - \min(x_i)$$

式中，max（x_i）和 min（x_i）分别表示一组数据的最大值和最小值。

（2）平均差

平均差（Mean Deviation）也称平均绝对离差（Mean Absolute Deciation），它是各变量值与其平均数离差绝对值的平均数，用 M_d 表示。

计算公式为

未分组数据：
$$M_d=\frac{\sum_{i=1}^{n}\left|x_i-\overline{x}\right|}{n}$$

分组数据：
$$M_d=\frac{\sum_{i=1}^{k}\left|M_i-\overline{x}\right|f_i}{n}$$

（3）方差和标准差

方差（Variance）是各变量值与其平均数离差平方的平均数。它在数学处理上是通过平方的办法消去离差的正负号，然后再进行平均。方差（或标准差）能较好地反映出数据的离散程度，是实际中应用最广的离散程度测度值。

设样本方差为 s^2，根据未分组数据和分组数据计算样本方差的公式分别为

未分组数据：
$$s^2=\frac{\sum_{i=1}^{n}(x_i-\overline{x})^2}{n-1}$$

分组数据：
$$s^2=\frac{\sum_{i=1}^{k}(M_i-\overline{x})^2 f_i}{n-1}$$

标准差（Standard Deviation）是方差的平方根。它是具有量纲的，与变量值的计量单位相同。方差和标准差是实际应用中最广泛的离散程度测度指标。未分组数据和分组数据对应的标准差分别为

未分组数据：
$$s=\sqrt{\frac{\sum_{i=1}^{n}(x_i-\overline{x})^2}{n-1}}$$

分组数据：
$$s=\sqrt{\frac{\sum_{i=1}^{k}(M_i-\overline{x})^2 f_i}{n-1}}$$

（4）相对位置的度量

有了平均数和标准差之后，可以计算一组数据中各个数值的标准分数，以测度每个数据在该组数据中的相对位置，并可以用它来判断一组数据是否有利群数据。

变量值与其平均数的离差除以标准差后的的值称为标准分数（Standard Score），也成标准化值或 z 分数。设标准分数为 z，则有

$$z_i=\frac{x_i-\overline{x}}{s}$$

标准分数给出了一组数据中各数值的相对位置。

4．相对离散程度——离散系数

方差和标准差是反应数据离散程度的绝对值，其数值的大小一方面受原变量值自身水平高低的影响，也就是与变量的平均数大小有关，变量值绝对水平高的，离散程度自然也就

大，绝对水平低的离散程度的测度值自然也就小；另一方面，它们与原变量值的计量单位相同，采用不同计量单位计量的变量值，其离散程度的测度值也就不同。

离散系数也称为变异系数（Coefficient of Variation），它是一组数据的标准差与其相应的平均数之比。其计算公式为

$$v_s = \frac{s}{\bar{x}}$$

离散系数是测度数据离散程度的相对统计量，主要用于比较不同样本数据的离散程度。

6.3 偏态与峰态的度量

集中趋势和离散程度是数据分布的两个重要特征，但要全面了解数据分布的特点，还需要知道数据分布的形状是否对称、偏斜的程度以分布的扁平程度等。

1．偏态及其测度

“偏态”（Skewness）一词是由统计学家皮尔逊（K.Pearson）于 1895 年首次提出的，它是对数据分布对称性的测度。测度偏态的统计量是偏态系数（Coefficient of Skewness），记作 SK。

偏态系数的计算方法有很多。在根据未分组的原始数据计算偏态系数时，通常采用下面的公式。

根据原始数据计算为

$$SK = \frac{n\sum(x_i - \bar{x})^3}{(n-1)(n-2)s^3}$$

根据分组数据计算为

$$SK = \frac{\sum_{i=1}^{k}(M_i - \bar{x})^3 f_i}{ns^3}$$

式中，s^3 是样本标准差的三次方。

如果一组数据的分布是对称的，则偏态系数等于 0；如果偏态系数明显不等于 0，表明分布是非称的。若偏态系数大于 1 或小于-1，称为高度偏态分布；若偏态系数在 0.5 ~ 1 或-1 ~ -0.5 之间，被认为是中等偏态分布；偏态系数越接近 0，偏斜程度就越低。

2．峰态及其测度

“峰态”（Kurtosis）一词是由统计学家皮尔逊于 1905 年首次提出的。它是对数据分布平峰或尖峰程度的测度。测度峰态的统计量则是峰态系数（Coefficient of Kurtosis），记作 K。

根据原始数据计算为

$$K = \frac{n(n+1)\sum(x_i - \bar{x})^4 - 3\left[\sum(x_i - \bar{x})^2\right]^2(n-1)}{(n-1)(n-2)(n-3)s^3}$$

根据分组数据计算为

$$K=\frac{\sum_{i=1}^{k}(M_i-\bar{x})^4 f_i}{ns^4}-3$$

式中，s^4 是样本标准差的四次方。当 $K>0$ 时为尖峰分布，数据的分布更集中；当 $K<0$ 时为扁平分布，数据分布越分散。式中也可以不减 3，此时的比较标准是 3。当 $K>3$ 时为尖峰分布，$K<3$ 时为扁平分布。

6.4 案例实训

【实训目的】

1. 了解描述统计的基本特征。
2. 能够熟练应用 Excel 软件计算算术平均数、众数、中位数等集中趋势指标。
3. 能够熟练应用 Excel 软件计算全距、标准差、方差等离散程度指标。
4. 熟悉 Excel 软件中的部分函数，掌握 Excel 软件中"数据分析"工具的"描述统计"命令。

案例实训 6.1——集中趋势指标

【准备知识】

集中趋势是指一组数据向某一中心值靠拢的倾向，它反映一组数据的代表值或中心值。常见的集中趋势指标主要包括算术平均数、众数和中位数，也称平均指标。

【实训内容及数据】

如果一种自动挡的中型小轿车，由美国环境保护局测算方法计算其城市和高速公路混合里程油耗能达到至少每加仑 31 英里，政府就减免汽车制造商的税收。一个汽车制造商抽选了一个 50 辆车的样本，测算出它们的里程油耗如表 6-1 所示（单位：英里每加仑），其分组数据如表 6-2 所示，要求：（1）试根据原始数据计算汽车里程油耗的众数、中位数和算术平均数；（2）根据分组数据计算算术平均数。

表 6-1　50 辆汽车的里程油耗样本　（单位：英里每加仑）

30.8	33.3	30.8	32.1	32.1	31.4	32.3	31.4	32.7	31.5
31.7	31.3	30.4	32.5	31.4	32.4	32.7	32.2	31.4	31.6
30.1	31	32.5	31.8	30.8	31	31.2	31.5	31.8	30.6
31.6	32	30.3	30.5	32.8	29.8	30.7	31.7	31.9	32.3
32.1	32.4	31.3	30.5	31.9	31.1	31.7	30.7	33	31.4

表 6-2　汽车的里程油耗频数分布表

分　组	频　数
29.5 ~ 30	1
30 ~ 30.5	3
30.5 ~ 31	8
31 ~ 31.5	11
31.5 ~ 32	11
32 ~ 32.5	9
32.5 ~ 33	5
33 ~ 33.5	2
合计	50

【操作步骤】

1. 众数

第一步：创建工作表，将统计数据输入到 Excel 工作表中，如图 6-1 所示。

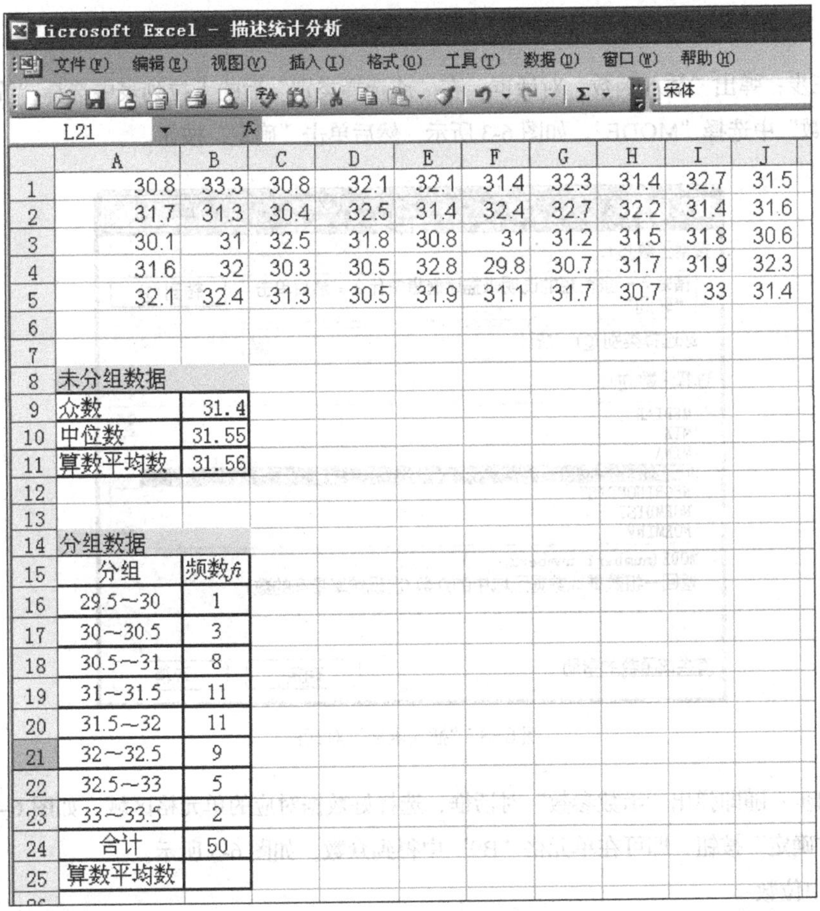

	A	B	C	D	E	F	G	H	I	J
1	30.8	33.3	30.8	32.1	32.1	31.4	32.3	31.4	32.7	31.5
2	31.7	31.3	30.4	32.5	31.4	32.4	32.7	32.2	31.4	31.6
3	30.1	31	32.5	31.8	30.8	31	31.2	31.5	31.8	30.6
4	31.6	32	30.3	30.5	32.8	29.8	30.7	31.7	31.9	32.3
5	32.1	32.4	31.3	30.5	31.9	31.1	31.7	30.7	33	31.4
6										
7										
8	未分组数据									
9	众数	31.4								
10	中位数	31.55								
11	算数平均数	31.56								
12										
13										
14	分组数据									
15	分组	频数 f_i								
16	29.5～30	1								
17	30～30.5	3								
18	30.5～31	8								
19	31～31.5	11								
20	31.5～32	11								
21	32～32.5	9								
22	32.5～33	5								
23	33～33.5	2								
24	合计	50								
25	算数平均数									

图 6-1　描述统计分析数据

第二步：单击单元格“B9”，选择菜单中的“插入”→“函数”命令，如图 6-2 所示。

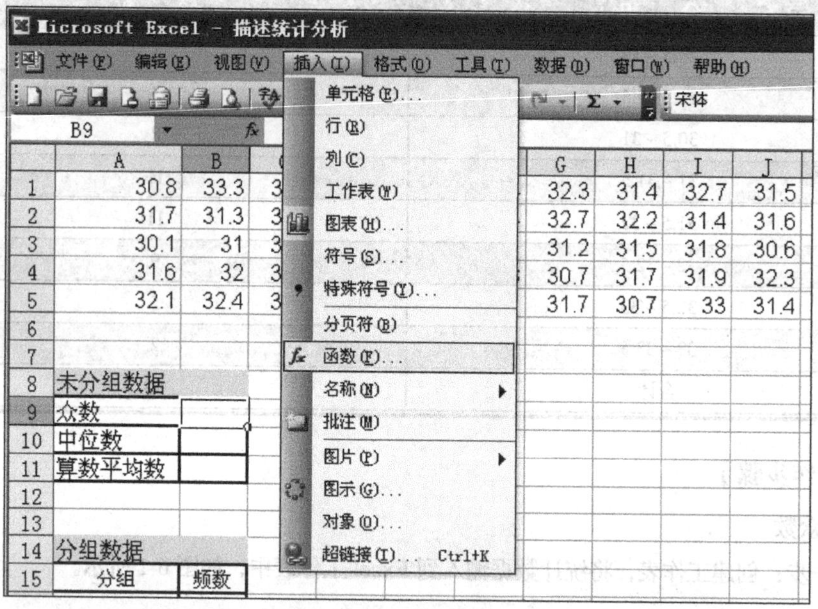

图 6-2　选择“插入函数”命令

第三步：弹出“插入函数”对话框，在“或选择类别”后的下拉列表中选择“统计”，在“选择函数”中选择“MODE”，如图 6-3 所示，然后单击“确定”按钮。

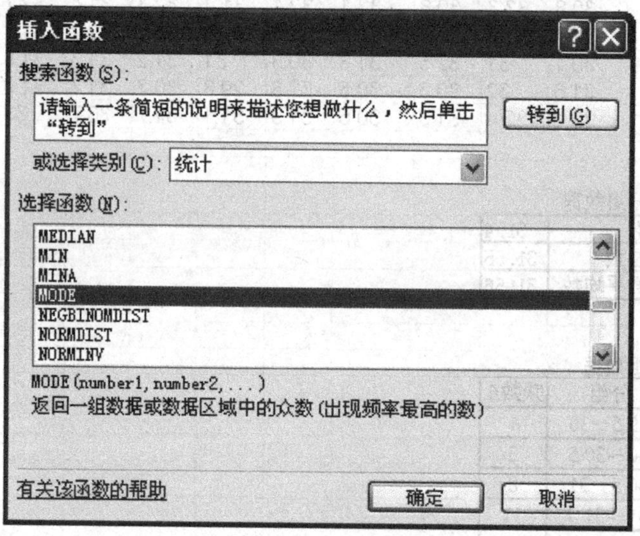

图 6-3　“插入函数”对话框

第四步：随即弹出“函数参数”对话框，选择好数据对应的单元格区域，如图 6-4 所示。然后按“确定”按钮，即可在单元格“B9”中得到众数，如图 6-5 所示。

2. 中位数

中位数的计算方法和众数一样，同样是使用“插入函数”的命令，仅仅是在“选择函数”的列表中选择“MEDIAN”函数即可，此处不再赘述。中位数的计算结果为“31.55”，如

图 6-6 和图 6-7 所示。

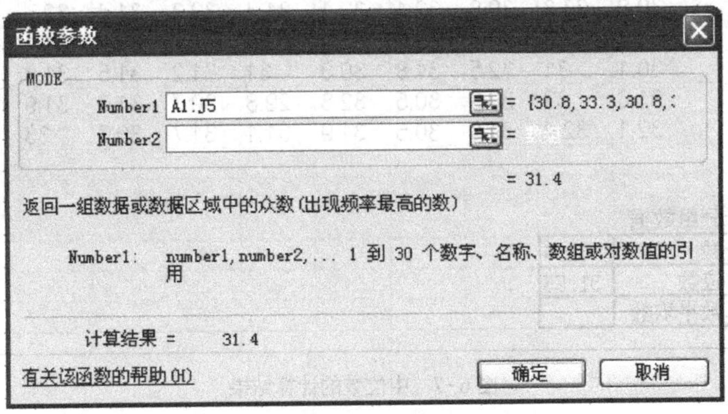

图 6-4 “MODE”函数参数对话框

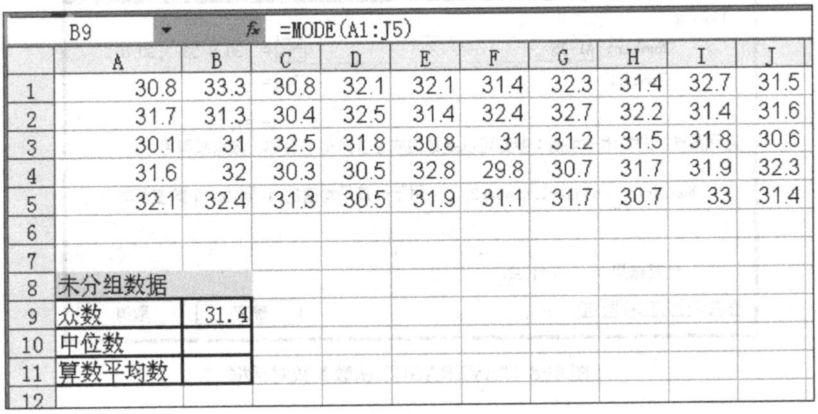
B9 =MODE(A1:J5)

	A	B	C	D	E	F	G	H	I	J
1	30.8	33.3	30.8	32.1	32.1	31.4	32.3	31.4	32.7	31.5
2	31.7	31.3	30.4	32.5	31.4	32.4	32.7	32.2	31.4	31.6
3	30.1	31	32.5	31.8	30.8	31	31.2	31.5	31.8	30.6
4	31.6	32	30.3	30.5	32.8	29.8	30.7	31.7	31.9	32.3
5	32.1	32.4	31.3	30.5	31.9	31.1	31.7	30.7	33	31.4
6										
7										
8	未分组数据									
9	众数	31.4								
10	中位数									
11	算数平均数									
12										

图 6-5 众数的计算结果

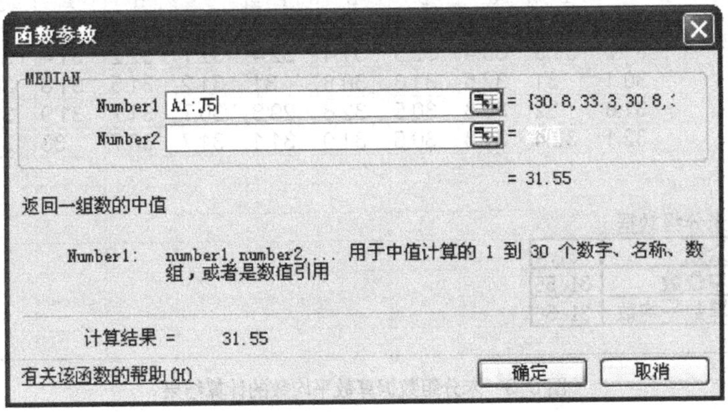

图 6-6 “MEDIAN”函数参数对话框

3. 算术平均数

(1) 未分组数据的算术平均数

未分组数据的算术平均数，其计算方法和众数一样，同样是使用“插入函数”的命令，仅仅是在“选择函数”的列表中选择“AVERAGE”函数即可。同样不再赘述。此处算术平均数的计算结果为“31.56”，如图 6-8 和图 6-9 所示。

B10 　 f_x =MEDIAN(A1:J5)

	A	B	C	D	E	F	G	H	I	J
1	30.8	33.3	30.8	32.1	32.1	31.4	32.3	31.4	32.7	31.5
2	31.7	31.3	30.4	32.5	31.4	32.4	32.7	32.2	31.4	31.6
3	30.1	31	32.5	31.8	30.8	31	31.2	31.5	31.8	30.6
4	31.6	32	30.3	30.5	32.8	29.8	30.7	31.7	31.9	32.3
5	32.1	32.4	31.3	30.5	31.9	31.1	31.7	30.7	33	31.4
6										
7										
8	未分组数据									
9	众数	31.4								
10	中位数	31.55								
11	算数平均数									
12										

图 6-7　中位数的计算结果

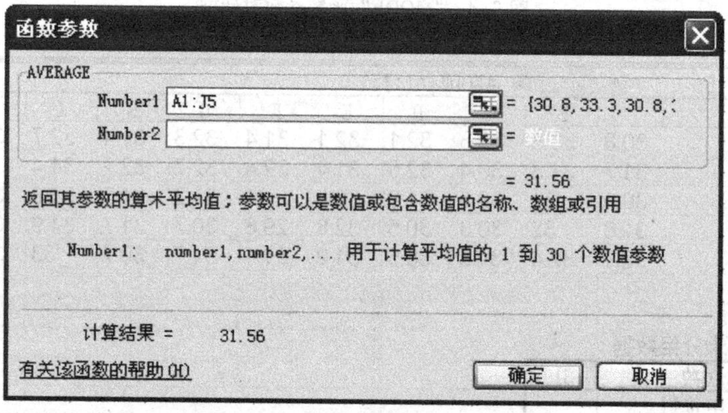

图 6-8　“AVERAGE”函数参数对话框

B11 　 f_x =AVERAGE(A1:J5)

	A	B	C	D	E	F	G	H	I	J
1	30.8	33.3	30.8	32.1	32.1	31.4	32.3	31.4	32.7	31.5
2	31.7	31.3	30.4	32.5	31.4	32.4	32.7	32.2	31.4	31.6
3	30.1	31	32.5	31.8	30.8	31	31.2	31.5	31.8	30.6
4	31.6	32	30.3	30.5	32.8	29.8	30.7	31.7	31.9	32.3
5	32.1	32.4	31.3	30.5	31.9	31.1	31.7	30.7	33	31.4
6										
7										
8	未分组数据									
9	众数	31.4								
10	中位数	31.55								
11	算数平均数	31.56								
12										

图 6-9　未分组数据算数平均数的计算结果

（2）分组数据的算术平均数

第一步：求出各组的组中值 M_i。

第二步：计算每组对应的 $M_i \times f_i$。这里，可以先计算第一组的数值 $M_1 \times f_1$，如图 6-10 所示。其余各组利用填充柄功能，按住鼠标左键往下拖，即可求得其余各组的 $M_i \times f_i$ 的数值，如图 6-11 所示。

14	分组数据			
15	分组	频数f_i	组中值M_i	$M_i \times f_i$
16	29.5～30	1	29.75	=B16*C16
17	30～30.5	3	30.25	
18	30.5～31	8	30.75	
19	31～31.5	11	31.25	
20	31.5～32	11	31.75	
21	32～32.5	9	32.25	
22	32.5～33	5	32.75	
23	33～33.5	2	33.25	
24	合计	50		
25	算数平均数			

图 6-10　计算一个“$M_i \times f_i$”

14	分组数据			
15	分组	频数f_i	组中值M_i	$M_i \times f_i$
16	29.5～30	1	29.75	29.75
17	30～30.5	3	30.25	90.75
18	30.5～31	8	30.75	246
19	31～31.5	11	31.25	343.75
20	31.5～32	11	31.75	349.25
21	32～32.5	9	32.25	290.25
22	32.5～33	5	32.75	163.75
23	33～33.5	2	33.25	66.5
24	合计	50		
25	算数平均数			

图 6-11　计算全部“$M_i \times f_i$”

第三步：计算“$\sum_{i=1}^{k} M_i f_i$”。求和可以利用“SUM”函数，选择单元格“D24”，同样使用“插入函数”的命令，插入“SUM”函数，选择“D16:D23”的单元格区域，按回车键即可得到求和结果为 1 580，如图 6-12 所示。也可以直接单击工具栏的求和符号选择“求和”，自动求和，如图 6-13 所示。

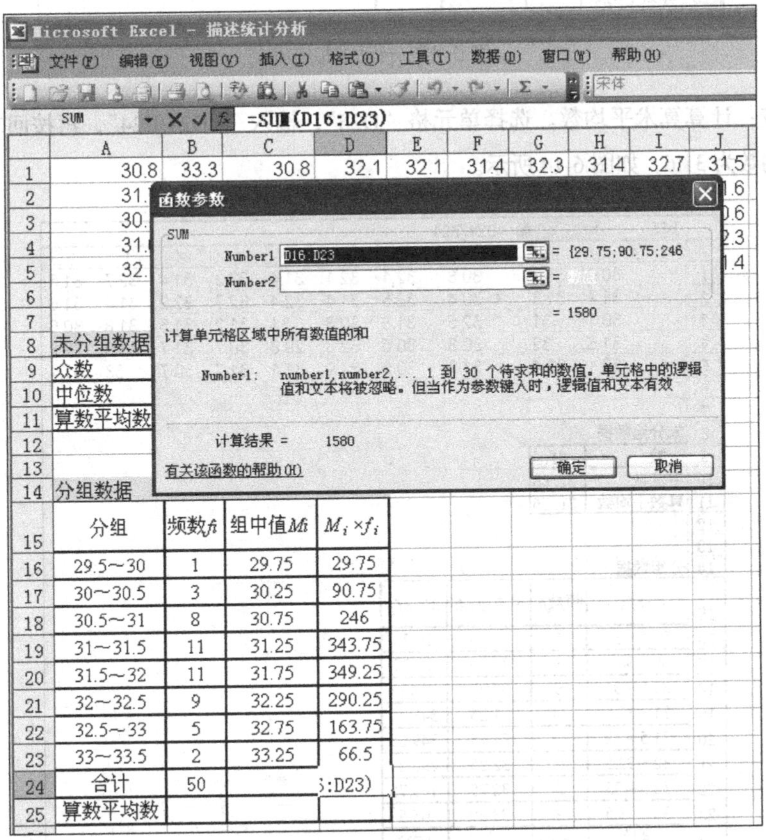

图 6-12　计算“$\sum_{i=1}^{k} M_i f_i$”

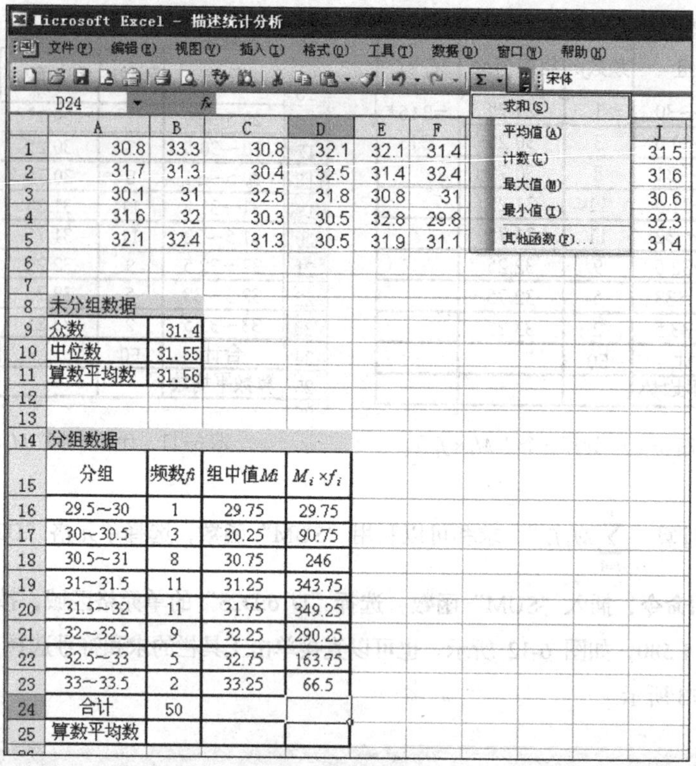

	A	B	C	D	E	F	J
1	30.8	33.3	30.8	32.1	32.1	31.4	31.5
2	31.7	31.3	30.4	32.5	31.4	32.4	31.6
3	30.1	31	32.5	31.8	30.8	31	30.6
4	31.6	32	30.3	30.5	32.8	29.8	32.3
5	32.1	32.4	31.3	30.5	31.9	31.1	31.4
8	未分组数据						
9	众数	31.4					
10	中位数	31.55					
11	算数平均数	31.56					
14	分组数据						
15	分组	频数f_i	组中值M_i	$M_i \times f_i$			
16	29.5～30	1	29.75	29.75			
17	30～30.5	3	30.25	90.75			
18	30.5～31	8	30.75	246			
19	31～31.5	11	31.25	343.75			
20	31.5～32	11	31.75	349.25			
21	32～32.5	9	32.25	290.25			
22	32.5～33	5	32.75	163.75			
23	33～33.5	2	33.25	66.5			
24	合计	50					
25	算数平均数						

图 6-13　自动求和选项

第四步：计算算术平均数。选择单元格“D25”，输入“=D24/B24”，再按回车键即可求得算术平均数为 31.6，如图 6-14 所示。

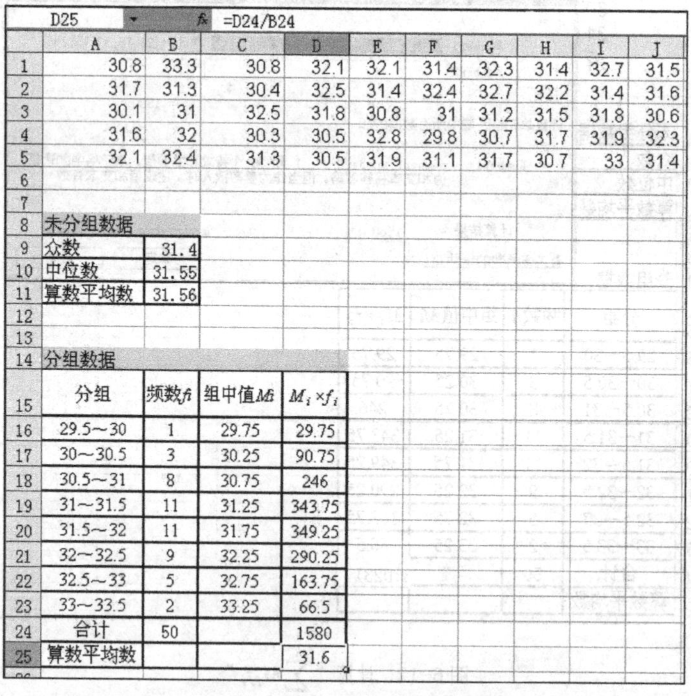

	A	B	C	D	E	F	G	H	I	J
1	30.8	33.3	30.8	32.1	32.1	31.4	32.3	31.4	32.7	31.5
2	31.7	31.3	30.4	32.5	31.4	32.4	32.7	32.2	31.4	31.6
3	30.1	31	32.5	31.8	30.8	31	31.2	31.5	31.8	30.6
4	31.6	32	30.3	30.5	32.8	29.8	30.7	31.7	31.9	32.3
5	32.1	32.4	31.3	30.5	31.9	31.1	31.7	30.7	33	31.4
8	未分组数据									
9	众数	31.4								
10	中位数	31.55								
11	算数平均数	31.56								
14	分组数据									
15	分组	频数f_i	组中值M_i	$M_i \times f_i$						
16	29.5～30	1	29.75	29.75						
17	30～30.5	3	30.25	90.75						
18	30.5～31	8	30.75	246						
19	31～31.5	11	31.25	343.75						
20	31.5～32	11	31.75	349.25						
21	32～32.5	9	32.25	290.25						
22	32.5～33	5	32.75	163.75						
23	33～33.5	2	33.25	66.5						
24	合计	50		1580						
25	算数平均数			31.6						

图 6-14　算术平均数的计算结果

对比两种算数平均数的数值，可以发现，根据原始数据求得的算术平均数和根据分组数据求得的算术平均数的结果有一定的差异，但是并不明显。在这组数据中，虽然是众数最小、中位数居中、平均数最大，但是三者相差无几，所以从分布形状上来看，数据分布基本上是对称的，非常轻微的右偏。

案例实训 6.2——离散程度指标

【准备知识】

集中趋势指标是数据分布的一个特征，反映了一组数据的代表值或中心值的位置。显然，仅仅考查集中趋势是不够的，还需对数据的离散程度进行测定。离散程度也称为变异程度，它是数据分布的另一个重要特征，反映的是各个数据远离其中心值的程度。变异指标值越大，数据间的差异性就越大，数据分布越分散，集中趋势测度值的代表性就越小；变异指标值越小，数据间的差异性就越小，数据分布越集中，集中趋势测度值的代表性就越好。描述离散程度的指标主要有全距、平均差、标准差、方差和离散系数。本次实训主要介绍全距、方差和标准差，以及如何通过 Excel 软件实现对它们的计算。

【实训内容及数据】

采用上述实训的 50 辆汽车里程油耗数据，对表 6-1 未分组数据和表 6-2 分组数据，分别计算方差和标准差。

【操作步骤】

1. 计算未分组数据的方差

计算方差的函数有两个：一个是计算样本方差函数“VAR”，另一个是计算总体方差的函数“VARP”。本例中的原始数据是样本资料，故应选用“VAR”函数。

第一步：单击单元格“E9”，选择菜单中的“插入”→“函数”命令，弹出“插入函数”对话框，在“或选择类别”后的下拉列表中选择“统计”，在“选择函数”中选择“VAR”，如图 6-15 所示，然后单击“确定”按钮。

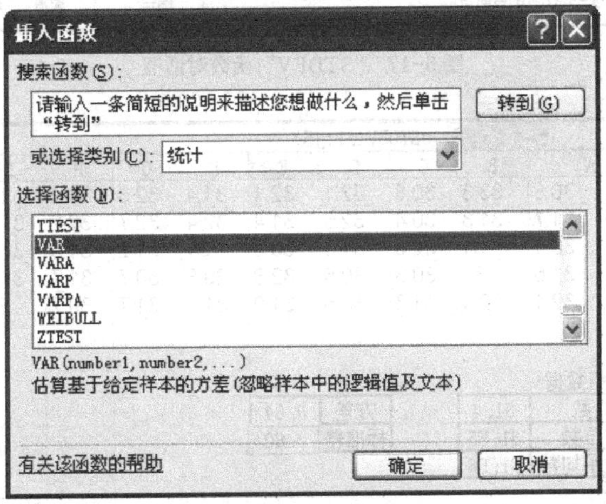

图 6-15 “插入函数”对话框

第二步：随即弹出“VAR”函数对话框，选择好数据对应的单元格区域，如图 6-16 所示，单击“确定”按钮，即可在单元格“E9”中得到样本方差，本例计算得到的样本方差为 0.64。

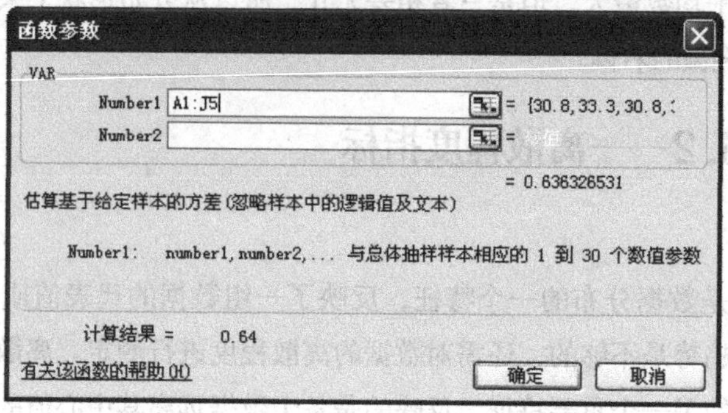

图 6-16 “VAR”函数对话框

2. 计算未分组数据的标准差

相对应地，计算标准差的函数也有两个：一个是计算样本标准差的函数“STDEV”，另一个是计算总体标准差的函数“STDEVP”。本例中的原始数据是样本资料，所以应选用函数“STDEV”。

用 Excel 软件计算标准差的方法和方差相似，先单击单元格“E10”，然后同样是使用“插入函数”的命令，只是在“选择函数”的列表中选择“STDEV”函数，如图 6-17 所示，此处不再赘述。该样本标准差的计算结果约为 0.80，如图 6-18 所示。

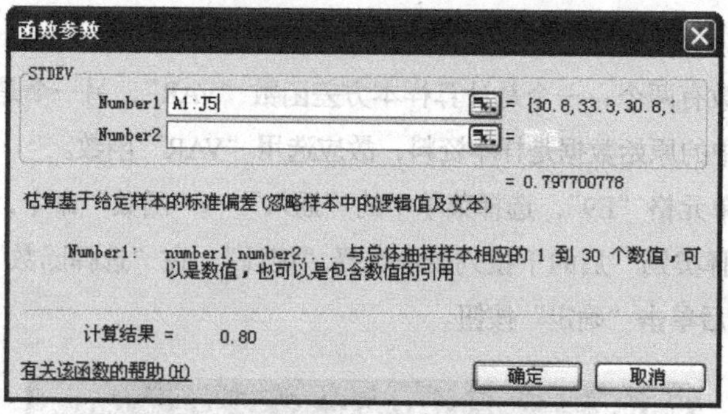

图 6-17 “STDEV”函数对话框

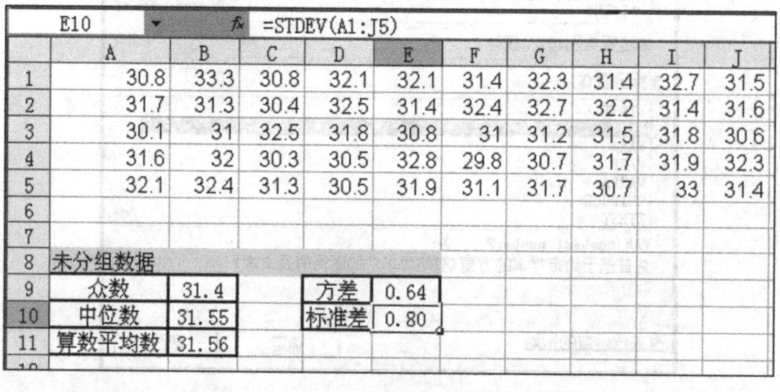

E10 =STDEV(A1:J5)

	A	B	C	D	E	F	G	H	I	J
1	30.8	33.3	30.8	32.1	32.1	31.4	32.3	31.4	32.7	31.5
2	31.7	31.3	30.4	32.5	31.4	32.4	32.7	32.2	31.4	31.6
3	30.1	31	32.5	31.8	30.8	31	31.2	31.5	31.8	30.6
4	31.6	32	30.3	30.5	32.8	29.8	30.7	31.7	31.9	32.3
5	32.1	32.4	31.3	30.5	31.9	31.1	31.7	30.7	33	31.4
6										
7										
8	未分组数据									
9	众数	31.4		方差	0.64					
10	中位数	31.55		标准差	0.80					
11	算数平均数	31.56								

图 6-18 未分组数据标准差的计算结果

3. 计算分组数据的方差和标准差

第一步：计算各里程油耗样本数据与样本平均里程油耗的离差。本例中，首先求得第一组的组中值与算术平均数之差：单击单元格输入“=C16 – $D$25”，如图 6-19 所示，然后按回车键得到结果“-1.85”。再利用填充柄功能，求出其余各组的组中值与算数平均数的离差，如图 6-20 所示。然后再求离差的平方。

14	分组数据				
15	分组	频数 f_i	组中值 M_i	$M_i \times f_i$	离差
16	29.5~30	1	29.75	29.75	=C16 – $D$25
17	30~30.5	3	30.25	90.75	
18	30.5~31	8	30.75	246	
19	31~31.5	11	31.25	343.8	
20	31.5~32	11	31.75	349.3	
21	32~32.5	9	32.25	290.3	
22	32.5~33	5	32.75	163.8	
23	33~33.5	2	33.25	66.5	
24	合计	50		1580	
25	算数平均数			31.6	
26	方差				
27	标准差				

图 6-19 计算离差

14	分组数据				
15	分组	频数 f_i	组中值 M_i	$M_i \times f_i$	离差
16	29.5~30	1	29.75	29.75	-1.85
17	30~30.5	3	30.25	90.75	-1.35
18	30.5~31	8	30.75	246	-0.85
19	31~31.5	11	31.25	343.8	-0.35
20	31.5~32	11	31.75	349.3	0.15
21	32~32.5	9	32.25	290.3	0.65
22	32.5~33	5	32.75	163.8	1.15
23	33~33.5	2	33.25	66.5	1.65
24	合计	50		1580	
25	算数平均数			31.6	
26	方差				
27	标准差				

图 6-20 离差计算结果

第二步：计算离差的平方与频数的乘积。单击单元格“G16”，输入“=F16 × B16”，如图 6-21 所示，再按回车键得到结果“3.4225”；再利用填充柄功能，求出其余各组的离差平方与频数的乘积。

第三步：计算各组的离差平方与频数的乘积之和。单击单元格“G24”，然后直接单击工具栏的“求和”符号并选择“求和”，自动求和结果为 32.125，如图 6-22 和图 6-23 所示。

第四步：计算方差和标准差。单击单元格“G26”，输入“＝G24／（B24 – 1）”，如图 6-24

所示，可得方差约为 0.655 6。再单击单元格 G27，输入“=SQRT（G26）”，如图 6-25 所示，按回车键可得标准差约为 0.809 7。

14	分组数据						
15	分组	频数 f_i	组中值 M_i	$M_i \times f_i$	离差	离差平方	离差平方 $\times f_i$
16	29.5~30	1	29.75	29.75	-1.85	3.4225	=F16*B16
17	30~30.5	3	30.25	90.75	-1.35	1.8225	
18	30.5~31	8	30.75	246	-0.85	0.7225	
19	31~31.5	11	31.25	343.8	-0.35	0.1225	
20	31.5~32	11	31.75	349.3	0.15	0.0225	
21	32~32.5	9	32.25	290.3	0.65	0.4225	
22	32.5~33	5	32.75	163.8	1.15	1.3225	
23	33~33.5	2	33.25	66.5	1.65	2.7225	
24	合计	50		1580			
25	算数平均数			31.6			
26	方差						
27	标准差						

图 6-21　计算离差平方与频数的乘积

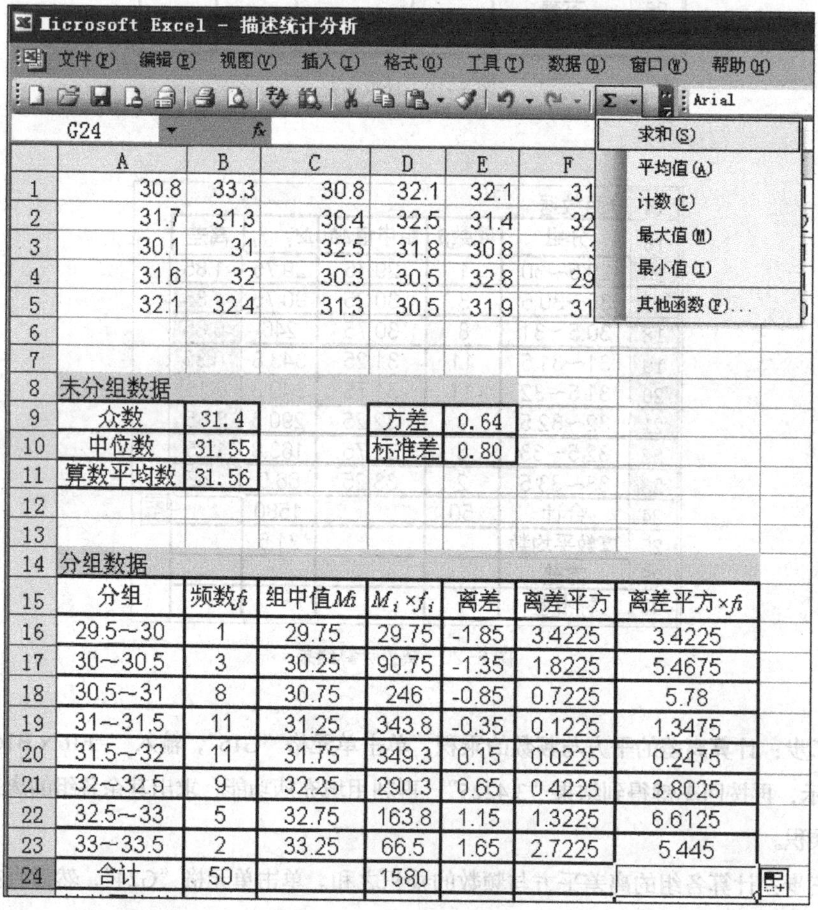

	A	B	C	D	E	F	G
1	30.8	33.3	30.8	32.1	32.1	31	
2	31.7	31.3	30.4	32.5	31.4	32	
3	30.1	31	32.5	31.8	30.8	3	
4	31.6	32	30.3	30.5	32.8	29	
5	32.1	32.4	31.3	30.5	31.9	31	
6							
7							
8	未分组数据						
9	众数	31.4		方差	0.64		
10	中位数	31.55		标准差	0.80		
11	算数平均数	31.56					
12							
13							
14	分组数据						
15	分组	频数 f_i	组中值 M_i	$M_i \times f_i$	离差	离差平方	离差平方 $\times f_i$
16	29.5~30	1	29.75	29.75	-1.85	3.4225	3.4225
17	30~30.5	3	30.25	90.75	-1.35	1.8225	5.4675
18	30.5~31	8	30.75	246	-0.85	0.7225	5.78
19	31~31.5	11	31.25	343.8	-0.35	0.1225	1.3475
20	31.5~32	11	31.75	349.3	0.15	0.0225	0.2475
21	32~32.5	9	32.25	290.3	0.65	0.4225	3.8025
22	32.5~33	5	32.75	163.8	1.15	1.3225	6.6125
23	33~33.5	2	33.25	66.5	1.65	2.7225	5.445
24	合计	50		1580			

图 6-22　自动求和选项图

14	分组数据						
15	分组	频数f_i	组中值M_i	$M_i \times f_i$	离差	离差平方	离差平方×f_i
16	29.5~30	1	29.75	29.75	-1.85	3.4225	3.4225
17	30~30.5	3	30.25	90.75	-1.35	1.8225	5.4675
18	30.5~31	8	30.75	246	-0.85	0.7225	5.78
19	31~31.5	11	31.25	343.8	-0.35	0.1225	1.3475
20	31.5~32	11	31.75	349.3	0.15	0.0225	0.2475
21	32~32.5	9	32.25	290.3	0.65	0.4225	3.8025
22	32.5~33	5	32.75	163.8	1.15	1.3225	6.6125
23	33~33.5	2	33.25	66.5	1.65	2.7225	5.445
24	合计	50		1580			=SUM(G16:G23)
25	算数平均数			31.6			
26	方差						
27	标准差						

图 6-23 计算离差平方与频数的乘积之和

14	分组数据						
15	分组	频数f_i	组中值M_i	$M_i \times f_i$	离差	离差平方	离差平方×f_i
16	29.5~30	1	29.75	29.75	-1.85	3.4225	3.4225
17	30~30.5	3	30.25	90.75	-1.35	1.8225	5.4675
18	30.5~31	8	30.75	246	-0.85	0.7225	5.78
19	31~31.5	11	31.25	343.8	-0.35	0.1225	1.3475
20	31.5~32	11	31.75	349.3	0.15	0.0225	0.2475
21	32~32.5	9	32.25	290.3	0.65	0.4225	3.8025
22	32.5~33	5	32.75	163.8	1.15	1.3225	6.6125
23	33~33.5	2	33.25	66.5	1.65	2.7225	5.445
24	合计	50		1580			32.125
25	算数平均数			31.6			
26	方差						=G24/ (B24-1)
27	标准差						

图 6-24 分组数据方差的计算

14	分组数据						
15	分组	频数f_i	组中值M_i	$M_i \times f_i$	离差	离差平方	离差平方×f_i
16	29.5~30	1	29.75	29.75	-1.85	3.4225	3.4225
17	30~30.5	3	30.25	90.75	-1.35	1.8225	5.4675
18	30.5~31	8	30.75	246	-0.85	0.7225	5.78
19	31~31.5	11	31.25	343.8	-0.35	0.1225	1.3475
20	31.5~32	11	31.75	349.3	0.15	0.0225	0.2475
21	32~32.5	9	32.25	290.3	0.65	0.4225	3.8025
22	32.5~33	5	32.75	163.8	1.15	1.3225	6.6125
23	33~33.5	2	33.25	66.5	1.65	2.7225	5.445
24	合计	50		1580			32.125
25	算数平均数			31.6			
26	方差						0.65561224
27	标准差						=SQRT(G26)

图 6-25 分组数据标准差的计算

案例实训 6.3——综合描述统计

【准备知识】

实训 6.1 和实训 6.2 介绍的是利用函数和公式来计算相应的特征值以描述数据的集中趋势和离散程度。对于统计数据的一些常用统计量，如平均数、标准差等，Excel 软件提供了一种更加简单的方法——“描述统计”功能。利用 Excel“描述统计”功能可以同时计算出平均数、标准误差、中位数、众数、样本标准差、方差、峰度、极差等十几个常用统计量来描述数据的分布规律。

【实训内容及数据】

利用 Excel“描述统计”功能计算表 6-1 列出的 50 辆汽车里程油耗样本数据的常用统计量，以描述数据的集中趋势和离散程度。

【操作步骤】

第一步：首先将 50 个样本数据排成一列，然后单击“工具”菜单，选择“数据分析”选项，如图 6-26 所示。随即弹出“数据分析”对话框，从其对话框的“分析工具”列表中选择“描述统计”，如图 6-27 所示，然后单击“确定”按钮。

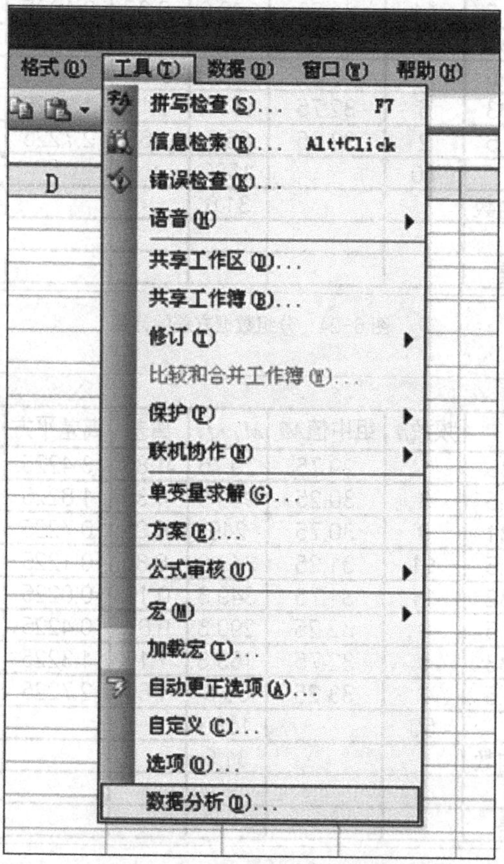

图 6-26 选择“数据分析”工具

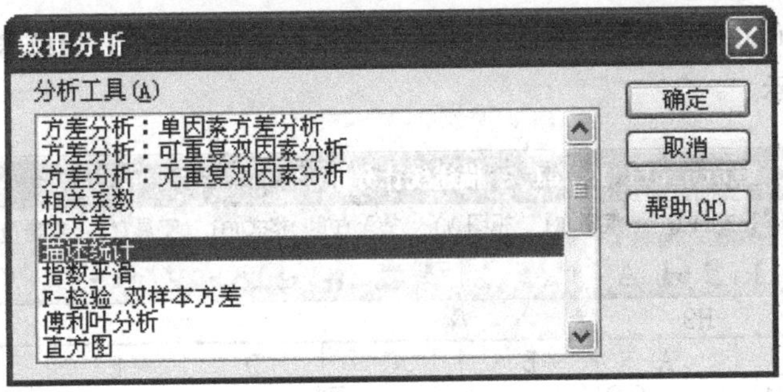

图 6-27 “数据分析”对话框

第二步：在弹出的“描述统计”对话框下确定输入区域和输出区域，如图 6-28 所示。

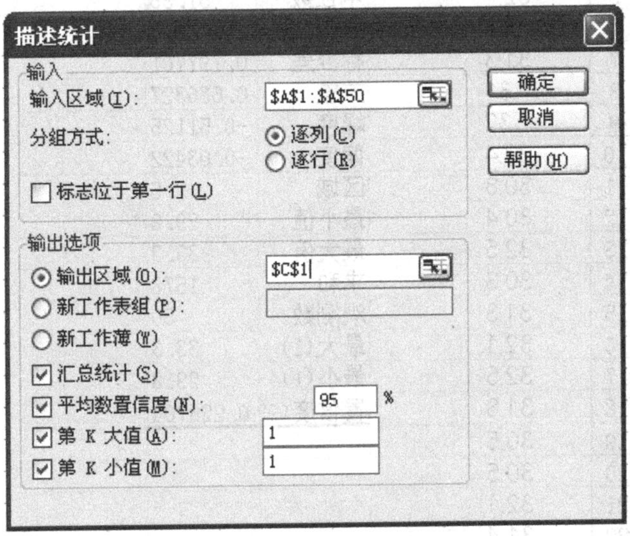

图 6-28 “描述统计”对话框

（1）确定输入区域。在“输入区域”文本框中输入待分析数据区域的单元格范围。在本例中，输入区域为“$A$1:$A$51”。“分组方式”是指输入区域中的数据是按行还是按列排列，本例中选择“逐列”单选框。如果输入区域的第一行中包含标志项（变量名），则选中“标志位于第一行”复选框；如果输入区域无标志项，则不需要选择该复选框，Excel 将在输出表中自动生成“列 1”“列 2”等数据标志。本例无需选择“标志位于第一行”复选框。

（2）确定输出选项。在“描述统计”对话框中可以指定结果的输出方式，输出方式有三种。在本例中，“输出区域”为“$C$1”。也可以通过选择“新工作表组”或“新工作薄”选项将结果放在新工作表组或新工作薄中。

若选中“汇总统计”复选框，则显示描述统计结果，否则不显示。为了得到分布特征值，必须在输出选项中勾选“汇总统计”选项。“平均数置信度”复选框，则表示以输入的变量数据为样本的特征值将取怎样的置信水平进行区间估计，默认值的置信水平为 95%。如果用户还想知道分析数据中排序为第 K 个最大值的变量值，可选最大值，即在序号框中输入 2，一般的默认值为 1，即最大值。此外，也可在“第 K 小值”的选项框中做同样选择，以得到第 K 个最小值的变量值。

第三步：完成上述步骤后，单击“确定”按钮，各项描述统计值就会显示在输出区域中，如图 6-29 所示。

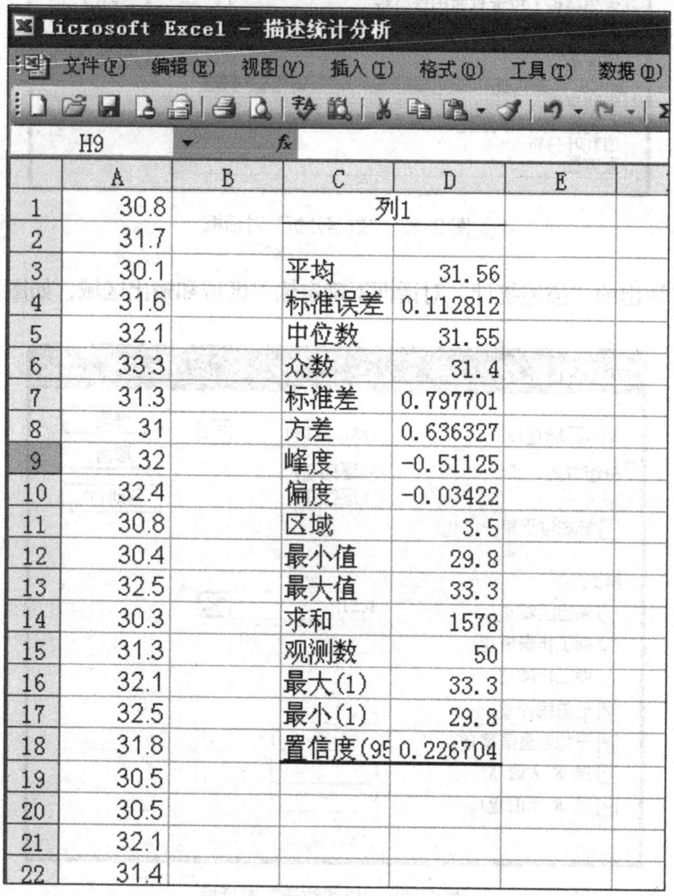

Microsoft Excel - 描述统计分析

文件(F) 编辑(E) 视图(V) 插入(I) 格式(O) 工具(T) 数据(D)

H9

	A	B	C	D	E
1	30.8		列1		
2	31.7				
3	30.1		平均	31.56	
4	31.6		标准误差	0.112812	
5	32.1		中位数	31.55	
6	33.3		众数	31.4	
7	31.3		标准差	0.797701	
8	31		方差	0.636327	
9	32		峰度	-0.51125	
10	32.4		偏度	-0.03422	
11	30.8		区域	3.5	
12	30.4		最小值	29.8	
13	32.5		最大值	33.3	
14	30.3		求和	1578	
15	31.3		观测数	50	
16	32.1		最大(1)	33.3	
17	32.5		最小(1)	29.8	
18	31.8		置信度(95	0.226704	
19	30.5				
20	30.5				
21	32.1				
22	31.4				

图 6-29　汽车里程油耗的描述统计结果

从图 6-29 的描述统计结果可知，利用 Excel 描述统计工具计算的各项描述统计值与用函数法计算的结果是一致的，但是利用 Excel 描述统计工具却更加简单方便。

结论分析

本章系统学习了集中趋势和分散程度的度量指标，集中趋势反映了数据向其中心靠拢或集聚的程度。分散程度描述的是总体的离中趋势，表明了数据的差异程度。在实际工作中，要根据掌握资料和研究对象的特点，选择适当的方法处理数据，要求学生熟练掌握集中趋势和分散程度度量的适用范围和计算方法。

实践训练题

1. 随着生活水平的逐渐提高，居民的储蓄存款也日益增加。表 6-3 所示为自 1990～2009 年城乡居民人民币储蓄存款额，储蓄存款包括定期和活期（单位：元）。请利用 Excel 对表 6-3

的数据做如下分析。

表 6-3 1900～2009 年城乡居民人民币储蓄存款 （单位：元）

年 份	总 计	定 期	活 期
1990	7 119.8	5 911.2	1 208.6
1991	9 241.6	7 691.7	1 549.9
1992	11 759.4	9 425.2	2 334.2
1993	15 203.5	11 971.0	3 232.5
1994	21 518.8	16 838.7	4 680.1
1995	29 662.3	23 778.2	5 884.1
1996	38 520.8	30 873.4	7 647.4
1997	46 279.8	36 226.7	10 053.1
1998	53 407.5	41 791.6	11 615.9
1999	59 621.8	44 955.1	14 666.7
2000	64 332.4	46 141.7	18 190.7
2001	73 762.4	51 434.9	22 327.6
2002	86 910.6	58 788.9	28 121.7
2003	103 617.3	68 498.6	35 118.7
2004	119 555.4	78 138.9	41 416.5
2005	141 051.0	92 263.5	48 787.5
2006	161 587.3	103 011.4	58 575.9
2007	172 534.2	104 934.5	67 599.7
2008	217 885.4	139 300.2	78 585.2
2009	260 767.31	160 226.6	100 540.7

（1）城乡居民人民币活期存款的众数、中位数和算术平均数是多少？

（2）城乡居民人民币定期存款的方差和标准差是多少？

（3）定期存款和活期存款相比，哪一种数据的变动性更大？

2. 表 6-4 显示的是某计算机公司 2009 年前 4 个月每天销售量的频数分布。

表 6-4 某计算机公司销售量的频数分布

按销售量分组（台）	频数（天）	频率（%）
140～150	4	3.33
150～160	9	7.50
160～170	16	13.33
170～180	27	22.50
180～190	20	16.67
190～200	17	14.17
200～210	10	8.33
210～220	8	6.67
220～230	4	3.33
230～240	5	4.17
合计	120	100

（1）计算计算机销售量的平均数。

（2）计算计算机销售量的标准差、方差。

3. 从生产车间500名工人中随机抽取了50名工人，50名工人的日常工作量数据如表6-5所示（单位：件），试利用Excel描述统计工具对数据进行描述统计分析。

表6-5　50名工人日常工作量抽样数据　（单位：件）

148	140	127	120	110	104	132	135	129	123
116	109	132	135	129	123	110	108	148	135
128	123	114	108	132	124	120	125	116	118
125	137	107	113	123	140	137	119	119	127
128	119	124	130	118	107	113	122	128	114

第7章 回归分析

学习目标

1.相关关系的分析方法。

2.一元线性回归和二元线性回归的基本原理和参数的最小二乘估计。

3.回归直线的拟合优度。

4.回归方程的显著性检验。

5.利用回归方程进行估计和预测。

本章重点

相关分析的判断与应用、一元线性回归的含义与参数的计算、最小二乘法、显著性检验

基本知识

本章主要介绍数值型自变量和数值型因变量之间关系的分析方法，这是相关与回归分析。相关与回归是处理变量之间关系的一种统计方法。从处理的变量看，如果研究的是两个变量之间的关系，称为简单相关与简单回归分析；如果研究的是两个以上变量之间的关系，称为多元相关与多元回归分析。从变量之间的关系形态上看，有线性相关与线性回归分析及非线性相关与非线性回归分析。本章主要讨论简单线性相关与简单线性回归分析的基本原理与方法。

7.1 变量间关系的度量

1．变量间的关系

函数关系是一一对应的确定关系。但在实际问题中，变量之间的关系往往不那么简单。变量之间存在的不确定的关系数量关系，称为相关关系（Correlation）。

相关关系的特点：一个变量的取值不能由另一个变量唯一确定，对这种关系确定的变量显然不能用函数关系进行描述，但也不是无任何规律可循。相关与回归分析正是描述与探索这类变量之间关系及其规律的统计方法。

2．相关关系的描述与测度

相关分析就是对两个变量之间线性关系的描述与度量，它要解决的问题包括：

（1）变量之间是否存在关系？

（2）如果存在关系，它们之间是什么样的关系？

（3）变量之间的关系强度如何？

（4）样本所反映的变量之间的关系能否代表总体变量之间的关系？

为解决这些问题，在进行相关分析时，对总体主要有以下两个假定。

（1）两个变量之间是线性关系。

（2）两个变量都是随机变量。

在进行相关分析时，首先需要绘制散点图来判断变量之间的关系形态，如果是线性关系，则可以利用相关系数来测度两个变量之间的关系强度，然后对相关系数进行显著性检验，以判断样本所反映的关系能否代表两个变量总体上的关系。

（1）散点图

用坐标的横轴代表变量 x，纵轴代表变量 y，每组数据（x_i，y_i）在坐标系中用一个点表示，n 组数据在坐标系中形成的 n 个点称为散点，由坐标及其散点形成的二维数据图称为散点图（Scatter Diagram）。

（2）相关系数

通过散点图可以判断两个变量之间有无相关关系，并对变量间的关系形态作出大致的描述，但散点图不能准确反应变量之间的关系强度。

相关系数（Correlation Coefficient）是根据样本数据计算的度量两个变量之间线性关系强度的统计量。若是根据样本数据计算的，则称为样本相关系数，记为 r。样本相关系数的计算公式为

$$r=\frac{\sum_{i=1}^{n}(x_i-\overline{x})\quad(y_i-\overline{y})}{\sqrt{\sum_{i=1}^{n}(x_i-\overline{x})^2\cdot\sum_{i=1}^{n}(y_i-\overline{y})^2}}=\frac{n\sum_{i=1}^{n}x_iy_i-\sum_{i=1}^{n}x_i\cdot\sum_{i=1}^{n}y_i}{\sqrt{n\sum_{i=1}^{n}x_i^2-(\sum_{i=1}^{n}x_i)^2}\cdot\sqrt{n\sum_{i=1}^{n}y_i^2-(\sum_{i=1}^{n}y_i)^2}}$$

按上述计算公式计算的相关系数也称为线性相关系数（Linear Correlation Coefficient），或称为 Pearson 相关系数（Pearson's Correlation Coefficient）。

为解释相关系数各数值的含义，首先需要对相关系数的性质有所了解。相关系数的性质可总结如下。

① r 的取值范围是[-1,1]，即$-1\leqslant r\leqslant1$。若 $0<r\leqslant1$，表明 x 与 y 之间存在正线性相关关系；若$-1\leqslant r<0$，表明 x 与 y 之间存在负线性相关关系；若 $r=+1$，表明 x 与 y 之间为完全正线性相关关系；若 $r=-1$，表明 x 与 y 之间为完全负线性相关关系。可见当 $|r|=1$ 时，y 的取值完全依赖于 x，二者之间即为函数关系；当 $r=0$ 时，说明 y 的取值与 x 无关，即二者之间不存在线性相关关系。

② r 具有对称性。x 与 y 之间的相关系数 r_{xy} 和 y 与 x 之间的相关系数 r_{yx} 相等，即

$r_{xy}=r_{yx}$。

③ r 的数值大小与 x 和 y 的原点及尺度无关。改变 x 和 y 的数据原点及计量尺度，并不改变 r 的数值大小。

④ r 仅仅是 x 与 y 之间线性关系的一个度量，他不能用于描述非线性关系。

⑤ r 虽然是两个变量之间线性关系的一个度量，却不一定意味着 x 与 y 一定有因果关系。

3．相关关系的显著性检验

一般情况下，总体相关系数 ρ 是未知的，通常是将样本相关系数 r 作为 ρ 的近似估计值。

（1）r 的抽样分布

为了对样本相关系数 r 的显著性进行检验，需要考察 r 的抽样分布。r 的抽样分布随总体相关系数 ρ 和样本量 n 的大小而变化。

总之，当 ρ 为较大的正值时，r 呈现左偏分布；当 ρ 为较大的负值时，r 呈现右偏分布。

（2）r 的显著性检验

如果对 r 服从正态分布的假设成立，则可以应用正态分布来检验。

检验的具体步骤如下。

第一步：提出假设。

H_0：$\rho=0$；H_1：$\rho\neq 0$

第二步：计算检验的统计量。

$$t=|r|\sqrt{\frac{n-2}{1-r^2}}\sim t(n-2)$$

第三步：进行对决策。根据给定的显著性水平 α 和自由度 $df=n-2$ 查 t 分布表，得出 $t_{\alpha/2}\sim t(n-2)$ 的临界值。若 $|t|>t_{\alpha/2}$，则拒绝原假设 H_0，表明总体的两个变量之间存在显著的线性关系。

7.2 一元线性回归

回归分析主要解决以下几个方面的问题。

（1）从一组样本数据出发，确定变量之间的数学关系式。

（2）对这些关系式的可信程度进行各种统计检验，并从影响某一特定变量的诸多变量中找出哪些变量的影响是显著的，哪些是不显著的。

（3）利用所求的关系式，根据一个或几个变量的取值来估计或预测另一个特定变量的取值，并给出这种估计或预测的可靠程度。

1．一元线性回归模型

（1）回归模型

对于具有线性关系的两个变量，可以用一个线性方程来表示他们之间的关系。描述因变

量 y 如何依赖于自变量 x 和误差项 ε 的方程为回归模型（Regression Model）。

只涉及一个自变量的一元线性回归模型可表示为

$$y=\beta_0+\beta_1 x+\varepsilon$$

（2）回归方程

根据回归模型中的假定，ε 的期望等于 0，因此 y 的期望值 $E(y)=\beta_0+\beta_1 x$，也就是说，y 的期望值是 x 的线性函数。描述因变量 y 的期望值如何依赖于自变量 x 的方程称为回归方程（Regression Equation）。一元线性回归方程的形式为

$$E(y)=\beta_0+\beta_1 x$$

一元线性回归方程的图示是一条直线，因此也称为直线回归方程。其中 β_0 是回归直线在 y 轴上的截距，是当 x=0 时 y 的期望值；β_1 是直线的斜率，它表示当 x 每变动一个单位时，y 的平均变动值。

（3）估计的回归方程

对于一元线性回归，估计的回归方程形式为

$$\hat{y}=\hat{\beta}_0+\hat{\beta}_1 x$$

式中，$\hat{\beta}_0$ 是估计的回归直线在 y 轴上的截距；$\hat{\beta}_1$ 是直线的斜率，表示 x 每变动一个单位时，y 的平均变动值。

2．参数的最小二乘估计

德国科学家卡尔·高斯（Karl Gauss，1777~1855 年）提出用最小化图中垂直方向的离差平方和估计参数 $\hat{\beta}_0$ 和 $\hat{\beta}_1$，根据这一方法确定模型参数 $\hat{\beta}_0$ 和 $\hat{\beta}_1$ 的方法称为最小二乘法，也成为最小平方法（Method of Least Squares）。

正是基于上述性质，最小二乘法被广泛用于模型参数的估计。

根据最小二乘法使

$$\sum(y_i-\hat{y}_i)^2=\sum\left(y_i-\hat{\beta}_0-\hat{\beta}_1 x_i\right)^2$$

最小。

3．回归直线的拟合优度

回归直线与各观测点的接近程度称为回归直线对数据的拟合优度（Goodness of Fit）。

（1）判定系数

判定系数是对估计的回归方程拟合优度的度量。为说明它的含义，需要对因变量 y 取值的变差进行研究。回归平方和占总平方和的比例称为判定系数（Coefficient of Determination），记为 R^2，其计算公式为

$$R^2=\frac{SSR}{SST}=\frac{\sum(\hat{y}_i-\bar{y})^2}{\sum(y_i-\bar{y})^2}=1-\frac{\sum(y_i-\hat{y}_i)^2}{\sum(y_i-\bar{y})^2}$$

（2）估计标准误差

判定系数可用于度量回归直线的拟合程度，相关系数也可以起到类似的作用。估计标准误差（Standard Error of Estimate）就是度量各实际观测点在直线周围的散布状况的一个统计

量，它是均方残差（MSE）的平方根，用s_e来表示，其计算公式为

$$s_e=\sqrt{\frac{\sum(y_i-\hat{y}_i)^2}{n-2}}=\sqrt{\frac{SSE}{n-2}}=\sqrt{MSE}$$

4．显著性检验

回归分析中的显著性检验主要包括两方面内容：一是线性关系检验；二是回归系数检验。

（1）线性关系的检验

线性关系检验是检验自变量x和因变量y之间的线性关系是否显著，或者说，它们之间能否用一个线性模型$y=\beta_0+\beta_1x+\varepsilon$来表示。

线性关系检验的具体步骤如下。

第一步：提出假设

H_0：$\beta_1=0$ 两个变量之间的线性关系不显著。

第二步：计算检验统计量F。

$$F=\frac{SSR/1}{SSE/(n-2)}=\frac{MSR}{MSE}$$

第三步：作出决策。确定显著性水平α，并根据分子自由度df_1=1和分母自由度$df_2=n-2$查F分布表，找到相应的临界值F_α。若$F>F_\alpha$，拒绝H_0，表明两个变量之间的线性关系是显著的；若$F<F_\alpha$，不拒绝H_0，没有证据表明两个变量之间的线性关系显著。

（2）回归系数的检验

回归系数的显著性检验是要检验自变量对因变量的影响是否显著。

回归系数显著性检验的具体步骤如下。

第一步：提出检验。

$$H_0:\ \beta_1=0\ ;\ H_1:\ \beta_1\neq0$$

第二步：计算检验的统计量t。

$$t=\frac{\hat{\beta}_1}{s_{\hat{\beta}_1}}$$

第三步：作出决策。确定显著性水平α，并根据自由度$df=n-2$查t分布表，找到相应的临界值$t_{\alpha/2}$。若$|t|>t_{\alpha/2}$，则拒绝H_0，回归系数等于0的可能性小于α，表明自变量x对因变量y的影响是显著的，换言之，两个变量之间存在着显著的线性关系；若$|t|<t_{\alpha/2}$，则不拒绝H_0，没有证据表明x对y的影响显著，或者说，二者之间尚不存在显著的线性关系。

5．回归分析结果的评价

回归分析结果的评价可从以下几个方面入手。

① 所估计的回归系数β_1的符号是否与理论或实现预期相一致。

② 如果理论上认为y与x之间的关系不仅是正的，而且是统计上显著的，那么所建立的回归方程也应该如此。

③ 回归模型在多大程度上解释了因变量y取值的差异？

④ 考察关于误差项 ε 的正态性假定是否成立。

7.3 利用回归方程进行预测

所谓预测（Predict）是指通过自变量 x 的取值来预测因变量 y 的取值。

1．点估计

利用估计的回归方程，对于 x 的一个特定值 x_0，求出 y 的一个估计值就是点估计。点估计可分为两种：一是平均值的点估计；二是个别值得点估计。

2．区间估计

利用估计的回归方程式，对于 x 的一个特定值 x_0，求出 y 的一个估计值的区间就是区间估计。

（1）y 的平均值的置信区间估计

置信区间估计（Confidence Interval Estimate）是对 x 的一个给定值 x_0，求出 y 的平均值的区间估计。

（2）y 的个别值的预测区间估计

预测区间估计（Prediction Interval Estimate）是对 x 的一个给定值 x_0，求出 y 的一个个别值的区间估计。

7.4 残差分析

确定有关 q 的假定是否成立的方法之一就是进行残差分析（Residual Analysis）。

1．残差与残差图

残差（Residual）是因变量的观测值 y_i 与根据估计的回归方程求出的预测值 $\hat{y}_i$ 之差，用 e 表示。它反映了用估计的回归方程去预测 y_i 而引起的误差。第 i 个观察值的残差可以写为

$$e_i = y_i - \hat{y}_i$$

2．标准化残差

对 ε 正态性假定的检验，也可以通过对标准化残差的分析来完成。标准化残差（Standardized Residual）是残差除以它的标准差后得到的数值，也称为 Pearson 残差或半学生化残差（Semi-studentized Residuals），用 z_e 表示。第 i 个观察值的标准化残差可以表示为

$$z_{e_i} = \frac{e_i}{s_e} = \frac{y_i - \hat{y}_i}{s_e}$$

式中，s_e 是残差的标准差的估计。

7.5 多元线性回归模型

1．多元回归模型与回归方程

设因变量为 y，k 个自变量分别为 $x_1,x_2,\cdots,x_k$，描述因变量 y 如何依赖于自变量 $x_1,x_2,\cdots,x_k$ 和误差项 ε 的方法称为多元回归模型（Multiple Regression Model）其一般形式可表示为

$$y=\beta_0+\beta_1x_1+\beta_2x_2+\cdots+\beta_kx_k+\varepsilon$$

式中，$\beta_0,\beta_1,\beta_2,\cdots,\beta_k$ 是模型的参数；ε 为误差项。

根据回归模型的假定有

$$E(y)=\beta_0+\beta_1x_1+\beta_2x_2+\cdots+\beta_kx_k$$

称为多元回归方程（Multiple Regression Equation），它描述了因变量 y 的期望值与自变量 $x_1,x_2,\cdots,x_k$ 之间的关系。

2．估计的多元回归方程

回归方程中的参数 $\beta_0,\beta_1,\beta_2,\cdots,\beta_k$ 是未知的，需要利用样本数据去估计它们。其一般形式为

$$\hat{y}=\hat{\beta}_0+\hat{\beta}_1x_1+\hat{\beta}_2x_2+\cdots+\hat{\beta}_kx_k$$

式中，$\hat{\beta}_0,\hat{\beta}_1,\hat{\beta}_2,\cdots,\hat{\beta}_k$ 是参数 $\beta_0,\beta_1,\beta_2,\cdots,\beta_k$ 的估计值，$\hat{y}$ 是因变量 y 的估计值。其中 $\hat{\beta}_0,\hat{\beta}_1,\hat{\beta}_2,\cdots,\hat{\beta}_k$ 称为偏回归系数。

3．参数的最小二乘估计

回归方程中的 $\hat{\beta}_0,\hat{\beta}_1,\hat{\beta}_2,\cdots,\hat{\beta}_k$ 仍然是根据最小二乘法求得，也就是使残差平方和

$$Q=\sum\left(y_i-\hat{y}_i\right)^2=\sum(y_i-\hat{\beta}_0-\hat{\beta}_1x_1-\hat{\beta}_2x_2-\cdots-\hat{\beta}_kx_k)^2$$

最小。

7.6 回归方程的拟合优度

1．多重判定系数

多重判定系数（Multiple Coefficient of Determination）是多元回归中的回归平方和占总平方和的比例，它是度量多元回归方程拟合度的一个统计量，反映了在因变量 y 的变差中被估计的回归方程所解释的比例。

2．估计标准误差

同一元线性回归一样，多元线性回归中的估计标准误差也是对误差项 ε 的方差 δ^2 的一个估计值，它在衡量多元回归方程的拟合优度方面起着重要作用。其计算公式为

$$s_e=\sqrt{\frac{\sum(y_i-\hat{y}_i)^2}{n-k-1}}=\sqrt{\frac{SSE}{n-k-1}}=\sqrt{MSE}$$

式中，k 为自变量的个数。

7.7 显著性检验

回归系数检验则是对每个回归系数分别进行单独的检验，它主要是用于检验每个自变量对因变量的影响是否都显著。

1．线性关系检验

线性关系检验是检验因变量 y 与 k 个自变量之间的关系是否显著，也称为总体显著性检验。检验的具体步骤如下。

第一步：提出假设。

$H_0:\beta_0,\beta_1,\beta_2,\cdots,\beta_k=0$

$H_1:\beta_0,\beta_1,\beta_2,\cdots,\beta_k$ 至少有一个不是 0

第二步：计算检验的统计量 F。

$$F=\frac{SSR/k}{SSE/(n-k-1)}\sim F(k,n-k-1)$$

第三步：作出统计决策。给定显著性水平 α，根据分子自由度 $df_1=k$，分母自由度 $df_2=n-k-1$ 查 F 分布表得 F_α。若 $F>F_\alpha$，则拒绝原假设；若 $F<F_\alpha$，则不拒绝原假设。根据计算机输出的结果，可直接利用 P 值作出决策；若 $P<\alpha$，则拒绝原假设；若 $P>\alpha$，则不拒绝原假设。

2．回归系数检验和推断

在回归方程通过线性关系检验后，就可以对各个回归系数 β_i 有选择的进行一次或多次检验。

回归系数检验的具体步骤如下。

第一步：提出假设。对于任意参数 β_i（i=1,2,….,k），有

H_0：$\beta_i=0$

H_1：$\beta_i\neq0$

第二步：计算检验的统计量 t。

$$t_i=\frac{\hat{\beta}_i}{s_{\hat{\beta}_i}}\sim t(n-k-1)$$

式中，$s_{\hat{\beta}_i}$ 是回归系数 $\hat{\beta}_i$ 的抽样分布的标准差，即

$$s_{\hat{\beta}_i}=\frac{s_e}{\sqrt{\sum x_i^2-\frac{1}{n}\left(\sum x_i\right)^2}}$$

第三步：做出统计决策。给定显著性水平 α，根据自由度 $df=n-k-1$ 查 t 分布表，得 $t_{\alpha/2}$ 的值。若 $|t| > t_{\alpha/2}$，则拒绝原假设；若 $|t| < t_{\alpha/2}$，则不拒绝假设。

7.8 多重共线性

当回归模型中使用两个或两个以上的自变量时，这些自变量往往会提供多余的信息；也就是说，这些自变量之间彼此相关。

1．多重共线性及其所产生的问题

当回归模型中两个或两个以上的自变量彼此相关时，则称回归模型中存在多重共线性（Multicollinearity）。

首先，变量之间高度相关时，可能会使回归的结果混乱，甚至会把分析引入歧途。

其次，多重共线性可能对参数估计值的正负号产生影响，特别是 P_{i} 的正负号有可能同预期的正负号相反。

2．多重共线性的判别

检测多重共线性的方法有多种，其中最简单的一种办法是计算模型中各对自变量之间的相关系数，并对各相关系数进行显著性检验。

具体来说，如果出现下列情况，暗示存在多重共线性。

（1）模型中各对自变量之间显著相关。

（2）当模型的线性关系检验（F 检验）显著时，几乎所有回归系数 β_i 的 t 检验却不显著。

（3）回归系数的正负号与预期的相反。

（4）容忍度（Tolerance）与方差扩大因子（Variance Inflation Factor，VIF），容忍度越小，多重共线性越严重，VIF 越大，多重共线性越严重。

3．多重共线性问题的处理

一旦发现模型中存在多重共线性问题，就应采取某种解决措施。至于采取什么样的方法来解决，要看多重性的严重程度。

（1）将一个或多个相关的自变量从模型中剔除，使保留的自变量尽可能不相关。

（2）如果要在模型中保留所有的自变量，那就应该：

① 避免根据 t 统计量对单个参数 β 进行检验；

② 对因变量 y 值得判断（估计或预测）限定在自变量样本值的范围内。

7.9 案例实训

【实训目的】

1. 理解相关分析的概念和分析方法。

2. 能根据统计数据熟练利用 Excel 绘制散点图。

3. 掌握利用 Excel 函数和数据分析工具计算相关系数。

4. 理解一元线性回归分析的方法。

5. 熟练掌握一元线性回归的 Excel 操作。

6. 培养运用相关分析和一元线性回归分析解决身边实际问题的能力。

案例实训 7.1——相关分析

【准备知识】

1. 相关分析的概念

所谓相关，其实是指变量间存在的相互关联，如父亲的身高和儿子的身高就有着某种联系。相关关系是指变量之间保持着某种不确定的依存关系，但这种关系并不是一一对应的。

变量的相关关系，按照两者变动的方向可以分为正相关和负相关两类。正相关是指两个因素同方向变动，一个增大另一个也增大，反之一个减小另一个也减小；负相关指两个因素按反方向变动，一个增大另一个却反而减小。

2. 相关分析的方法

相关分析研究两个变量间线性关系的强弱程度。判断变量之间相关关系常用的方法有两种，即散点图法和相关系数法。

【实训内容及数据】

打印机速度与价格之间有一定关系。现从打印机中随即抽取 10 个型号，所得速度与价格的样本数据如表 7-1 所示。

要求：（1）试绘制散点图；（2）计算打印机速度与价格之间的相关系数。

表 7-1 计算打印机速度与价格的数据

打印机型号	用　途	速　度	价格（元）
Minolta-QMS PagePro 1250W	个人	12	199
Brother HL-1850	个人	10	499
Lexmark E320	个人	12.2	299
Minolta-QMS PagePro 1250E	个人	10.3	299
HP Laserjet 1200	个人	11.7	399
Xerox Phaser 4400/N	公司	17.8	1 850
Brother HL-2460N	公司	16.1	1 000
IBM Infoprint 1120n	公司	11.8	1 387
Lexmark W812	公司	19.8	2 089
Oki Data B8300n	公司	28.2	2 200

【操作步骤】

1. 散点图的制作

第一步：在工作表中输入数据资料后，选择菜单中的“插入”→“图表”命令，然后在弹出的“图表向导-4 步骤之 1-图表类型”对话框中选择“XY 散点图”，如图 7-1 所示，然后单击“下一步”按钮。

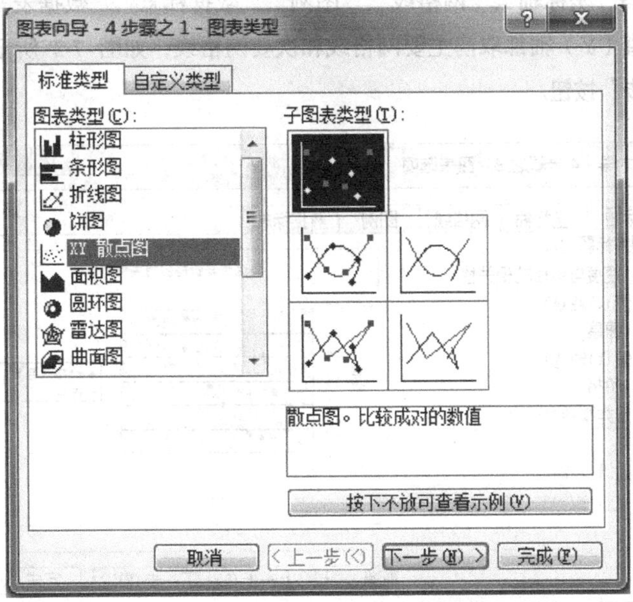

图 7-1 “图表向导-4 步骤之 1-图表类型”

第二步：确定数据范围。在弹出的“源数据”对话框的“数据区域”标签中设定数据区域和数据系列的形成，并且可以单击“系列”标签，以确认图形横坐标和纵坐标各自的数值范围，如图 7-2 所示，然后单击“下一步”按钮。

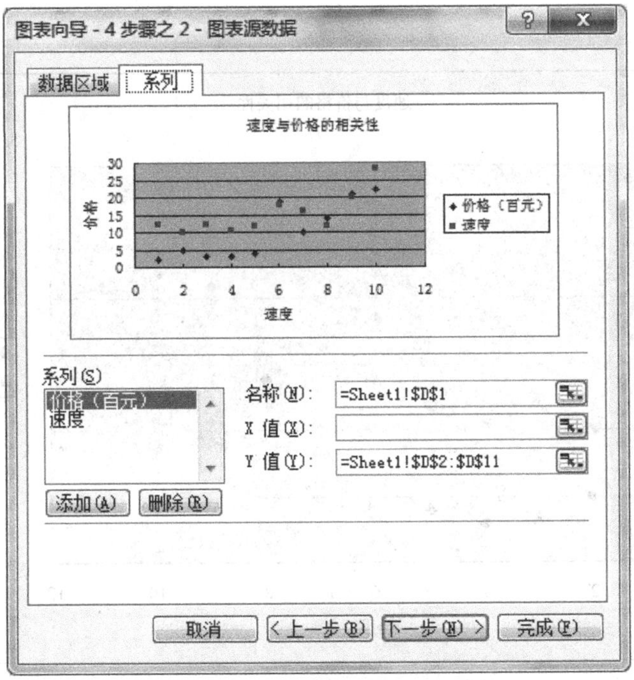

图 7-2 “源数据”对话框

第三步：随即出现“图表向导-4 步骤之 3-图表类型”对话框，在图表标题中输入图的名称，在“分类（X）轴”中输入 X 轴坐标的名称，在“数值（Y）轴”中输入 Y 轴坐标的名称。有选择的填写“坐标轴”、“网格线”、“图例”、“数据标志”、“数据表”等内容，本例分类（X）轴和数值（Y）轴都取消主要网格线和次要网格线，如图 7-3 所示。填写完对话框后，单击“下一步”按钮。

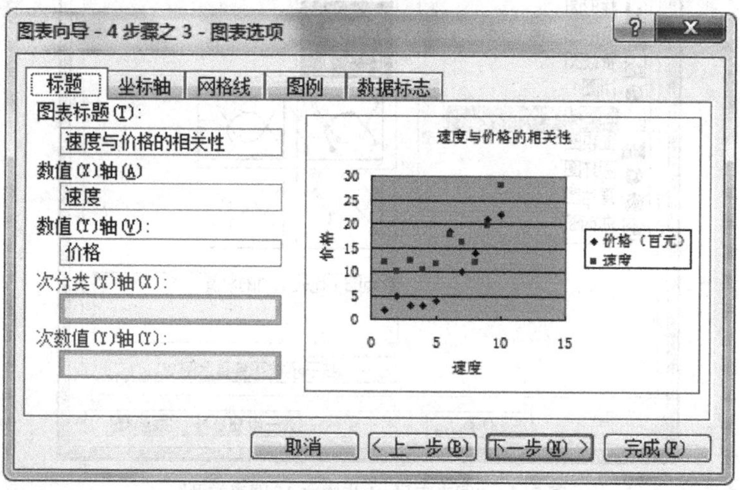

图 7-3 “图表向导-4 步骤之 3-图表类型”对话框

第四步：选择图表位置并显示结果。在弹出的“图表向导-4 步骤之 4-图标位置”对话框中可为图表选择保存位置，或放在独立的工作表中，或作为一个对象放在当前工作表中。填完对话框后，单击“完成”按钮即可生成散点图。本例中选择作为一个对象放在工作表中，如图 7-4 所示。

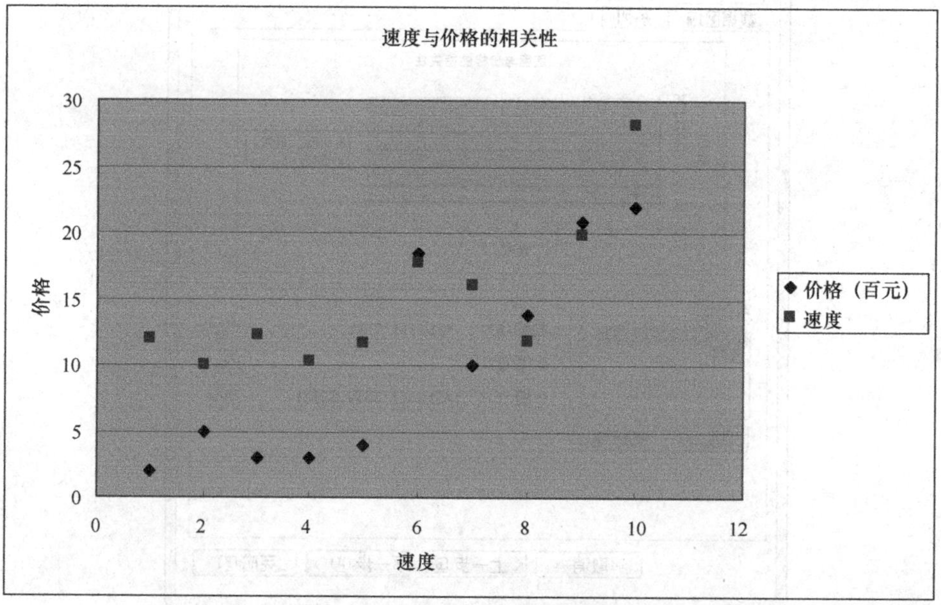

图 7-4 打印机速度与价格散点图

从图 7-4 可以看出，打印机速度与价格两变量存在线性相关，价格随着速度的增加而增加。

2. 相关系数的计算

（1）利用函数求相关系数

第一步：单击任一空白单元格，选择“插入”→“函数”命令，即可弹出“插入函数”对话框，在“或选择类别”后的下拉列表中选择“统计”，在“选择函数”中选择“CORREL”，如图 7-5 所示，然后单击“确定”按钮。

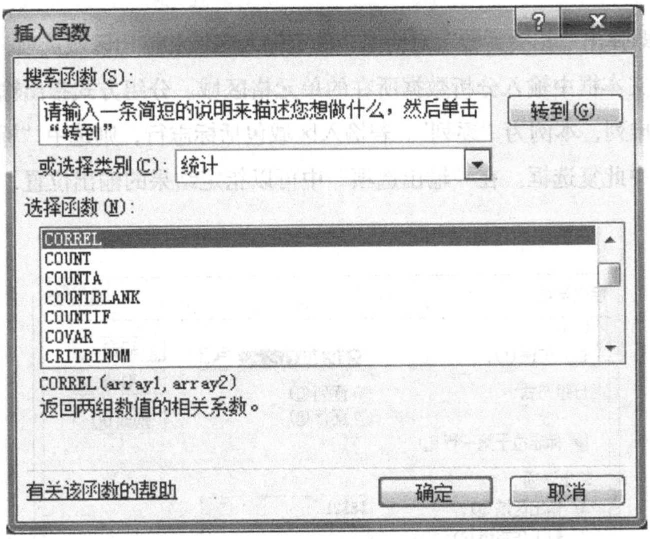

图 7-5 “插入函数”对话框

第二步：随即弹出“CORREL”函数对话框，选择好数据对应的单元格区域，如图 7-6 所示。完成后单击“确定”按钮，即可在对话框中得到相关系数，相关系数为 0.848 920 43。

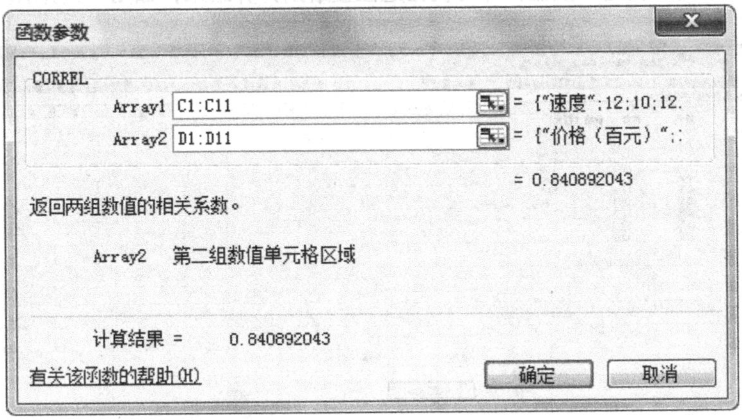

图 7-6 “CORREL”函数对话框

（2）利用相关系数工具求相关系数。

第一步：单击“工具”菜单，选择“数据分析”选项。打开“数据分析”对话框，从其对话框的“分析工具”列表中选择“相关系数”，如图 7-7 所示，然后单击“确定”按钮。

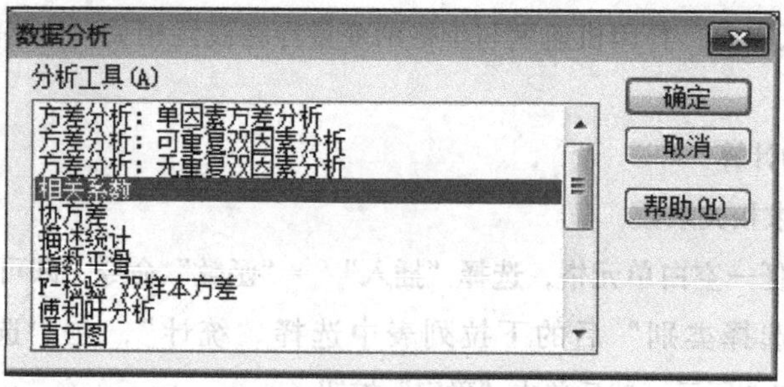

图 7-7 “数据分析”对话框

第二步：随即弹出“相关系数”对话框，确定输入区域和输出区域选项，如图 7-8 所示。在“输入区域”文本框中输入分析数据所在的单元格区域。分组方式指出输入区域中的数据是按行还是按列排列，本例为“逐列”。若输入区域包括标志行，则选中“标志位于第一行”复选框，本例选中此复选框。在“输出选项”中可以指定结果的输出位置，在本例中，输出区域为$E$21。

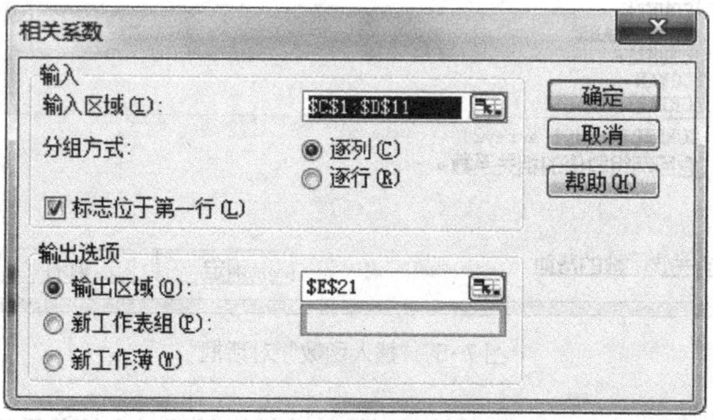

图 7-8 “相关系数”对话框

第三步：单击“确定”按钮，即可在指定位置给出计算结果，如图 7-9 所示。

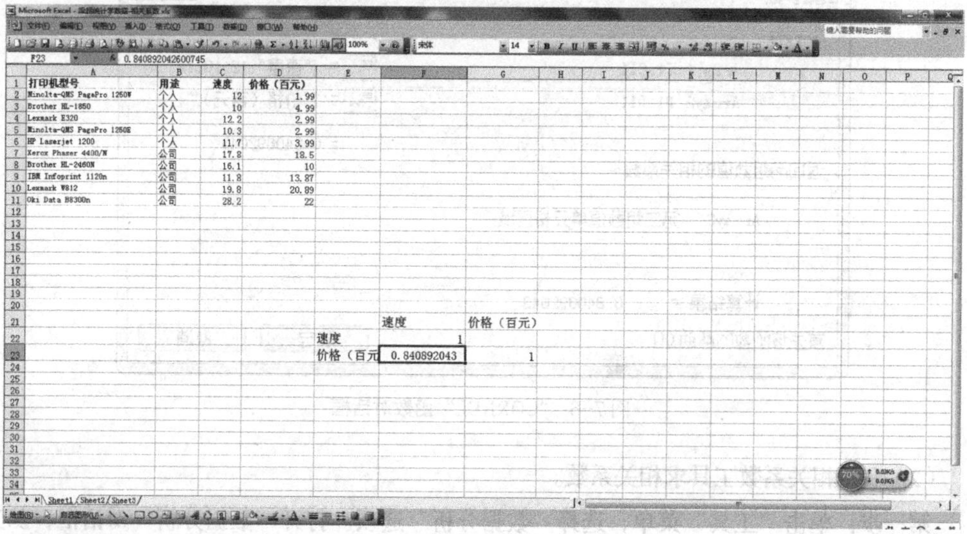

图 7-9 相关系数计算结果

在图 7-9 的输出结果中，打印机速度与价格的自相关系数均为 1，打印机速度与价格的相关系数为“0.848 920 43”，与利用函数计算的结果完全相同，呈高度正相关关系。

案例实训 7.2——一元线性回归分析

【准备知识】

通过相关分析，可以观察变量之间存在相关关系及紧密程度，如果想进一步确定他们之间的数量变化关系，就要借助回归分析。回归分析根据自变量的多少可分为一元回归（即简单回归）分析和多元回归分析，根据关系类型可分为线性回归分析和非线性回归分析。一元线性回归分析就是分析一个自变量与一个因变量之间线性关系的数学方程。

【实训内容及数据】

根据表 7-1 打印机速度与价格的数据，拟合打印机速度与价格的回归直线，并对此回归方程进行评价。

【操作步骤】

第一步：单击“工具”菜单，选择“数据分析”选项。打开“数据分析”对话框，从其对话框的“分析工具”列表中选择“回归”，如图 7-10 所示，然后单击“确定”按钮。

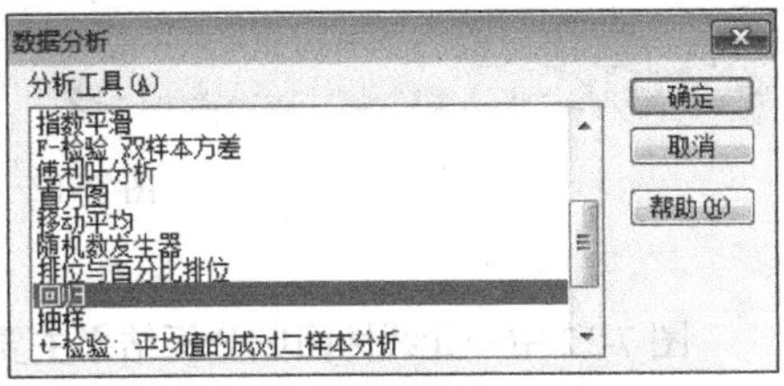

图 7-10 “数据分析”对话框

第二步：随即弹出“回归”对话框，确定输入区域和输出区域选项，如图 7-11 所示。在“Y 值输入区域”文本框中输入价格数据所在的单元格区域“D1:D11”，在“X 值输入区域”文本框中输入速度所在的单元格区域“C1:C11”。在“输出选项”中可以指定结果的输出位置，本例中，输出区域为新工作表组。

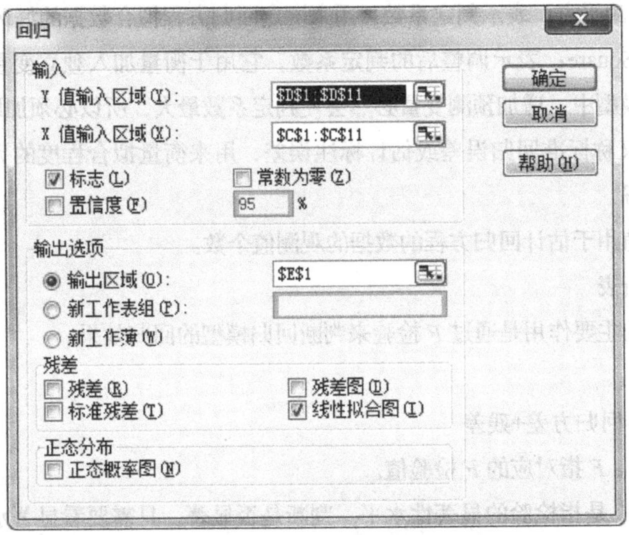

图 7-11 “回归”对话框

“输入”栏中其他复选框操作说明：若输入区域包括标志行，则选中“标志”复选框，本例选中此复选框；若要求回归直线通过原点，则选中“常数为零”复选框；若要求输出置信度，则选中“置信度”复选框。

第三步：单击“确定”按钮，在指定位置给出计算结果，如图 7-12 所示。

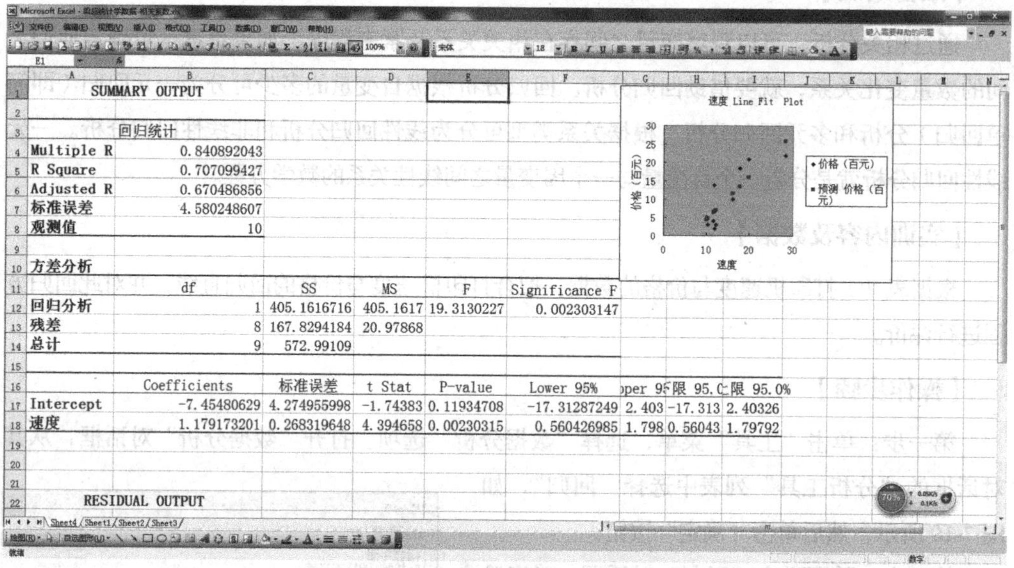

SUMMARY OUTPUT

回归统计	
Multiple R	0.840892043
R Square	0.707099427
Adjusted R	0.670486856
标准误差	4.580248607
观测值	10

方差分析

	df	SS	MS	F	Significance F
回归分析	1	405.1616716	405.1617	19.3130227	0.002303147
残差	8	167.8294184	20.97868		
总计	9	572.99109			

	Coefficients	标准误差	t Stat	P-value	Lower 95%	pper 95%	下限 95.0%	上限 95.0%
Intercept	-7.45480629	4.274955998	-1.74383	0.11934708	-17.31287249	2.403	-17.313	2.40326
速度	1.179173201	0.268319648	4.394658	0.00230315	0.560426985	1.798	0.56043	1.79792

RESIDUAL OUTPUT

图 7-12　一元线性回归分析结果

图 7-12 中一元线性回归分析结果主要包括四部分内容。

（1）回归统计表

Multiple R：表示相关系数，它用来衡量变量 X 和 Y 之间相关程度的大小。例中为 0.848 920 43，与上一实验结果完全相同。

R Square：R 的平方，表示判定系数，用来测定回归方程拟合数据的好坏程度。

Adjusted R Square：表示调整后的判定系数，它用于衡量加入独立变量后模型的拟合程度。在多元回归模型中，增加预测变量必然会使判定系数最大，所以必须加以调整。

标准误差：又称标准回归误差或估计标注误差，用来衡量拟合程度的大小，此值越小，说明拟合程度越好。

观测值：该值用于估计回归方程的数据的观测值个数。

（2）方差分析表

方差分析表的主要作用是通过 F 检验来判断回归模型的回归效果。

df 是自由度。

SS 是总方差=回归方差+残差

MS 是均方差。F 指对应的 F 检验值。

Significance F 是指检验的显著性水平。判断是否显著，只需要看显著水平是否小于所指定的值。

（3）回归参数表

Intercept 表示截距约−7.454 806 289 873 67，速度对应的 Coefficients 表示以速度作自变量的回归方程的斜率为 1.179 17，并用 t 检验判断回归系数和常数项是否为零，并求置信区间。

（4）RESIDUAL OUTPUT 和线性拟合图

“RESIDUAL OUTPUT”部分（见图 7-12 左下角）为求回归方程式的相应残差值，并通过线性拟合图（见图 7-12 右上角），以平面图的形式绘出了实际观测值和预测值的分布状况。

案例实训 7.3——多元线性回归分析

【准备知识】

多元回归分析是研究因变量 y 如何依赖于两个或两个以上自变量 x 的问题。

1. 回归模型和回归方程

对于一元回归模型和回归方程的概念对多元回归的情形同样适用。描述因变量 y 是如何依赖于自变量 $x_1, x_2, \ldots, x_n$ 和一个误差项 ε 的方程称为多元回归模型。

$$y = \beta_0 + \beta_1 x_1 + \beta_2 x_2 + \beta_3 x_3 + \cdots + \beta_n x_n$$

在多元回归模型中，$\beta_1, \beta_2, \beta_3, \ldots, \beta_n$ 是参数，ε 是随机变量。y 是 $x_1, x_2, \ldots, x_n$ 的线性函数（$\beta_1 x_1 + \beta_2 x_2 + \beta_3 x_3 + \cdots \beta_n x_n$）加上一个误差项 ε，误差项说明了包含在 y 里面但是不能被 n 个自变量的线性关系解释的变异性。

讨论多元回归模型一个重要的假定是：误差项 ε 的平均值或期望值为 0。基于这一假定，因变量 y 的平均值或期望值 $E(y) = \beta_1 x_1 + \beta_2 x_2 + \beta_3 x_3 + \cdots + \beta_n x_n$。描述 y 的平均值或期望值是如何依赖于 $x_1, x_2, \ldots, x_n$ 的方程称为多元回归方程。

2. 估计的多元回归方程

回归模型中的参数都是未知的，必须利用样本数据去估计。我们利用一个简单随机样本计算样本统计量 $b_0, b_1, b_2, b_3, \ldots, b_n$，将它们作为未知参数 $\beta_1, \beta_2, \beta_3, \ldots, \beta_n$ 的点估计，利用这些样本统计量，我们得到估计的多元回归方程为

$$\hat{y} = b_0 + b_1 x_1 + b_2 x_2 + b_3 x_3 + \cdots + b_n x_n$$

3. 最小二乘法

最小二乘法准则为

$$\min \sum (y_i - \hat{y}_i)^2$$

最小二乘法是利用样本数据，通过使残差（$y_i - \hat{y}_i$）的平方和最小的方法求得 $b_0, b_1, b_2, b_3, \ldots, b_n$ 的值。

【实训内容及数据】

现在我们考虑 ABC 公司面临的一个问题，他们认为销售收入与广告频率、广告时长密切相关，为了准确估计销售收入的影响因素，他们统计了连续 10 个月的数据，如表 7-2 所示。

表 7-2　ABC 公司销售收入及广告数据

销售月份	销售收入（万元）	每天广告频率（次）	广告时长（分钟）
1	100	4	9.3
2	50	3	4.8
3	100	4	8.9
4	100	2	6.5
5	50	2	4.2
6	80	2	6.2
7	75	3	7.4
8	65	4	6.0
9	90	3	7.6
10	90	2	6.1

【操作步骤】

现在，我们用 Excel 所内涵的回归模型估计功能对影响销售收入的因素的参数作出估计。

第一步：单击“工具”→“数据分析”，进入数据分析界面，选择“回归”，如图 7-13 所示。

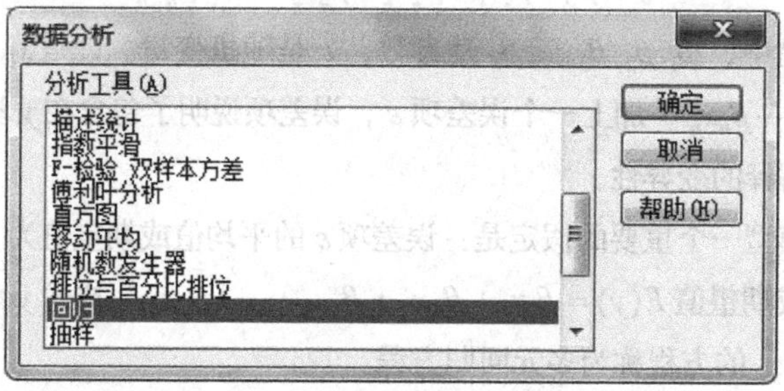

图 7-13　数据分析界面

第二步：单击“确定”按钮，进入回归分析对话框，如图 7-14 所示。

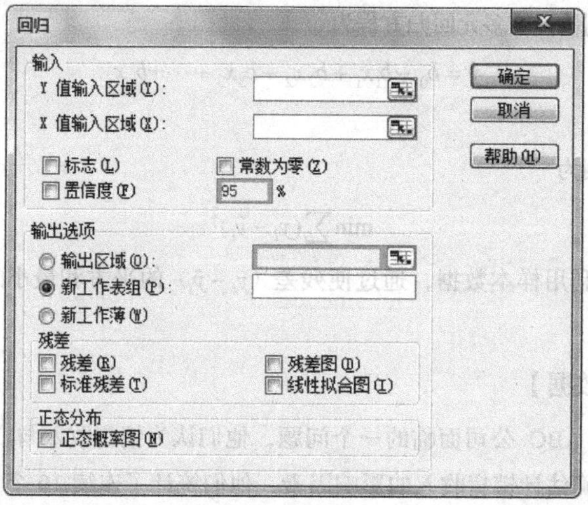

图 7-14　回归界面

在“Y 值输入区域”选择“销售收入”数据列，在“X 值输入区域”选择“每天广告次数”数据列和“广告时长”数据列，并选定“标志”。选定“输出区域”表示在当前表中输出结果，选定“新工作表组”表示在新的工作表中输出结果，这里我们选定在当前表中输出结果，其他默认即可，如图 7-15 所示。

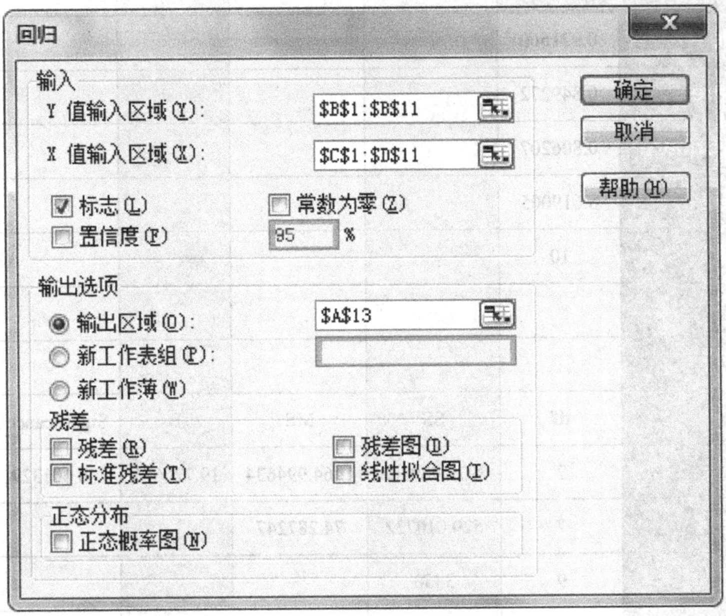

图 7-15　回归数据选择与输出选择

第三步：单击“确定”按钮，得到输出结果，如图 7-16 所示。

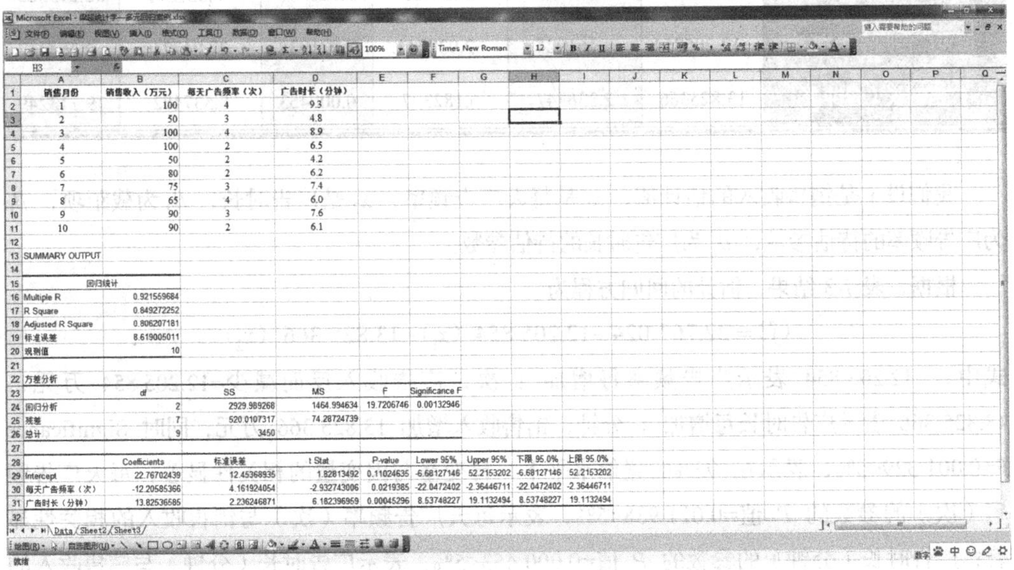

图 7-16　多元回归结果

结果输出与分析，如表 7-3 所示。

表 7-3 ABC 公司多元回归结果输出[①]

SUMMARY OUTPUT						
回归统计						
Multiple R	0.921560					
R Square	0.849272					
Adjusted R Square	0.806207					
标准误差	8.619005					
观测值	10					
方差分析						
	df	SS	MS	F	Significance F	
回归分析	2	2929.989268	1464.994634	19.720676	0.001329	
残差	7	520.010732	74.287247			
总计	9	3450				
	Coefficients	标准误差	t Stat	P-value	Lower 95%	Upper 95%
Intercept	22.767024	12.453689	1.828135	0.110246	−6.681271	52.215322
每天广告频率（次）	−12.205854	4.161924	−2.932743	0.021938	−22.047240	−2.364467
广告时长（分钟）	13.825366	2.236247	6.182397	0.000453	8.537482	19.113249

我们设 $\hat{y}$ 是销售收入的估计值，x_1 是每天广告频率，x_2 是广告时长，β_0 为截距项，β_1 为广告频率的待估参数，β_2 为广告时长的待估参数。

根据，表 7-3 结果，估计的回归方程为

$$(\hat{y}) = 22.767\,024 - 12.205\,854\ (x_1) + 13.825\,366\ (x_2)$$

式中，−12.205 854 表示广告频率每增加 1 次，广告收入反而减少−12.205 854 万元，13.825 366 表示广告时长每增加 1 分钟，销售收入增加 13.825 366 万元，同时 Significance F=0.001 329<5%，表示在 95%的置信水平下，自变量与因变量的相关性显著；每天广告频率（次）的参数的 P 值=0.021 938<5%，表示每天广告频率（次）与销售收入的相关性显著；广告时长（分钟）的参数的 P 值=0.000 453<5%，表示广告时长（分钟）与销售收入的相关性显著。

看来 ABC 公司应当适当减少广告的播放频率，同时增加广告的播出时长。

① 限于篇幅，输出结果精确到小数点后 6 位。

结论分析

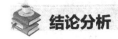

现象之间的数量关系可分为两种基本类型：函数关系和相关关系。函数关系与相关关系既有区别，又有联系。函数关系往往通过相关关系表示出来，而相关关系又可能转化为函数关系，一般来说，函数关系反映了现象间关系的理想化状态，相关关系则反映了现象间关系的现实化状态。回归分析是在研究现象之间确实存在的，但关系数值不固定的相互依存关系。相关分析是研究一个变量与另一个变量之间相关密切程度和相关方向的一种统计分析方法。

实践训练题

1. 根据对12个家庭人均生活费收入与人均食品支出的资料（单位：元），如表7-4所示。

表7-4　家庭人均生活费收入与人均食品支出数据

编　号	家庭人均生活费收入（元）	人均食品支出（元）
1	82	75
2	93	85
3	105	92
4	130	105
5	144	120
6	150	120
7	160	130
8	180	145
9	200	156
10	270	200
11	300	200
12	400	220

（1）绘制散点图，说明二者之间的关系形态。

（2）分别利用相关系数函数和相关系数计算家庭人均生活费收入与人均食品支出的相关系数。

（3）人均食品支出作为自变量、人均生活费收入作因变量，求出估计的一元线性回归方程。

2. 某农场通过试验取得早稻收获量与春季降雨量和春季温度的数据如表7-5所示。

表7-5　早稻收获量与春季降雨量和春季温度

收获量 y（kg/hm^2）	降雨量 x^1	温度 x^2
2 250	25	6
3 450	33	8
4 500	45	10

续表

收获量 y（kg/hm²）	降雨量 x^1	温度 x^2
6 750	105	13
7 200	110	14
7 500	115	16
8 250	120	17

（1）试确定早稻收获量对春季降雨量和春季温度的二元线性回归方程。

（2）解释回归系数的实际意义。

（3）根据你的判断，模型中是否存在多重共线性？

第8章 动态数列分析

学习目标

1. 熟练掌握进行动态数列的水平分析，并能对结果进行解释。
2. 熟练掌握进行动态数列的速度分析，并能对结果进行解释。

本章重点

动态数列的水平分析、移动平均分析、季节变动分析

基本知识

动态数列又称时间数列，它是指某社会经济现象在不同时间上的一系列统计指标值按时间先后顺序加以排列后形成的数列。动态数列由两部分构成，一部分是反映时间顺序变化的时间数列，一部分是反映各个指标值变化的指标数值数列。

8.1 动态数列

1．时点数列

时点数列指由时点指标构成的数列，即数列中的每一指标值反映的是现象在某一时刻上的总量。

时点数列具有以下特点。

（1）数列指标不具有连续统计的特点。

（2）数列中各个指标值不具有可加性。

（3）数列中每个指标值的大小与其时间间隔长短没有直接联系。

2．时期数列

时期数列指由时期指标构成的数列，即数列中每一指标值都是反映某现象在一段时间内发展过程的总量。

时期数列具有以下特点。

（1）数列具有连续统计的特点。

（2）数列中各个指标数值可以相加。

（3）数列中各个指标值大小与所包括的时期长短有直接关系。

8.2 模型组合

1．移动平均法

采取逐项依次递移的方法按一定时期分别计算一系列动态平均数，形成一个新时间序列。

其具体方法如下。

（1）从动态数列第一项数值开始，按一定项数（如两项、三项或更多项）求其序时平均数，并逐项移动，得出一个由移动平均数构成的新的动态数列。

（2）奇数项移动平均，所得数值对准移动项数的中间位置。

（3）偶数项移动平均，所得数值对准移动项数中间两项的中间位置，并需要移正平均一次。

2．指数平滑法

在进行趋势分析或趋势预测时，应对不同时期的资料给予不同的权重，方能体现远期资料的长期影响和近期资料的突出影响。指数平滑法对每期的资料给予不同的权数，越是近期资料给予的权数越大，越是远期资料给予的权数越小。

8.3 案例实训

【实训目的】

1. 熟练掌握进行动态数列的水平分析和速度分析的 Excel 操作过程。
2. 掌握利用 Excel 中的“移动平均”宏工具对动态数列进行平均分析。
3. 掌握测定季节变动的 Excel 操作过程，并能对结果进行解释。

【准备知识】

所谓的动态数列，就是讲某一统计指标的数值按时间的先后顺序排列起来而形成的数列，又称为时间数列。动态数列按形成数列的各项指标性质不同，分为绝对数列、相对动态数列和平均数动态数列。对动态数列的分析，既包括对动态数列水平分析指标和速度分析指标的计算，也包括在此基础上进行的时间数列的趋势分析与预测。

动态数列的是水平分析，主要是计算动态平均数（也成序时平均数或者平均发展水平）、逐期增长量、累计增长量和潘恒增长量。动态数列的速度分析，主要是计算发展速度、平均发展速度以及平均增长速度。对动态数列分析和速度分析主要借助公式进行。

发展速度和增长速度存在这样的内在关系：增长速度=发展速度-1；再利用 Excel 计算发展速度和增长速度时，可以先计算发展速度，再利用此关系式直接计算增长速度。

案例实训 8.1——动态数列的水平分析与速度分析

【实训内容及数据】

根据 2005 年 2 月 11 日～4 月 14 日的每周道琼斯指数的数据，如表 8-1 所示，对道琼斯指数进行水平分析和速度分析，即要求：(1) 计算道琼斯指数的逐期增长量、累计增长量、平均增长量和动态平均数；(2) 计算道琼斯指数的发展速度和增长速度。

表 8-1　2005 年 2 月 11 日～4 月 14 日道琼斯指数数据

日　　期	道琼斯指数
11-Feb	10 425
18-Feb	10 220
25-Feb	9 862
31-Mar	10 367
10-Mar	9 929
17-Mar	10 595
24-Mar	11 113
31-Mar	10 922
7-Apr	11 111
14-Apr	10 306

资料来源：美国劳工统计局网站。

【操作步骤】

1. 道琼斯指数的水平分析

第一步：计算逐期增长量。在“C3”中输入“=B3-B2”，如图 8-1 所示，按回车键得结

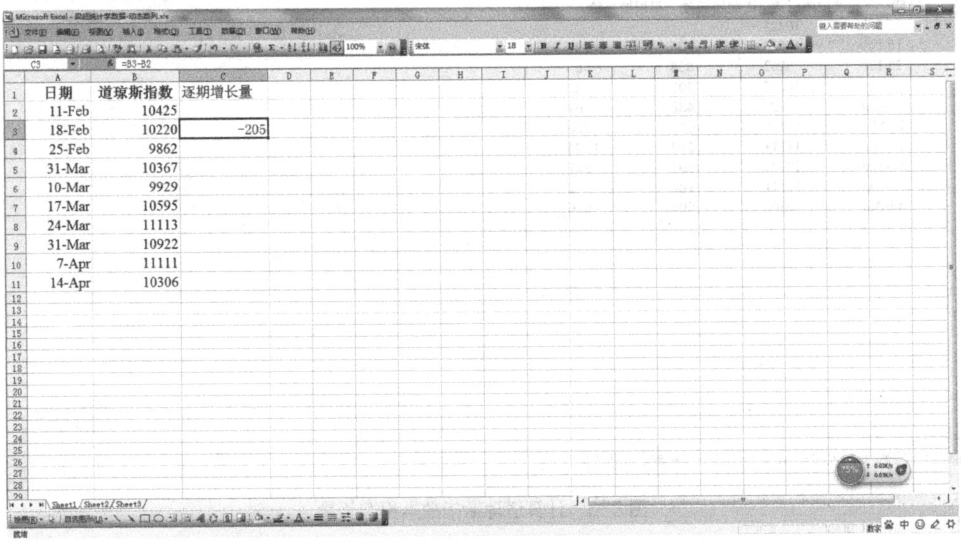

图 8-1　道琼斯指数逐期增长量函数编辑对话框

果；然后，使用填充柄功能，按住鼠标左键向下拖至“C11”单元格，放下鼠标，可得 C4～C11 单元格的结果，即 2 月 25 日～4 月 14 日的逐渐增长量自动填入 C4～C11 单元格，如图 8-2 所示。

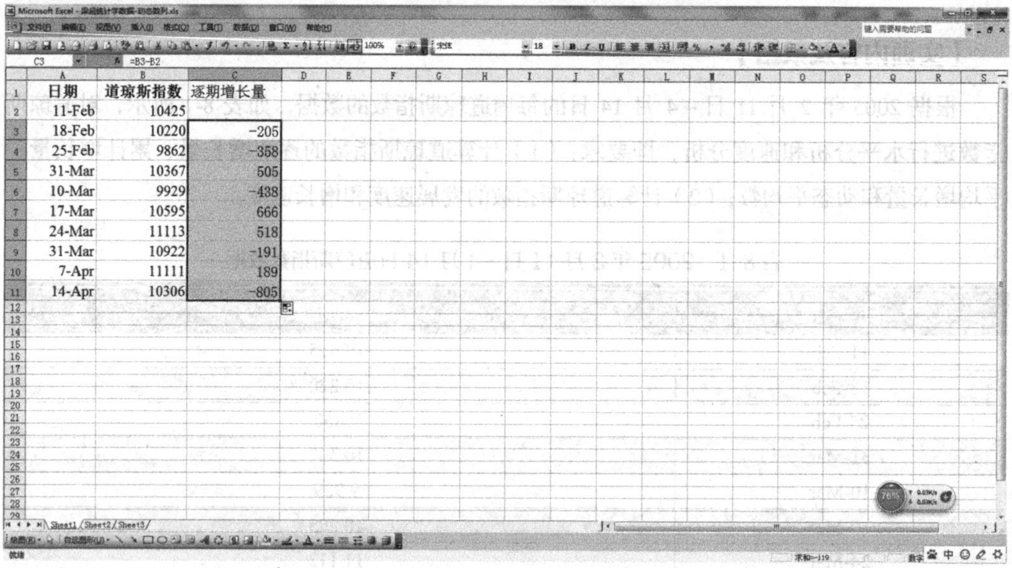

日期	道琼斯指数	逐期增长量
11-Feb	10425	
18-Feb	10220	-205
25-Feb	9862	-358
31-Mar	10367	505
10-Mar	9929	-438
17-Mar	10595	666
24-Mar	11113	518
31-Mar	10922	-191
7-Apr	11111	189
14-Apr	10306	-805

图 8-2　道琼斯指数逐期增长量的结果值

第二步：计算累积增长量。在“D3”中输入“=C3+C2”，按回车键得结果；然后，使用填充柄功能，按住鼠标左键向下拖至“D11”单元格，放开鼠标，可得 D4～D11 单元格的结果，即 2 月 25 日～4 月 14 日的累积增长量自动填入 D4～D11 单元格，如图 8-3 和表 8-2 所示。

日期	道琼斯指数	逐期增长量	累积增长量
11-Feb	10425		
18-Feb	10220	-205	-205
25-Feb	9862	-358	-563
31-Mar	10367	505	147
10-Mar	9929	-438	67
17-Mar	10595	666	228
24-Mar	11113	518	1184
31-Mar	10922	-191	327
7-Apr	11111	189	-2
14-Apr	10306	-805	-616

图 8-3　计算道琼斯指数累积增长量

表 8-2 道琼斯指数累积增长量的结果值

日　期	道琼斯指数	逐期增长量	累积增长量
11-Feb	10 425		
18-Feb	10 220	-205	-205
25-Feb	9 862	-358	-563
31-Mar	10 367	505	147
10-Mar	9 929	-438	67
17-Mar	10 595	666	228
24-Mar	11 113	518	1184
31-Mar	10 922	-191	327
7-Apr	11 111	189	-2
14-Apr	10 306	-805	-616

第三步：计算道琼斯指数的动态平均数。可直接利用函数 AVERAGE 进行计算。本例在“B12”单元格，输入“=AVERAGE(B2:B11)”，即可得到道琼斯指数的动态平均数为 10 485，如图 8-4 和图 8-5 所示。

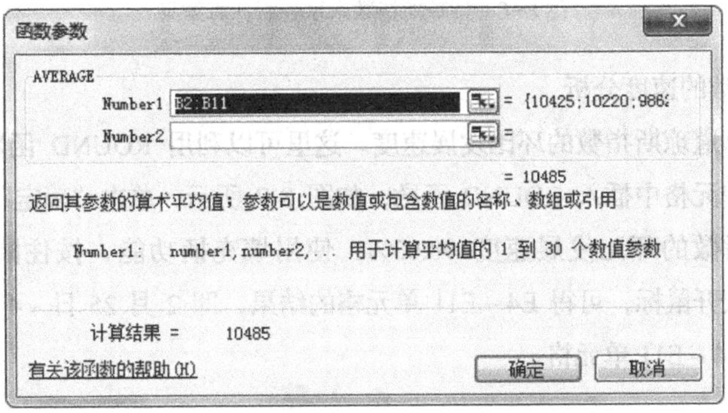

图 8-4　计算道琼斯指数的动态平均数函数对话框

图 8-5　计算道琼斯指数的动态平均数

第四步：计算平均增长量。本例在“D12”单元格，输入“=D11/(10-1)”后按回车键，即可得到平均增长量为-68.444 4，如图 8-6 所示。

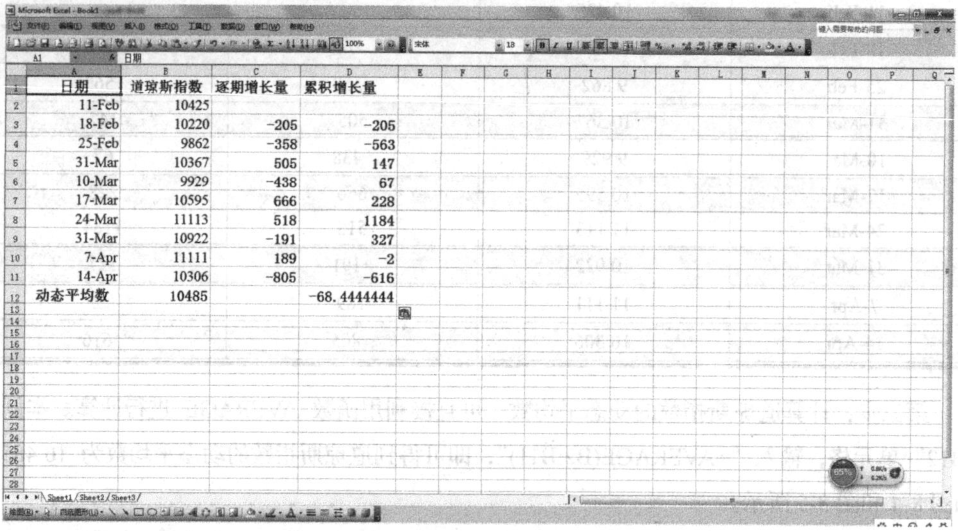

日期	道琼斯指数	逐期增长量	累积增长量
11-Feb	10425		
18-Feb	10220	-205	-205
25-Feb	9862	-358	-563
31-Mar	10367	505	147
10-Mar	9929	-438	67
17-Mar	10595	666	228
24-Mar	11113	518	1184
31-Mar	10922	-191	327
7-Apr	11111	189	-2
14-Apr	10306	-805	-616
动态平均数	10485		-68.4444444

图 8-6　道琼斯指数水平分析计算结果

2. 道琼斯指数的速度分析

第一步：计算道琼斯指数的环比发展速度。这里可以利用 ROUND 函数来保留小数点的位数。在“E3”单元格中插入 ROUND 函数，如图 8-7 所示，单击“确定”按钮即可得 2 月 18 日的道琼斯指数的环比发展速度 98.03%；使用填充柄功能，按住鼠标左键向下拖至“E11”单元格，放开鼠标，可得 E4～E11 单元格的结果，即 2 月 25 日～4 月 14 日的环比增长速度自动填充 E4～E11 单元格。

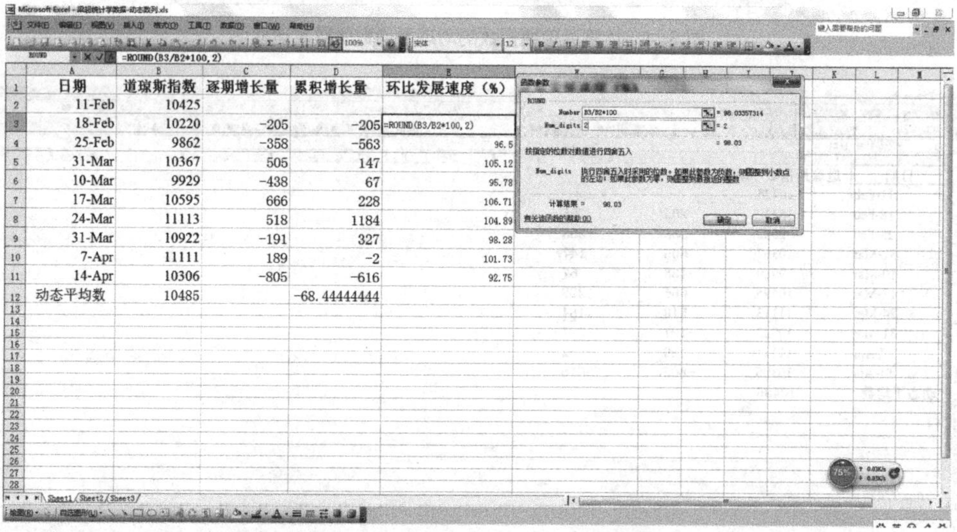

日期	道琼斯指数	逐期增长量	累积增长量	环比发展速度（%）
11-Feb	10425			
18-Feb	10220	-205	-205	=ROUND(B3/B2*100,2)
25-Feb	9862	-358	-563	96.5
31-Mar	10367	505	147	105.12
10-Mar	9929	-438	67	95.78
17-Mar	10595	666	228	106.71
24-Mar	11113	518	1184	104.89
31-Mar	10922	-191	327	98.28
7-Apr	11111	189	-2	101.73
14-Apr	10306	-805	-616	92.75
动态平均数	10485		-68.44444444	

图 8-7　计算道琼斯指数环比发展速度

第二步：计算道琼斯指数的定基发展速度。可以利用 ROUND 函数来保留小数点的位数。在“F3”单元格中插入 ROUND 函数，由于是求定基发展速度，Number 文本框中输入“B3/10425*

100,2”，如图 8-8 所示，单击“确定”按钮，即可得 2 月 18 日道琼斯指数的定基发展速度 98.031%；然后，使用填充柄功能，按住鼠标左键向下拖至“F11”单元格，放开鼠标，可得 F4～F11 单元格的结果，即 2 月 25 日～4 月 14 日的定基发展速度自动填入 F4～F11 单元格。

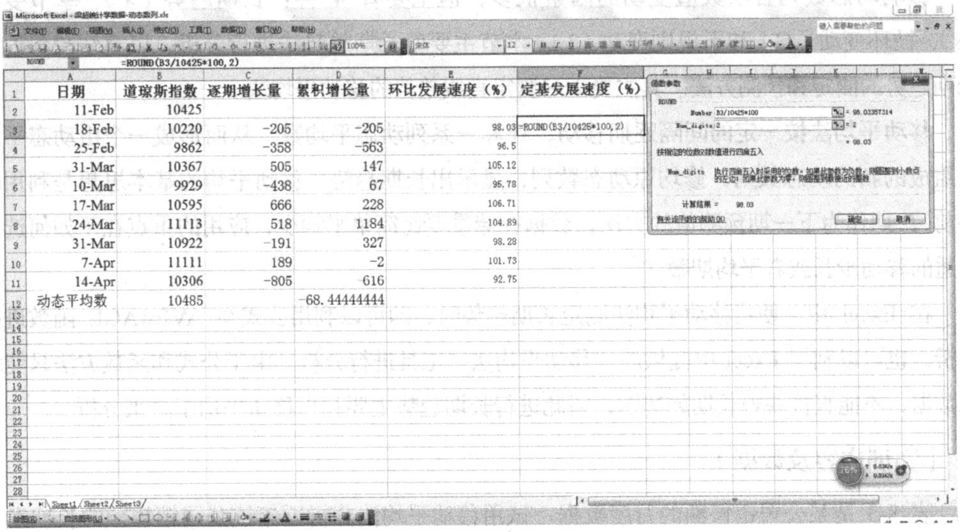

日期	道琼斯指数	逐期增长量	累积增长量	环比发展速度（%）	定基发展速度（%）
11-Feb	10425				
18-Feb	10220	-205	-205	98.03	=ROUND(B3/10425*100, 2)
25-Feb	9862	-358	-563	96.5	
31-Mar	10367	505	147	105.12	
10-Mar	9929	-438	67	95.78	
17-Mar	10595	666	228	106.71	
24-Mar	11113	518	1184	104.89	
31-Mar	10922	-191	327	98.28	
7-Apr	11111	189	-2	101.73	
14-Apr	10306	-805	-616	92.75	
动态平均数	10485		-68.44444444		

图 8-8　计算道琼斯指数定基发展速度

第三步：计算环比增长速度和定基增长速度。这里可以利用“增长速度=发展速度-1”的关系式，直接在“G3”单元格中输入“=E3-100”，按回车键得结果；然后利用填充柄功能，按住鼠标左键向下拖至“G11”单元格，放开鼠标，可得 G4～G11 单元格的结果，即 2 月 25 日～4 月 14 日的环比增长速度自动填充 G4～G11 单元格。同理，在“H3”单元格中输入“=F3-100”,按回车键得结果。然后利用填充柄功能，按住鼠标左键向下拖至“H11”单元格，放开鼠标，可得 H4～H11 单元格的结果，即 2 月 25 日～4 月 14 日的环比增长速度自动填充 F4～F17 单元格，如图 8-9 所示。

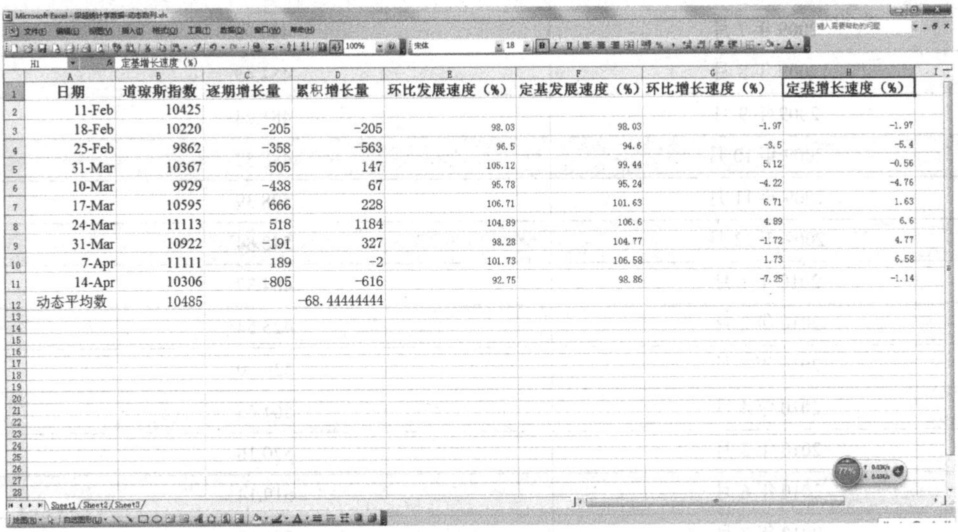

日期	道琼斯指数	逐期增长量	累积增长量	环比发展速度（%）	定基发展速度（%）	环比增长速度（%）	定基增长速度（%）
11-Feb	10425						
18-Feb	10220	-205	-205	98.03	98.03	-1.97	-1.97
25-Feb	9862	-358	-563	96.5	94.6	-3.5	-5.4
31-Mar	10367	505	147	105.12	99.44	5.12	-0.56
10-Mar	9929	-438	67	95.78	95.24	-4.22	-4.76
17-Mar	10595	666	228	106.71	101.63	6.71	1.63
24-Mar	11113	518	1184	104.89	106.6	4.89	6.6
31-Mar	10922	-191	327	98.28	104.77	-1.72	4.77
7-Apr	11111	189	-2	101.73	106.58	1.73	6.58
14-Apr	10306	-805	-616	92.75	98.86	-7.25	-1.14
动态平均数	10485		-68.44444444				

图 8-9　道琼斯指数速度分析计算结果

案例实训 8.2——移动平均分析

【准备知识】

影响动态数列各项数值变动的因素很多，但主要有 4 种：长期趋势（T）、季节变动（S）、循环变动（C）和不规则变动（I）。本节主要就长期趋势法进行分析，以直线趋势说明长期趋势的测定和预测方法。其主要学习测定直线趋势的移动平均法。

移动平均法按一定的间隔逐期移动，计算一系列动态平均数，从而形成一个由动态平均数组成的新的动态数列，修均原动态数列，显示出长期趋势。移动平均的基本思想是利用时序前 T 期作为下一期预测值的方法，数据存储量要比简单平均少，应用的重点在于如何选择合适的移动步长或者平均期数 T。

在 Excel 中，使用移动平均法测定长期趋势时，即可以利用公式与 AVERAGE 函数进行分析，也可以利用 Excel 中提供的“移动平均法“工具进行分析。由于公式和函数方法只能获取数据，不能直接获得长期趋势图，因此进行长期趋势主要利用移动平均工具来分析。

【实训内容及数据】

表 8-3 是某公司销售额的月度数据。试用移动平均法分析近年该公司销售额的长期发展趋势。

表 8-3 某公司 2009 年 1 月~2011 年 6 月销售额的月度数据

年　份	销售额（万元）
2009 年 1 月	334.42
2009 年 2 月	370.93
2009 年 3 月	426.48
2009 年 4 月	437.05
2009 年 5 月	430.96
2009 年 6 月	460.79
2009 年 7 月	440.90
2009 年 8 月	454.45
2009 年 9 月	481.24
2009 年 10 月	488.52
2009 年 11 月	508.39
2009 年 12 月	548.84
2010 年 1 月	484.37
2010 年 2 月	425.54
2010 年 3 月	536.70
2010 年 4 月	564.65
2010 年 5 月	570.16
2010 年 6 月	619.14
2010 年 7 月	581.10

续表

年　份	销售额（万元）
2010 年 8 月	596.75
2010 年 9 月	627.53
2010 年 10 月	631.99
2010 年 11 月	659.02
2010 年 12 月	671.24
2011 年 1 月	563.96
2011 年 2 月	547.31
2011 年 3 月	667.97
2011 年 4 月	681.98
2011 年 5 月	705.99
2011 年 6 月	781.78

【操作步骤】

简单移动平均的关键在于选择合适的长度。对同一批动态数列的数据，选择不同的步长其模型的预测精度将不同。在这里，可以先尝试 3 个月的移动步长，如果效果不理想还可以继续调试，使得预测数据和实际数据能够最大限度地吻合。下面就介绍 Excel 中如何使用移动平均宏工具来做相应的分析，其具体操作步骤如下。

第一步：单击“工具”菜单，选择“数据分析”选项；打开“数据分析”对话框，从其对话框的“分析工具”中选择“移动平均”，如图 8-10 所示，然后单击“确定”按钮。

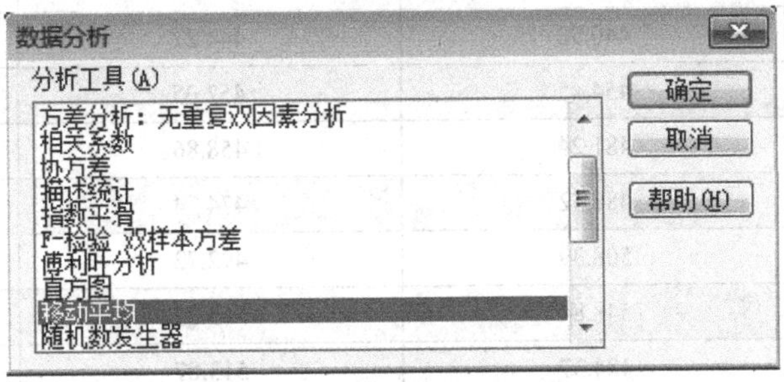

图 8-10 “数据分析”对话框

第二步：随即弹出“移动平均”对话框，确定输入区域和输出区域，如图 8-11 所示，确定输入区域。在“输入区域”文本框中输入待分析数据所在的单元格区域。本例中，输入区域为“$B$1:$B$31”。间隔文本框中输入移动平均的项数，本例中为 3。

确定输出选项。在“移动平均”对话框中可以指定结果的输出去向，输出去向有三种。本例中选择放在原工作表中的$D$2。

若选中“图标输出”，则显示移动平均统计图，本例为选中。

若选中“标准误差”，则输出移动平均值和原数据的标准差。

第三步：单击“确定”按钮，则在指定位置给出移动平均计算结果，最终输出结果如表

8-4 和图 8-11 所示。表 8-4 输出了 4 个月的移动平均预测值及其标准误差。图 8-12 为 3 个月移动平均的预测值和实际值的趋势图。从趋势图看，预测数据和实际数据已经比较吻合，因此选择步长为 3 是合适的。当然，读者可以尝试选择其他步长再做比较。

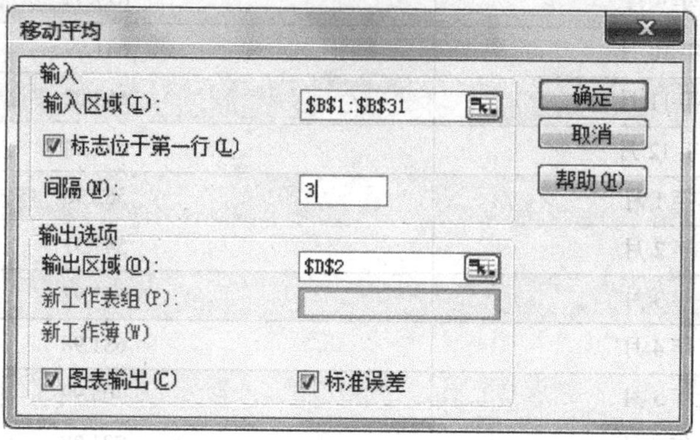

图 8-11 “移动平均”对话框

表 8-4 某公司 2009 年 1 月~2011 年 6 月销售额的月度移动平均数（4 个月）

年 份	销售额（万元）	3 个月移动平均数	标 准 误 差
2009 年 1 月	334.42		
2009 年 2 月	370.93		
2009 年 3 月	426.48	377.28	
2009 年 4 月	437.05	411.49	
2009 年 5 月	430.96	431.50	32.016 062 38
2009 年 6 月	460.79	442.94	18.006 561 55
2009 年 7 月	440.90	444.22	10.491 744 74
2009 年 8 月	454.45	452.05	10.578 318 54
2009 年 9 月	481.24	458.86	13.133 516 61
2009 年 10 月	488.52	474.74	15.237 811 57
2009 年 11 月	508.39	492.72	17.667 918 97
2009 年 12 月	548.84	515.25	22.832 900 39
2010 年 1 月	484.37	513.87	27.349 404 02
2010 年 2 月	425.54	486.25	43.529 551 81
2010 年 3 月	536.70	482.20	50.088 526 07
2010 年 4 月	564.65	508.96	57.030 840 46
2010 年 5 月	570.16	557.17	45.607 21 61
2010 年 6 月	619.14	584.65	38.553 999 3
2010 年 7 月	581.10	590.13	21.907 546 97
2010 年 8 月	596.75	598.99	20.625 246 44
2010 年 9 月	627.53	601.79	15.800 193 39
2010 年 10 月	631.99	618.76	16.758 246 26
2010 年 11 月	659.02	639.51	20.148 733 91

续表

年　份	销售额（万元）	3个月移动平均数	标准误差
2010年12月	671.24	654.08	16.833 227 53
2011年1月	563.96	631.41	41.728 412 6
2011年2月	547.31	594.17	48.440 328 51
2011年3月	667.97	593.08	64.170 805 42
2011年4月	681.98	632.42	58.483 009 66
2011年5月	705.99	685.31	53.204 493 82
2011年6月	781.78	723.25	45.859 217 83

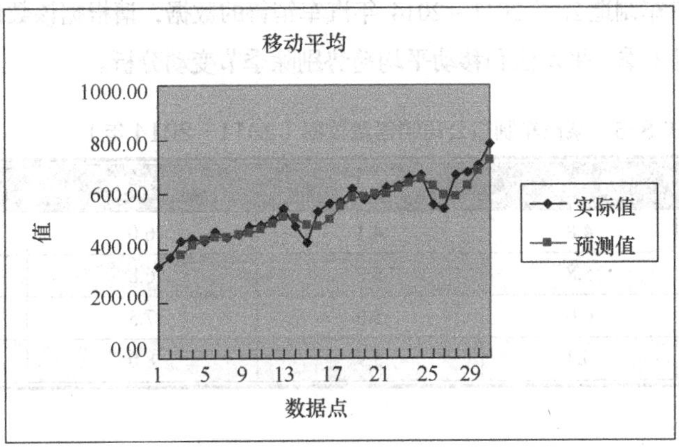

图8-12　3个月移动平均值图

数据显示，2011年6月的销售额与2009年1月相比，增长了2倍多，但2年半来其中的发展轨迹如何，将来是否可能出现停滞增长的情况，这些问题是公司领导层最关注的问题。本实验通过对2009年1月~2011年6月的动态数据做移动平均分析，结果反映了该公司长期稳定增长的趋势。即使每年的特定月份会有波动，或者存在周期性影响，但是基本面仍是上扬的趋势。

案例实训8.3——季节变动分析

【准备知识】

季节变动，是指客观事物由于自然条件、生产条件和生活习惯等因素的影响，随着季节的转变而呈现出的周期性变动。

季节变动测定的分析重点在于季节成分的识别和剔除，即需要测定季节指数。季节指数可以反映动态序列各年呈现的基本相似的季节性特征。如果分析的数据是月度数据，那么季节指数由 12 个指数组成；若为季节数据，则有 4 个指数组成，各个指数的计算基于全年、月或者季度的平均数。测定季节指数的方法有两种：按月（季）平均法和移动平均趋势剔除法。

按月（季）平均法的基本思想是：（1）计算月隔年同的平均数作为该月的代表值；

（2）计算出所有月的平均数作为月的代表值；（3）将同月平均数除以月的平均数，结果即为平均指数，也成季节变化率。若某一个月的季节指数大于 1，说明该月的序列值高于月的平均值。反之，如果某一个月的季节指数小于 1，说明该月的序列值低于月的平均值。

移动平均趋势剔除法：由于直接利用按月（季）平均法分析季节变动忽略了长期趋势的影响。因此得出的季节比率不够精确。为了弥补这一确定，可以利用移动平均趋势剔除法来测定季节变动。其思路是：首先采用移动平均法确定动态数列的长期趋势值，当影响动态数列的各因素间关系为乘法模型时，以原数列各期实际值除以相应时期的趋势值，从而消除长期趋势的影响；之后再计算季节指数来测定季节变动。

【实训内容及数据】

表 8-5 是某汽车制造公司 2011～2014 年汽车销售的数据，请根据该数据，对该公司汽车销售量分别用按月（季）平均法和移动平均趋势剔除季节变动分析。

表 8-5　某汽车制造公司销售量数据（2011～2014 年）　（单位：万辆）

年份	1 季度	2 季度	3 季度	4 季度
2011	4.8	4.1	6.0	6.5
2012	5.8	5.2	6.8	7.4
2013	6.0	5.6	7.5	7.8
2014	6.3	5.9	8.0	8.4

【操作步骤】

1. 按月平均法

第一步：建议将数据资料导入工作表，将各年同月的数值列在同一列内。

第二步：计算各年合计与各年同月数值之和。计算各年的汽车销售量总额：单击“F2”单元格,输入“=SUM(B2:E2)”，按回车键得结果；然后，使用填充柄功能，按住鼠标左键向下拖至“E5”单元格，放下鼠标，可得 E3～E5 结果，即 2012～2014 年的汽车销售总数自动填入 E3～E5 单元格。计算各年同季度汽车销售量：单击“B6”单元格输入“=SUM(B2:B5)”，按回车键得结果；然后，使用填充柄功能，按住鼠标左键向右拖至“E6”单元格，放开鼠标，可得 B6～E6 结果，即各年同季度的汽车销售量总数自动填入 B6～E6 单元格，如图 8-13 所示。

第三步：计算同季度平均数与总的季度平均数。计算同季度平均数：单击“B7”单元格，插入 AVERAGE（B2:B5）函数即可求得 1 季度的平均数；然后，使用填充柄功能，按住鼠标左键向右拖至“E7”单元格，放开鼠标，可得 B7～E7 结果，即各年同季度的平均数自动填入 B7～E7 单元格。计算总的季度平均数：单击“F7”单元格，输入“=F7/16”，按住回车键得结果为 6.4，如图 8-14 所示。

第四步：计算季节比率。单击“B8”单元格，输入“=B7*100/6.4”，按回车键即可求得 1 季度的季节比率；然后，使用填充柄功能，按住鼠标左键向右拖至“E8”单元格，放开鼠标，可得 B8～E8 结果，即各季度的季节比率自动填入 B8～E8 单元格，如图 8-15 所示。

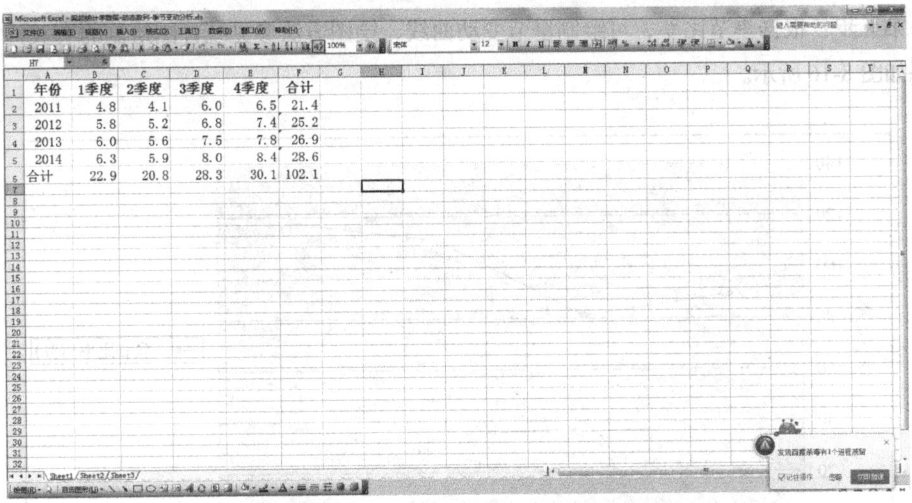

年份	1季度	2季度	3季度	4季度	合计
2011	4.8	4.1	6.0	6.5	21.4
2012	5.8	5.2	6.8	7.4	25.2
2013	6.0	5.6	7.5	7.8	26.9
2014	6.3	5.9	8.0	8.4	28.6
合计	22.9	20.8	28.3	30.1	102.1

图 8-13　某汽车制造公司 2011～2014 年各季度销售量及年度销售量

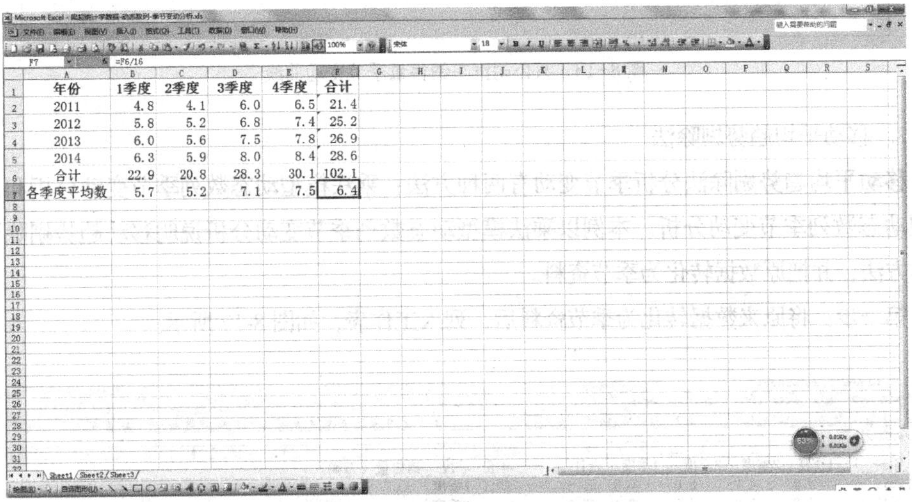

年份	1季度	2季度	3季度	4季度	合计
2011	4.8	4.1	6.0	6.5	21.4
2012	5.8	5.2	6.8	7.4	25.2
2013	6.0	5.6	7.5	7.8	26.9
2014	6.3	5.9	8.0	8.4	28.6
合计	22.9	20.8	28.3	30.1	102.1
各季度平均数	5.7	5.2	7.1	7.5	6.4

图 8-14　某汽车制造公司 2011～2014 年各季度平均销售量及 4 年平均季度销售量

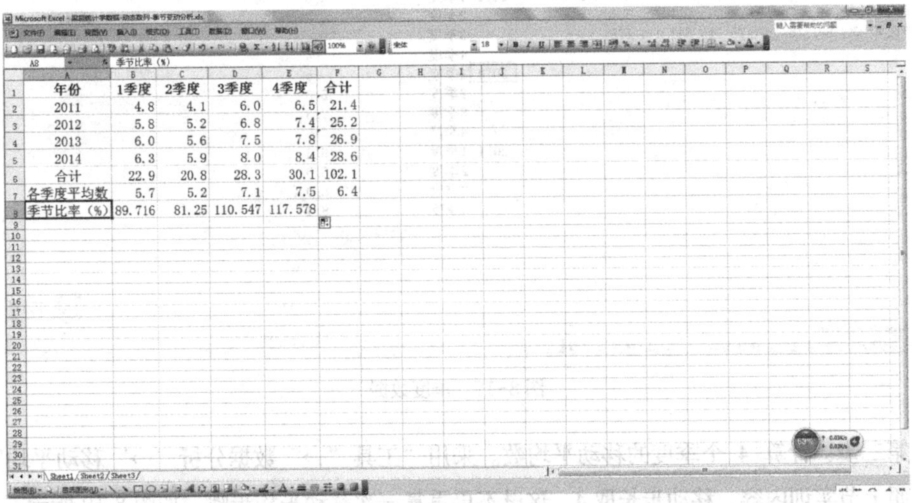

年份	1季度	2季度	3季度	4季度	合计
2011	4.8	4.1	6.0	6.5	21.4
2012	5.8	5.2	6.8	7.4	25.2
2013	6.0	5.6	7.5	7.8	26.9
2014	6.3	5.9	8.0	8.4	28.6
合计	22.9	20.8	28.3	30.1	102.1
各季度平均数	5.7	5.2	7.1	7.5	6.4
季节比率（%）	89.716	81.25	110.547	117.578	

图 8-15　利用“按季平均法”测定季节比率

第五步：根据季节比率，可绘制季节变动曲线，绘图方法参见统计图绘制的有关内容，结果如图 8-16 所示。

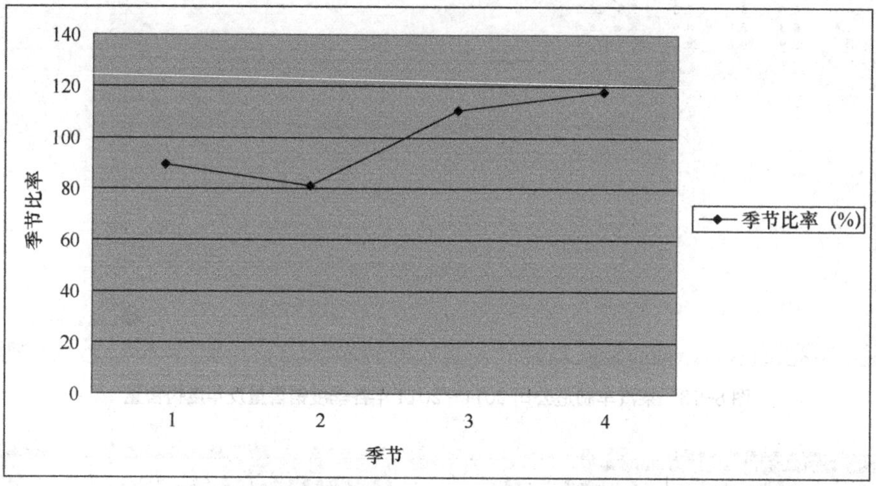

图 8-16　某公司汽车销售量季节变动曲线

2. 移动平均趋势剔除法

移动平均趋势剔除法分析季节变动有两种方法：乘法模型动态数列季节变动分析和加法模型动态数列季节变动分析。本例以乘法模型动态数列季节变动分析说明移动趋势剔除法的操作方法，并把原数据转化为季节资料。

第一步：将原来数据转化为季节资料后，列入工作表，如图 8-17 所示。

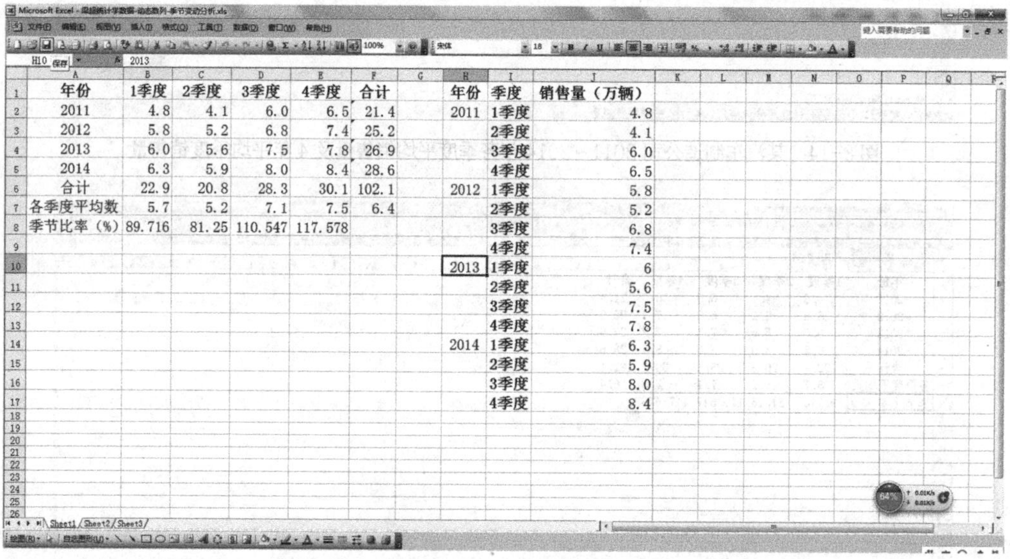

年份	1季度	2季度	3季度	4季度	合计
2011	4.8	4.1	6.0	6.5	21.4
2012	5.8	5.2	6.8	7.4	25.2
2013	6.0	5.6	7.5	7.8	26.9
2014	6.3	5.9	8.0	8.4	28.6
合计	22.9	20.8	28.3	30.1	102.1
各季度平均数	5.7	5.2	7.1	7.5	6.4
季节比率（%）	89.716	81.25	110.547	117.578	

年份	季度	销售量（万辆）
2011	1季度	4.8
	2季度	4.1
	3季度	6.0
	4季度	6.5
2012	1季度	5.8
	2季度	5.2
	3季度	6.8
	4季度	7.4
2013	1季度	6
	2季度	5.6
	3季度	7.5
	4季度	7.8
2014	1季度	6.3
	2季度	5.9
	3季度	8.0
	4季度	8.4

图 8-17　季度数据

第二步：计算 4 个季度的移动平均数。采用“工具“→”数据分析“→”移动平均”工具，照上节实训内容，移动步长取 4，这里不再重复一次移动平均步骤，如图 8-18 所示。

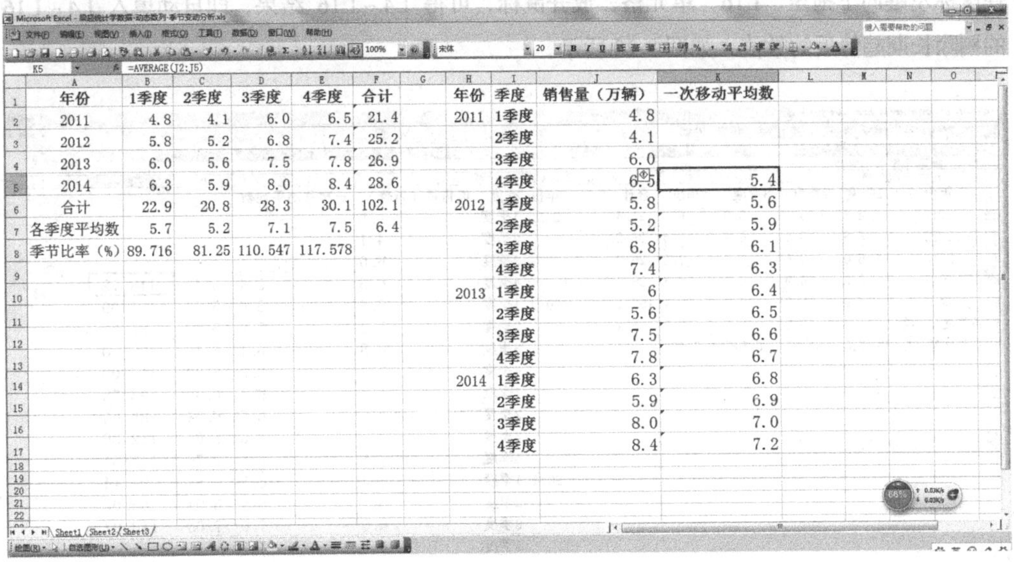

K5 =AVERAGE(J2:J5)

年份	1季度	2季度	3季度	4季度	合计
2011	4.8	4.1	6.0	6.5	21.4
2012	5.8	5.2	6.8	7.4	25.2
2013	6.0	5.6	7.5	7.8	26.9
2014	6.3	5.9	8.0	8.4	28.6
合计	22.9	20.8	28.3	30.1	102.1
各季度平均数	5.7	5.2	7.1	7.5	6.4
季节比率（%）	89.716	81.25	110.547	117.578	

年份	季度	销售量（万辆）	一次移动平均数
2011	1季度	4.8	
	2季度	4.1	
	3季度	6.0	
	4季度	6.5	5.4
2012	1季度	5.8	5.6
	2季度	5.2	5.9
	3季度	6.8	6.1
	4季度	7.4	6.3
2013	1季度	6	6.4
	2季度	5.6	6.5
	3季度	7.5	6.6
	4季度	7.8	6.7
2014	1季度	6.3	6.8
	2季度	5.9	6.9
	3季度	8.0	7.0
	4季度	8.4	7.2

图 8-18　一次移动平均结果

第三步：移正平均。由于本例中取步长为 4，属于偶数项移动平均，所以需要将第一次移动的平均值再进行两项“移正”平均，如果是奇数项移动平均，则该步骤省去。单击“L5”单元格，输入“=AVERAGE(K5:K6)”，按回车键得结果；然后，使用填充柄功能，按住鼠标左键向下拖至“L16”单元格，放开鼠标，可得 L6～L16 结果，即自动填入 L6～L16 单元格的移动平均数，如图 8-19 所示。

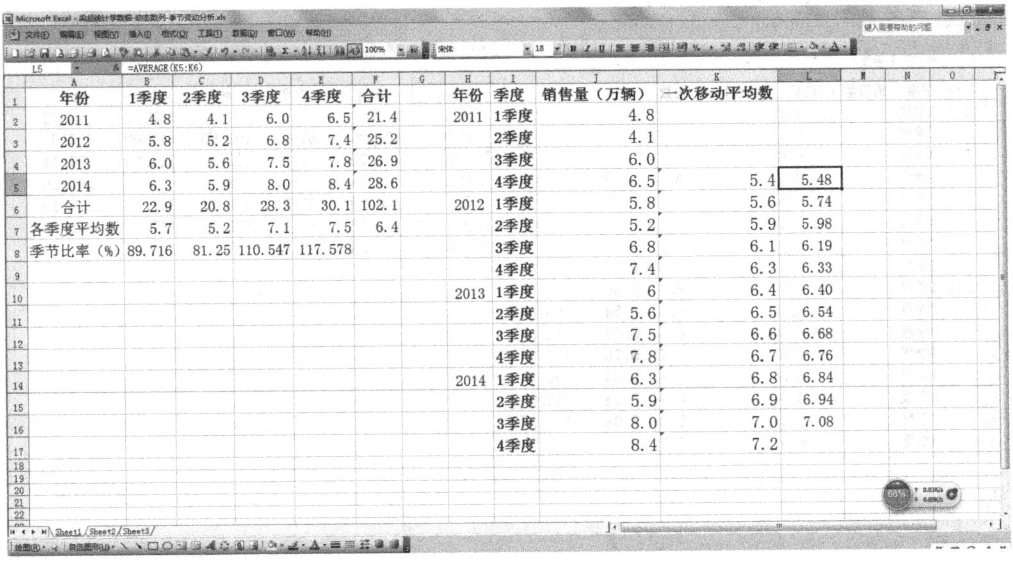

L5 =AVERAGE(K5:K6)

年份	1季度	2季度	3季度	4季度	合计
2011	4.8	4.1	6.0	6.5	21.4
2012	5.8	5.2	6.8	7.4	25.2
2013	6.0	5.6	7.5	7.8	26.9
2014	6.3	5.9	8.0	8.4	28.6
合计	22.9	20.8	28.3	30.1	102.1
各季度平均数	5.7	5.2	7.1	7.5	6.4
季节比率（%）	89.716	81.25	110.547	117.578	

年份	季度	销售量（万辆）	一次移动平均数	
2011	1季度	4.8		
	2季度	4.1		
	3季度	6.0		
	4季度	6.5	5.4	5.48
2012	1季度	5.8	5.6	5.74
	2季度	5.2	5.9	5.98
	3季度	6.8	6.1	6.19
	4季度	7.4	6.3	6.33
2013	1季度	6	6.4	6.40
	2季度	5.6	6.5	6.54
	3季度	7.5	6.6	6.68
	4季度	7.8	6.7	6.76
2014	1季度	6.3	6.8	6.84
	2季度	5.9	6.9	6.94
	3季度	8.0	7.0	7.08
	4季度	8.4	7.2	

图 8-19　移正平均结果

第四步：消除长期趋势。本例采用乘法模型，因此，将原数列除以趋势值以消除长期趋势。单击“M5”单元格，输入“=J4*100/L4”，按回车键得结果；然后，使用填充柄功能，按住鼠标左键向下拖至“L16”单元格，放开鼠标，可得 L4～L16 结果，即自动填入 L4～L16 的剔除长期趋势后的数值，如图 8-20 所示。

年份	1季度	2季度	3季度	4季度	合计		年份	季度	销售量（万辆）	一次移动平均数		
2011	4.8	4.1	6.0	6.5	21.4		2011	1季度	4.8			
2012	5.8	5.2	6.8	7.4	25.2			2季度	4.1			
2013	6.0	5.6	7.5	7.8	26.9			3季度	6.0			
2014	6.3	5.9	8.0	8.4	28.6			4季度	6.5	5.4	5.48	118.72
合计	22.9	20.8	28.3	30.1	102.1		2012	1季度	5.8	5.6	5.74	101.09
各季度平均数	5.7	5.2	7.1	7.5	6.4			2季度	5.2	5.9	5.98	87.03
季节比率（%）	89.716	81.25	110.547	117.578				3季度	6.8	6.1	6.19	109.90
								4季度	7.4	6.3	6.33	117.00
							2013	1季度	6	6.4	6.40	93.75
								2季度	5.6	6.5	6.54	85.66
								3季度	7.5	6.6	6.68	112.36
								4季度	7.8	6.7	6.76	115.34
							2014	1季度	6.3	6.8	6.84	92.14
								2季度	5.9	6.9	6.94	85.05
								3季度	8.0	7.0	7.08	113.07
								4季度	8.4	7.2		

图 8-20　消除长期趋势结果

第五步：计算季节比率。将图 8-20 中 M 列中得到的数据重新编排，得到图 8-21 的基本数据（本例中将图 8-20 中 M 列中的数据四舍五入，保留 2 位小数）；然后利用按季平均法计算季节比率，具体步骤参见按月平均法，本例不再赘述。最终结果如图 8-21 所述。

年份	季度	销售量（万辆）	一次移动平均数		
2011	1季度	4.8			
	2季度	4.1			
	3季度	6.0			
	4季度	6.5	5.4	5.48	118.72
2012	1季度	5.8	5.6	5.74	101.09
	2季度	5.2	5.9	5.98	87.03
	3季度	6.8	6.1	6.19	109.90
	4季度	7.4	6.3	6.33	117.00
2013	1季度	6	6.4	6.40	93.75
	2季度	5.6	6.5	6.54	85.66
	3季度	7.5	6.6	6.68	112.36
	4季度	7.8	6.7	6.76	115.34
2014	1季度	6.3	6.8	6.84	92.14
	2季度	5.9	6.9	6.94	85.05
	3季度	8.0	7.0	7.08	113.07
	4季度	8.4	7.2		

年份	1季度	2季度	3季度	4季度	合计
2011				118.72	118.72
2012	101.09	87.03	109.90	117.00	415.01
2013	93.75	85.66	112.36	115.34	407.11
2014	92.14	85.05	113.07		290.26
合计	286.98	257.73	335.33	351.06	1231.10
各季度平均数	95.66	85.91	111.78	117.02	102.59
季节比率（%）	93.24	83.73	108.95	114.05	

图 8-21　趋势剔除的季度数据

第六步：根据季节比率，可绘制季节变动曲线，绘制方法参见统计图绘制的有关内容，结果如图 8-22 所示。

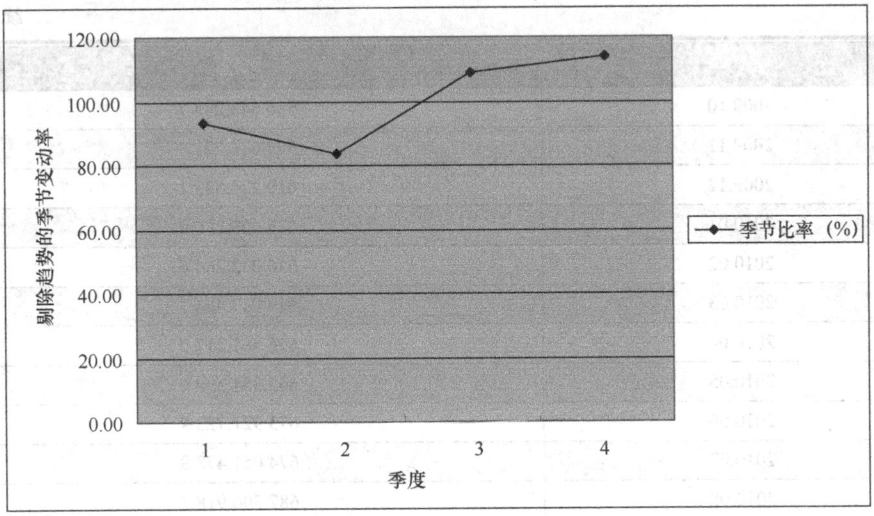

图 8-22 剔除季节趋势的某汽车公司销售量季节变动曲线

结论分析

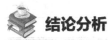

动态数列的水平分析，主要是计算动态平均数（也成序时平均数或者平均发展水平）、逐期增长量、累计增长量。动态数列的速度分析，主要是计算发展速度、平均发展速度以及平均增长速度。影响动态数列各项数值变动的因素很多，但主要有4种：长期趋势（T）、季节变动（S）、循环变动（C）和不规则变动（I）。季节变动测定的分析重点在于季节成分的识别和剔除，若为季节数据，则有4个指数组成，各个指数的计算基于全年、月或者季度的平均数。测定季节指数的方法有两种：按月（季）平均法和移动平均趋势剔除法。

实践训练题

1. 我国2009～2010年货币供应量（M2）月度数据如表8-6所示。

表 8-6 我国 2009～2010 年货币供应量（M2）月度数据 （单位：亿元）

	M2
2009.01	496 135.307 8
2009.02	506 708.070 0
2009.03	530 626.711 8
2009.04	540 481.213 7
2009.05	548 263.510 0
2009.06	568 916.200 0
2009.07	573 102.851 7
2009.08	576 698.953 5
2009.09	585 405.337 3

续表

	M2
2009.10	586 643.288 7
2009.11	594 604.721 3
2009.12	610 224.523 1
2010.01	625 609.290 0
2010.02	636 072.264 6
2010.03	649 947.464 3
2010.04	656 561.217 0
2010.05	663 351.370 0
2010.06	673 921.723 9
2010.07	674 051.478 9
2010.08	687 506.918 3
2010.09	696 471.500 0
2010.10	699 776.740 9
2010.11	710 339.025 0
2010.12	725 851.790 0

资料来源：中国人民银行官网。

请利用 Excel 完成下列计算。

（1）编制 2009～2010 年货币（M2）逐期增长量、累计增长量数列，并计算动态平均数和平均增长量。

（2）编制 2009～2010 年货币和准货币（M2）的月度环比发展速度、定基发展速度、环比增长速度和定基增长速度数列，并计算平均发展速度和平均增长速度。

（3）用移动平均法进行长期趋势测定。

2. 表 8-7 是我国 2009 年 1 月～2010 年 12 月社会性融资数据。

表 8-7　社会性融资数据　（单位：亿元）

	社会性融资额
2009.01	13 990
2009.02	11 131
2009.03	22 011
2009.04	5 452
2009.05	14 959
2009.06	21 067
2009.07	7 388
2009.08	7 650
2009.09	11 871
2009.10	5 985
2009.11	9 501
2009.12	8 100

续表

	社会性融资额
2010.01	20 550
2010.02	10 877
2010.03	13 830
2010.04	14 919
2010.05	10 805
2010.06	10 196
2010.07	7 202
2010.08	10 646
2010.09	11 224
2010.10	8 608
2010.11	10 554
2010.12	10 780

（1）绘制时间序列图并描述其动态。

（2）用 3 期移动平均法预测 2011 年 1 月的融资额。

第9章 SPSS的统计学实训

学习目标

1. 熟练掌握SPSS进行频数分析。
2. 熟练掌握利用SPSS进行相关分析。
3. 熟练掌握利用SPSS进行回归分析，并能对结果进行解释。

本章重点

SPSS的应用和数据分析

基本知识

9.1 SPSS简介

SPSS是软件Statistical Package for the Social Sciences的首字母缩写，意为“社会科学统计软件包”。随着SPSS产品服务领域的扩大和服务深度的增加，SPSS公司已于2000年正式将英文全称更改为“Statistical Product and Service Solutions”，意为“统计产品与服务解决方案”，即SPSS公司的战略方向作出了重大的调整。

SPSS for Windows极大地扩充了它的应用范围，使其能很快地应用于自然科学、技术科学和社会科学的各个领域。它的客户分布于通信、医疗、银行、证券、保险、市场研究和科研教育等多个领域和行业，是世界上应用最广泛的专业统计软件之一与SAS和BMDP并称为国际上最有影响的三大统计软件。世界上许多有影响的报纸、杂志纷纷对SPSS的自动统计绘图、数据分析深入、使用方便、功能齐全等方面给予了高度的评价和称赞。目前，SPSS已经在国内流行起来了。

SPSS利用Windows的窗口方式展示各种管理和分析数据方法的功能，使用对话框展示各种功能选择项，操作界面极为良好，只要掌握一定的Windows操作技能，略通统计分析原理，就可以使用该软件为特定的科研工作服务。因此，SPSS是非专业统计人员的首选统计软件。

SPSS采用类似Excel表格的方式输入和管理数据，数据接口较为通用，能方便地从其他数据库中读入数据，其统计过程包括了常用的、较为成熟的统计过程，完全可以满足非统计专业人士的工作需要。

SPSS 的输出结果非常美观，存储时则是专用的 SP0 格式，但可以转存为 HTML 格式和文本格式。SPSS 还特别设计了语法生成窗口，用户只需在菜单中选好各个选项，然后单击“粘贴”按钮就可以自动生成标准的 SPSS 储蓄，极大地方便了中、高级用户。

1. SPSS 的统计分析功能

SPSS for Windows 是一个组合式软件包，集数据整理、分析功能于一体，具有完整的数据输入、编辑、统计反思、报表、图形制作等功能，自带 11 种类型 136 个函数。

SPSS 的基本功能包括数据管理、统计分析、图表分析和输出管理等。

SPSS 统计分析功能包括描述性统计、均值比较、一般性性模型、相关分析、回归分析、对数线性模型、聚类分析、数据简化、生存分析、时间序列分析等几大类，每类中又分为多个统计过程，如回归分析中又分线性回归分析、曲线估计、Logistic 回归、加权估计、两阶段最小二乘法、非线性回归等多个统计过程，而且每个过程均允许用户选择不同的方法及参数。

SPSS 也有专门的绘图工具，可以根据数据绘制各种图形。

2. SPSS 的主要界面

SPSS 软件运行过程中会出现多个界面，各个界面用处不同。其中，最主要界面有三个：数据浏览界面、变量浏览界面和结果输出界面。

（1）数据浏览界面

数据浏览界面是启动 SPSS，出现 SPSS 主窗口后的默认界面，主要由以下几个部分组成：标题栏、菜单栏、工具栏、编辑栏、变量名兰、内容栏、窗口切换标签、状态栏，如图 9-1 所示。

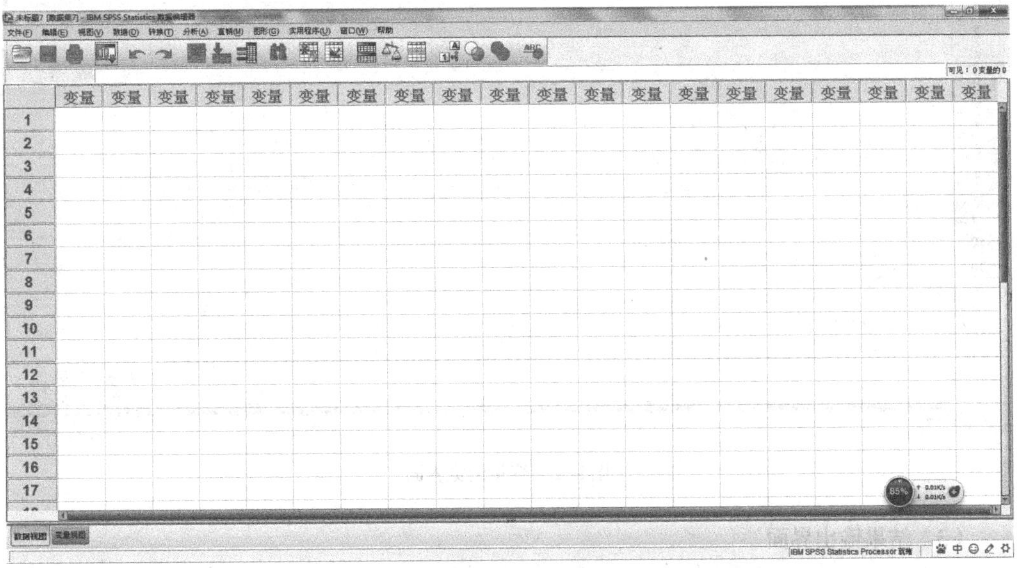

图 9-1　数据浏览界面

标题栏：显示数据编辑的数据文件名。

菜单栏：包括 SPSS 的 10 个命令菜单，每个菜单对应一组相应的功能，即文件菜单、编辑菜单、视图菜单、数据菜单、转换菜单、分析菜单、图形菜单、实用程序菜单。“Window”是窗口控制单和帮助菜单。

工具栏：此栏中列出了一些常用操作工具的快捷图标。操作者可以根据需要增减操作工具栏中的快捷图标，以便操作。

编辑栏：可以输入数据，以使它显示在内容区指定的方格里。

变量名栏：此栏列出了数据文件中所包含变量的变量名。

内容栏：列出了数据文件中的所有观测值。左边的序号列示了数据文件中的所有观测。观测的个数通常与样本容量的大小一致。

窗口切换标签（左下角）：窗口切换标签处有两个标签：数据浏览和变量浏览。“数据浏览”对应的表格用于样本数据的查看、录入和修改。“变量浏览” 用于变量属性定义的输入与修改。

状态栏：用于说明显示 SPSS 当前的运行状态。SPSS 被打开时，将会显示“SPSS 程序已准备好”的提示信息。

（2）变量浏览界面

在变量浏览界面中可对数据文件中的各个变量进行定义。建立数据集时，需要定义变量的 10 个属性。这 10 个属性分别是变量名、变量类型、宽度、小数位数、变量标签、取值标签、缺失值、列宽、对齐方式、数据度量尺度。在主窗口的数据浏览界面点击窗口切换标签中的“变量浏览”，即可进入变量浏览界面，如图 9-2 所示。

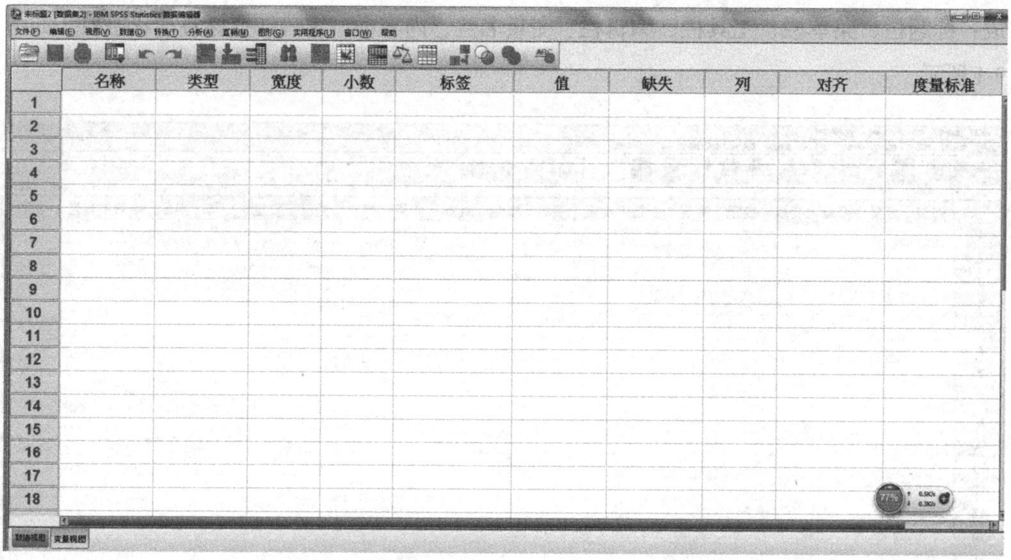

图 9-2　变量浏览界面

（3）结果输出界面

结果输出界面是 SPSS 的另一个主要界面，该界面的主要功能是显示和管理 SPSS 统计分析的结果、报表和图形。结果输出界面主要由 4 个部分组成：菜单栏、工具栏、索引输出区和输出结果区，如图 9-3 所示。

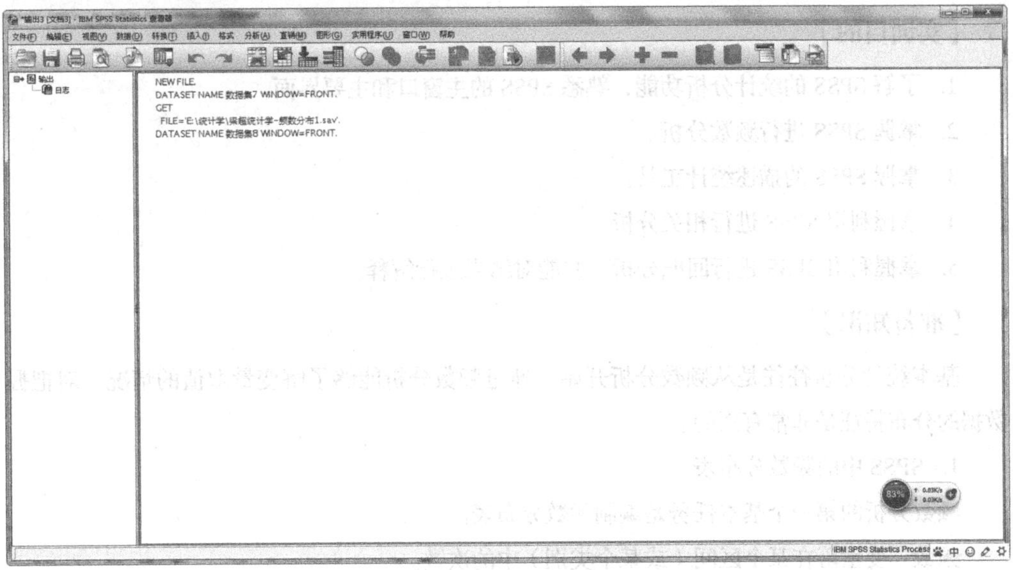

图 9-3　结果输出界面

索引输出区用于显示已有分析结果的标题和内容索引，以简捷的方式反映和提示输出结果区的各项输出内容，以便用户查找和操作。索引输出一个索引树根结构显示，当需要查找输出结果时，只要单击索引树上相应的图表名称，该图表就会显示在窗口中。

输出结果区输出的是研究者所要得到的具体图表，与索引输出区的结果是一一对应的。输出结果区的图表可以进行编辑等操作。如果要选取某一图表进行编辑，可双击该图表，当图表四周出现黑色边框时，即可对图表中的数据进行编辑。

3．SPSS 分析数据的步骤

利用 SPSS 分析数据的一般步骤如下。

① 建立或输入数据文件。利用 SPSS 进行统计分析的前提是输入数据、建立数据文件。在 SPSS 中，所处理的数据文件有两种：在 SPSS 环境中建立新的数据文件和从 SPSS 外面调用已建立的数据文件。

SPSS 能够直接打开外面已建立的数据文件，常见类型有：Excel 格式文件、SPSS 系列数据文件、SAS 格式文件和文本文件。

② 数据的加工整理。该阶段主要是根据需要对数据编辑窗口中的数据进行必要的预处理。

③ 分析数据。利用 SPSS 软件提供的各种统计分析功能可完成对数据的分析，在后面内容中将通过具体实例讲解其操作步骤与窗口内容。

④ 结果的说明和解释。该阶段的主要任务是读懂输出窗口中的分析结果，明确其统计含义，并结合应用背景知识做出切合实际的合理解释。

9.2 案例实训

【实训目的】

1. 了解 SPSS 的统计分析功能，熟悉 SPSS 的主窗口和主要界面。
2. 掌握 SPSS 进行频数分析。
3. 掌握 SPSS 的描述统计工具。
4. 掌握利用 SPSS 进行相关分析。
5. 掌握利用 SPSS 进行回归分析，并能对结果进行解释。

【准备知识】

基本统计分析往往是从频数分析开始。通过频数分析能够了解变量取值的情况，对把握数据的分布特征是非常有用的。

1. SPSS 中的频数分布表

频数分析的第一个基本任务是编制频数分布表。

频数：变量落在某个区间（或某个类别）中的次数。

百分比：各频数占总样本数的百分比。

累计百分比：各百分比逐级累加起来的结果，最终取值为 100。

2. 频数分析中常用的统计图

频数分析的第二个基本任务是绘制统计图。统计图是一种最为直接的数据刻画方式，能够非常清晰直观地展示变量的取值状况。常用的有条形图、饼图、直方图等。

案例实训 9.1——频数分布分析

【实训内容及数据】

根据抽样调查，50 位工人月工资水平如表 9-1 所示，试对数据进行组距分组和频数分布分析。

表 9-1 月工资水平 （单位：元）

2 570	2 970	2 380	2 400	2 650
2 710	2 610	3 010	2 670	2 910
2 720	2 680	2 730	3 220	2 690
2 760	2 520	3 100	2 360	2 780
2 920	2 810	2 740	2 800	2 580
2 840	3 030	2 630	2 490	2 950

分组前我们可以先对资料进行一个简单排序，观察到此组数据的最小值为 2360，最大值为 3 220。因此，可以把其按 2 300 ~ 2 400、2 400 ~ 2 500、2 500 ~ 2 600、2 600 ~ 2 700、2 700 ~ 2 800、2 800 ~ 2900、2 900 ~ 3 000、3 100 ~ 3 200、3 200 以上分为 9 个组。具体操作过程见下列操作步骤。

【操作步骤】

1. 建立数据集

在利用 SPSS 进行统计分析之前，我们必须首先在 SPSS 中建立数据集，可以采用直接输入数据或从 SPSS 外面调用已建立的数据文件，这里我们主要介绍采用从 SPSS 外面调用已建立的数据文件的方式。

第一步：依次选择“File”→“Open”→“Data”，即弹出“Open File”对话框，如图 9-4 所示。

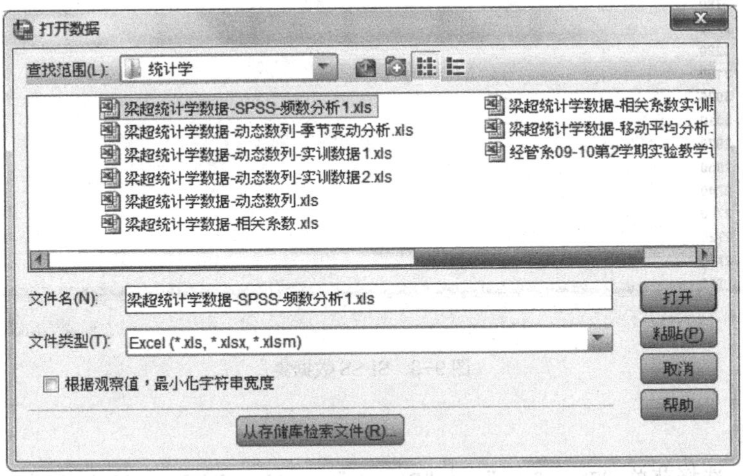

图 9-4　选择数据文件类型

第二步：单击“打开”按钮，弹出如图 9-5 所示的对话框。SPSS 默认将 Excel 工作表的全部数据读到 SPSS 数据编辑窗口中，但也可以指定仅读取工作表中某个区域内的数据。工作表中的一行数据为 SPSS 中的一个个案。如果 Excel 工作表文件第一行或指定读取区域内的第一行上存储了变量名信息，则应选择 Read variable names 项，即以工作表第一行或指定读取区域的第一行上的文字信息作为 SPSS 的变量名；否则不选，SPSS 的变量名将自动取名为工作表中的单元格名。

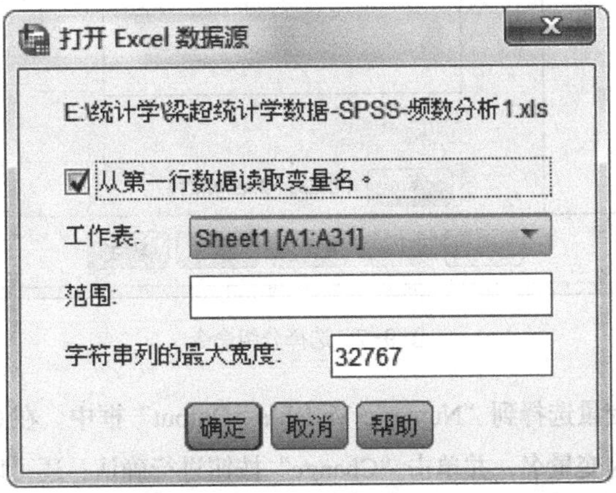

图 9-5　SPSS 数据集的导入

第三步：单击对话框中的“确定”按钮，即可在 SPSS 数据编辑窗口中打开此 Excel 格式文件，并可命名保存获得一个内容相同的 SPSS 数据集，如图 9-6 所示。

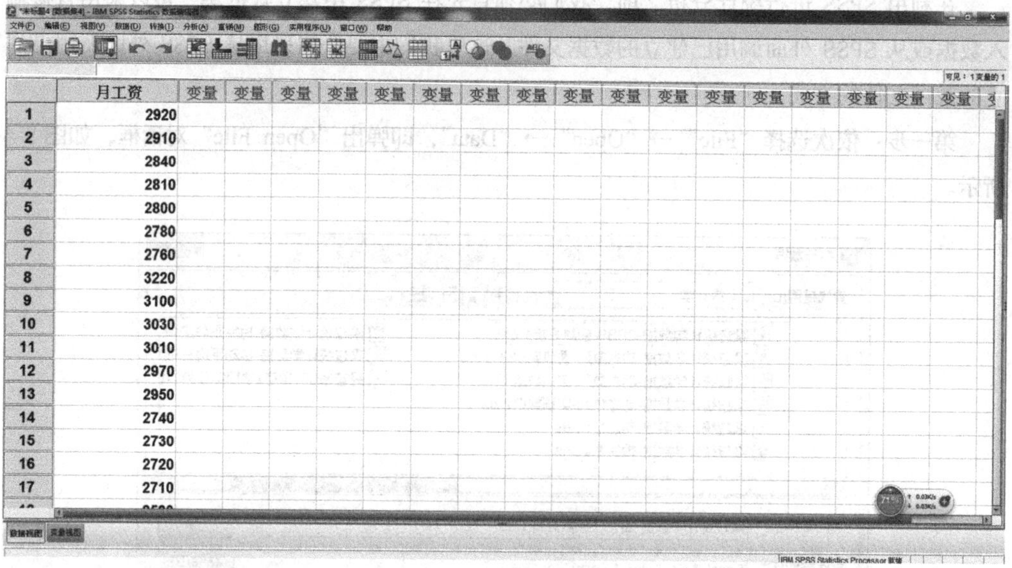

图 9-6　SPSS 数据集

2. 分组

第一步：选择菜单“Transform”→“Recode”→“Into Different Variables”，如图 9-7 所示，即弹出“组距分组”对话框，如图 9-7 所示。

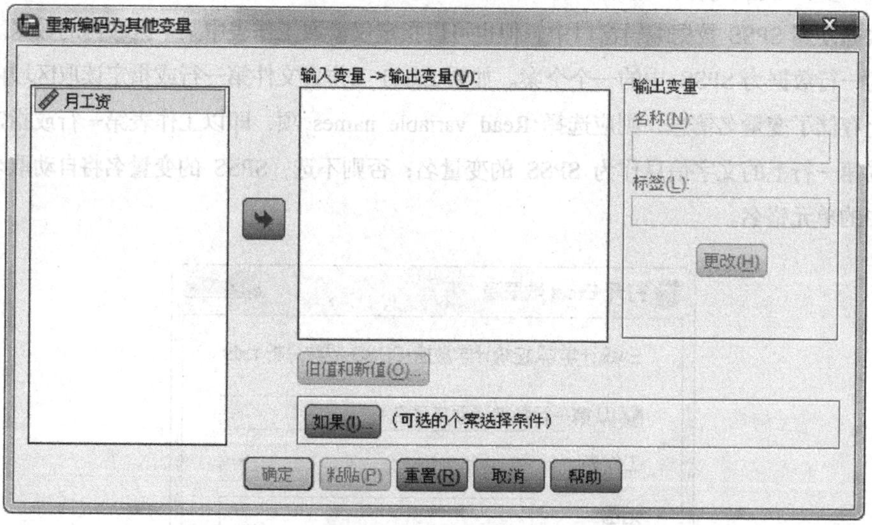

图 9-7　选择分组命令

第二步：将分组变量选择到“Numeric Variable->Output”框中。在 Output Variable 文本框中输入存放分组结果的变量名，并单击“Change”按钮进行确认；还可以在 Lable 文本框中输入相应的变量名标签，如图 9-8 所示。

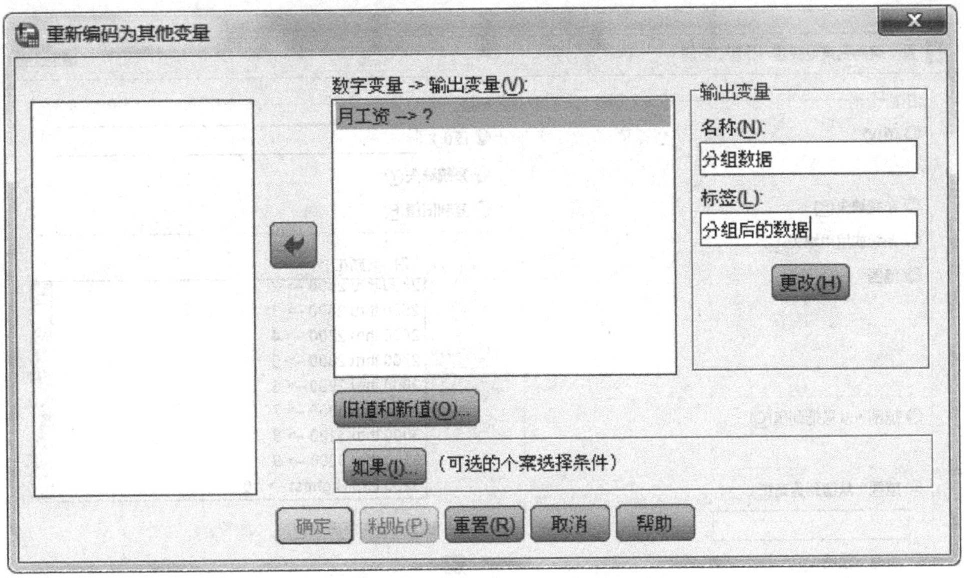

图 9-8　设置组距分组对话框

第三步：单击“旧值和新值”按钮进行分组区间定义，弹出分组定义区间对话框，如图 9-9 所示。

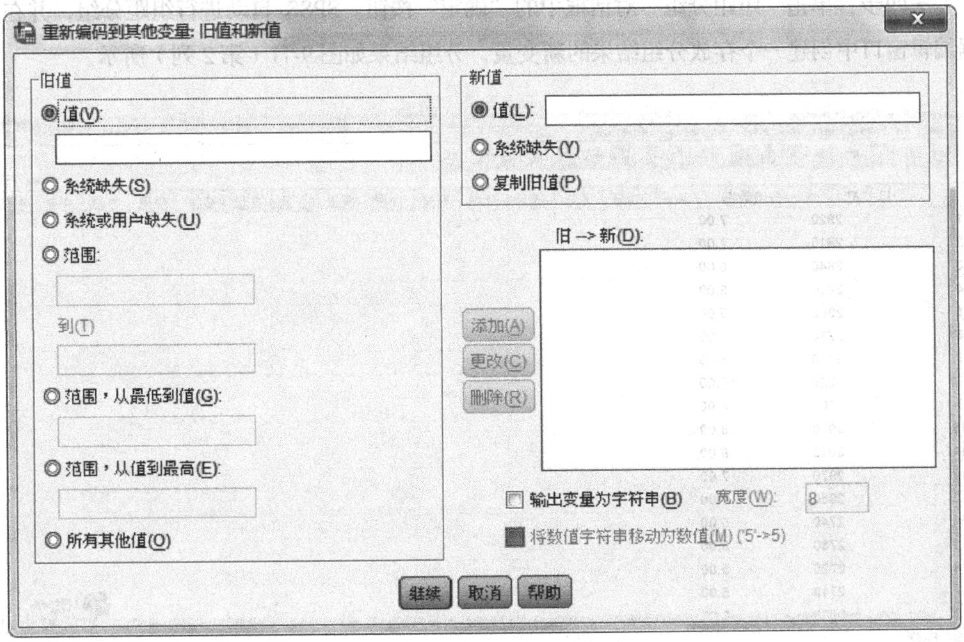

图 9-9　分组定义区间对话框

在本例中，我们将工资水平按 2 300 ~ 2 400、2 400 ~ 2 500、2 500 ~ 2 600、2 600 ~ 2 700、2 700 ~ 2 800、2 800 ~ 2 900、2 900 ~ 3 000、3 100 ~ 3 200、3 200 以上分为 9 个组，在这里，我们给每组定义一个数字分别为 1 ~ 9，设置情况如图 9-10 所示。分组后单击“继续”按钮，返回“组距分组”对话框。

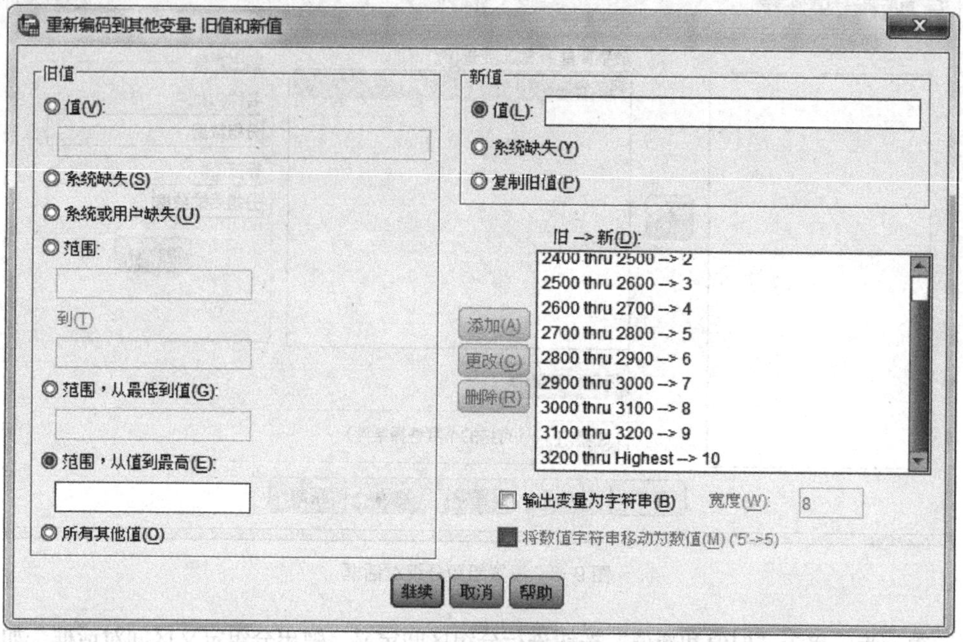

图 9-10 设置分组情况

第四步：单击“组距分组”对话框中的“确定”按钮，SPSS 自动进行组距分组，并在数据编辑窗口中创建一个存放分组结果的新变量，分组结果如图 9-11（第 2 列）所示。

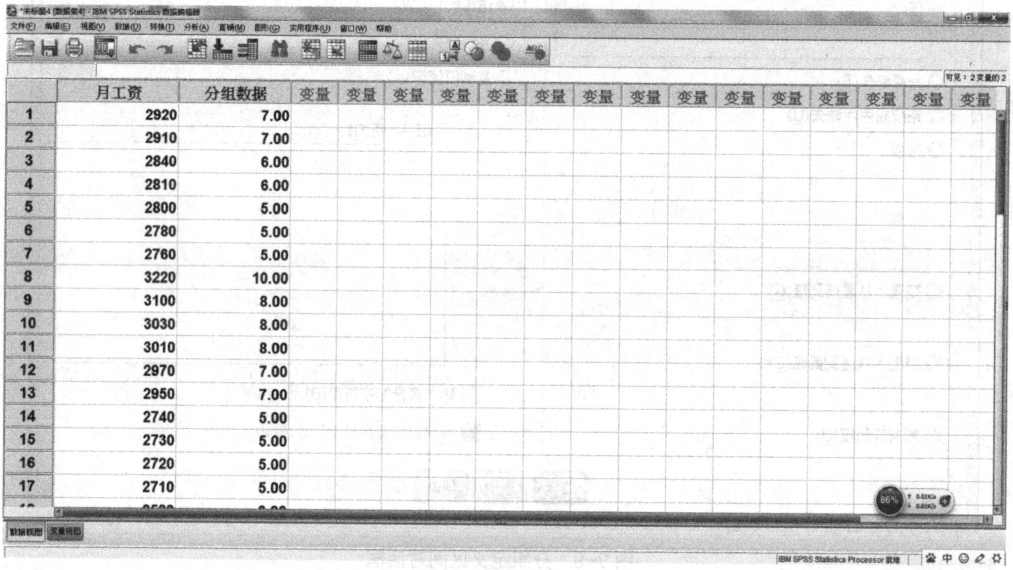

图 9-11 分组结果

3. 频数分析

分组后，就可以进行频数分析了。在进行 Frequencies 频数分析时，可以编制频数分布表，也可以绘制统计图，具体操作如下。

第一步：选择菜单“分析”→“描述统计”→“频数”，如图 9-12 所示。

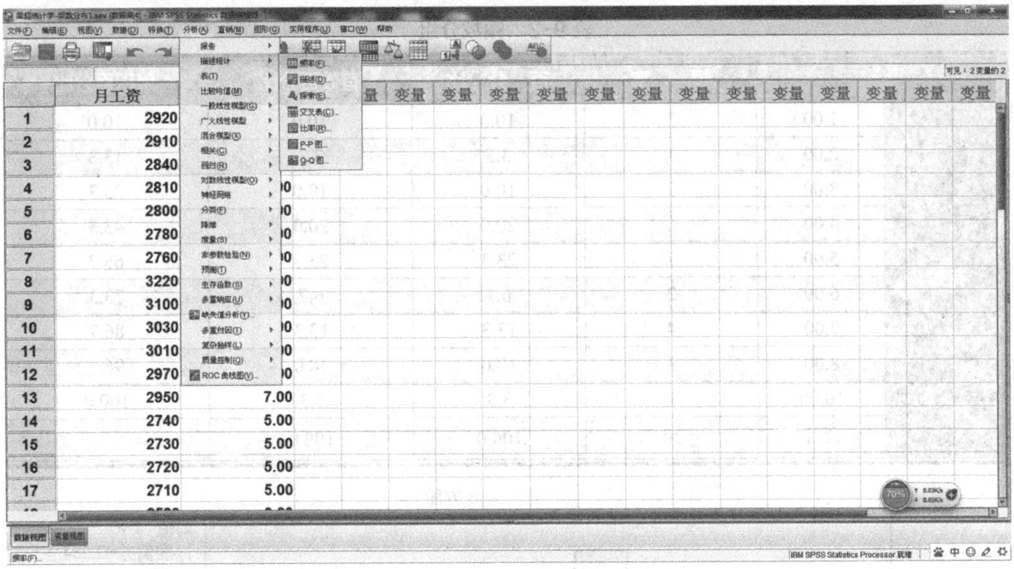

图 9-12　选择频数分析命令

第二步：即可弹出频数分析对话框，将若干频数分析变量选择到“变量”框中，如图 9-13 所示。

第三步：单击“图表”按钮，选择绘制统计图形，弹出频数分析绘图选框，如图 9-14 所示。该选框下方的图表值栏用于选择条形图中的纵坐标或饼图中扇形面积的含义，选择好图形后，单击“继续”按钮，返回频数分析对话框。

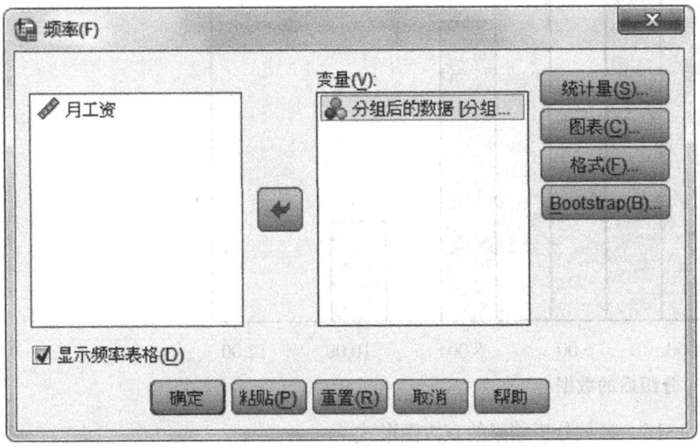

图 9-13　频数分析对话框

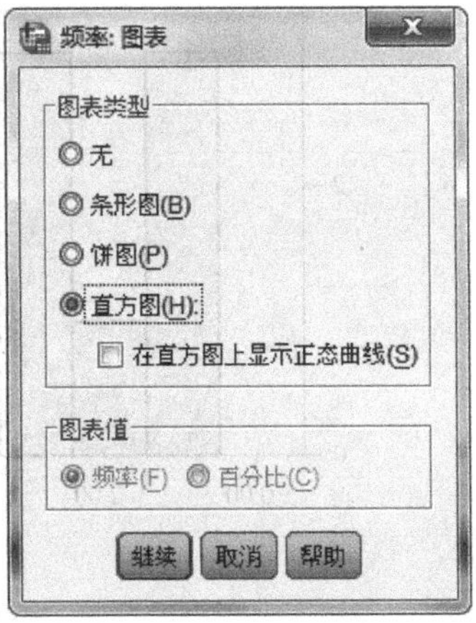

图 9-14　频数分析绘图选框

第四步：单击频数分析对话框中的“确定”按钮，SPSS 将自动编制频数分布表并显示到输出窗口。在输出窗口可以看到频数结果的数据形式（见表 9-2）和频数分布结果的直方图形式，如图 9-15 所示。

在表 9-2 中，频率列中的数据为各组的频数；百分比列中的数据为频率；有效百分比列中的数据为合法数值所占的百分比；累积百分比列中的数据为累计百分比。

表 9-2　频数分组

		频　率	百　分　比	有效百分比	累积百分比
有效	1.00	3	10.0	10.0	10.0
	2.00	1	3.3	3.3	13.3
	3.00	3	10.0	10.0	23.3
	4.00	6	20.0	20.0	43.3
	5.00	7	23.3	23.3	66.7
	6.00	2	6.7	6.7	73.3
	7.00	4	13.3	13.3	86.7
	8.00	3	10.0	10.0	96.7
	10.00	1	3.3	3.3	100.0
	合计	30	100.0	100.0	

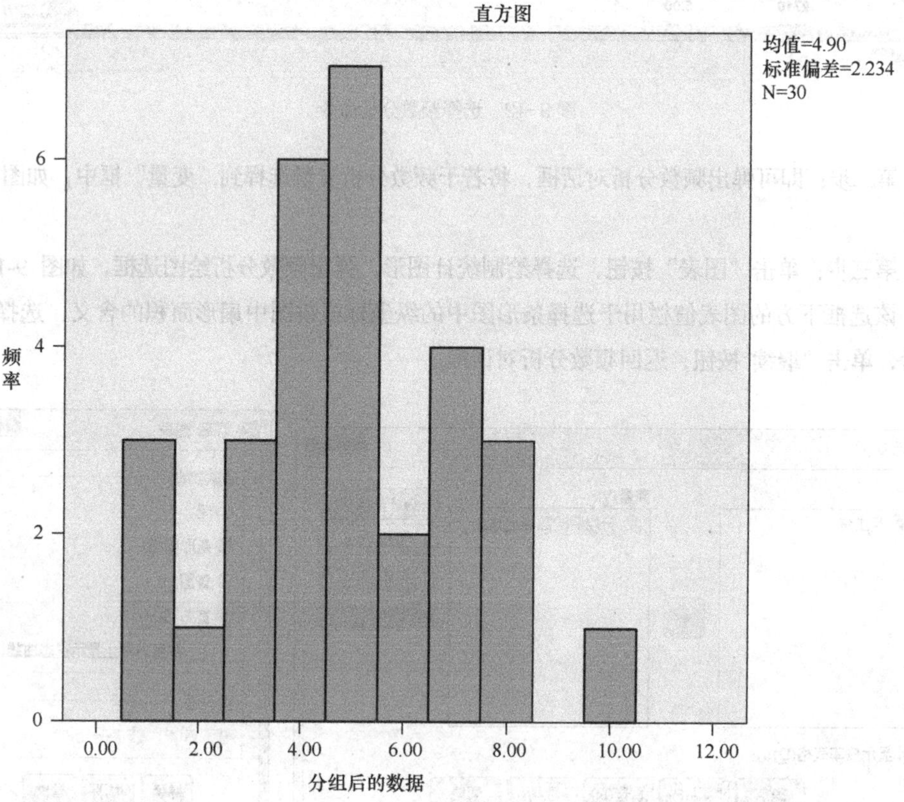

图 9-15　频数分析结果的直方图形式

在图 9-16 中，第一列中的"1.0 分组代表 2 300 ~ 2 400 组，"2.0"代表 2 400 ~ 2 500 组，……，"9.0"代表 3 200 以上组。

案例实训 9.2——描述统计分析

【准备知识】

描述统计分析用于求解描述统计量。描述统计分析过程主要通过计算平均指标的统计量和变异指标的统计量等进行描述，主要有算术平均数、众数、中位数、极差（全距）、标准差、方差等。

【实训内容及数据】

某市对于加强环保政策前后空气中的 PM2.5 指数进行了对照，表 9-3 分别给出了加强环保措施前后各 30 天的样本数据。请对加强环保措施前后的 PM2.5 计算平均值、标准差、方差等描述统计量。

表 9-3　某地区实施环保新政前后的 PM2.5 监测数据

环保新政之前	161	173	163	126	120	114	112	113	79	82
	170	163	177	167	174	165	113	180	58	70
	87	99	121	119	120	62	86	73	87	74
环保新政之后	121	130	152	91	94	96	133	128	121	74
	63	87	112	103	111	65	73	76	104	107
	81	65	121	116	77	57	76	74	112	98

【操作步骤】

第一步：在 SPSS 数据编辑窗口建立数据集，可参照频数分析中建立数据集的操作步骤，结果如图 9-16 所示。

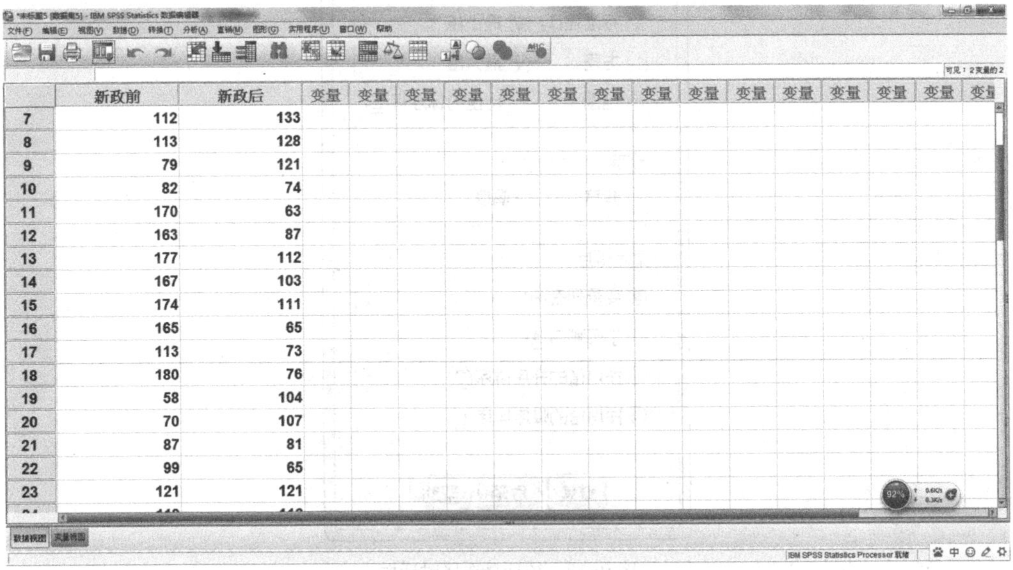

图 9-16　建立数据集

第二步：选择菜单“分析”→“描述统计”→“描述”，弹出描述统计分析对话框，如图 9-17 所示。

第三步：将需要计算的变量选择到“变量”框中。单击“选项”按钮，弹出统计量选择对话框，选择需要计算的统计量，如图 9-18 所示。该窗口还可以指定多变量分析结果的输出次序。选择好统计量后，单击“继续”按钮，返回描述统计分析对话框。

第四步：按描述统计量分析对话框中的“确定”按钮，SPSS 自动计算所选择的描述统计量并显示到输出窗口。在输出窗口中可以看到描述统计分析的主要结果，如图 9-19 所示。

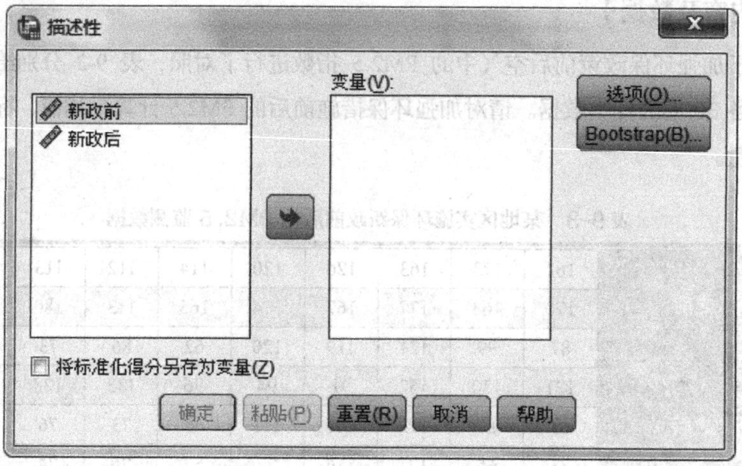

图 9-17　描述统计分析对话框

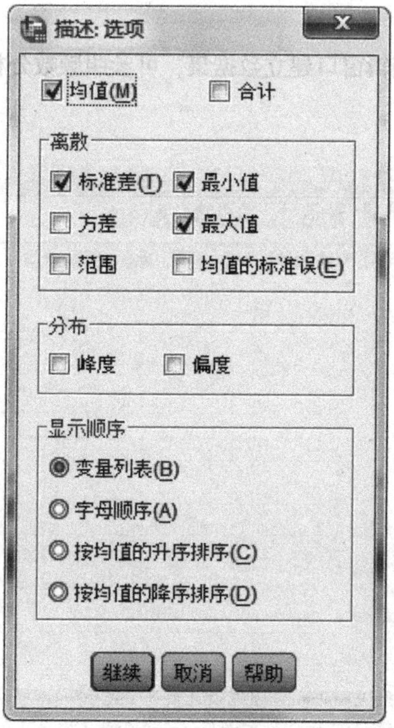

图 9-18　统计量选择对话框

描述统计量

	N	全距	极小值	极大值	均值		标准差	方差
	统计量	统计量	统计量	统计量	统计量	标准误	统计量	统计量
新政前	30	122	58	180	120.27	7.260	39.764	1581.168
新政后	30	95	57	152	97.27	4.474	24.503	600.409
有效的 N（列表状态）	30							

图 9-19　描述统计分析的主要结果

从图 9-20 中所输出结果可以看出，环保新政实施前 PM2.5 均值为 120.27，而新政后 PM2.5 均值下降到了 97.27，减少了 23。而从新政实施后 PM2.5 分布的离散程度看，其标准差在新政前为 39.764，新政后为 24.503，即数据的离散程度后者比前者高，相差较大。这意味着新环保措施实施的强度较老的措施更为稳定有效，即环保新政实施前可能有时候严格，而有时候宽松，而新环保政策监管力度统一增强，结果影响到 PM2.5 指数稳定性增强。

案例实训 9.3——相关分析

【准备知识】

相关分析研究两个变量间线性关系的强弱程度。判断变量直接相关关系常用的方法有两种，即散点图法和相关系数法。

通过在 Excel 中绘出两变量的散点图，根据散点图的分布形态可判断两变量间的相关关系。散点图的有点是比较形象直观，缺点是没有定量的度量，只是定性的分析。

一元线性相关系数用 r 来表示，其计算公式为

$$r=\frac{n\sum xy-\sum x\sum y}{\sqrt{n\sum x^2-\left(\sum x\right)^2}\cdot\sqrt{n\sum y^2-\left(\sum y\right)^2}}$$

【实训内容及数据】

广告支出与销售额之间有一定关系。现有某电脑公司广告支出和销售额数据如表 9-4 所示。

表 9-4　某电脑公司广告支出和销售额数据

广告支出（万元）	销售收入（万元）
12.5	148
3.7	55
21.6	338
60.0	994
37.6	541
6.1	89
16.8	126
41.2	379
27.0	400
50.0	774

要求：（1）试绘制散点图；（2）计算广告支出与销售额之间的相关系数。

【操作步骤】

1. 绘制散点图

第一步：在 SPSS 中建立数据集，如图 9-20 所示。

第二步：选择菜单“Graphs”→“Scatter”，如图 9-21 所示。弹出散点图类型选择对话框，如图 9-22 所示，选择散点图的类型。SPSS 提供了不同类型的散点图。不同的散点图其选项定义也有所不同：简单散点图表示一对变量之间的相关关系；重叠散点图表示多对变量之

间的相关关系；矩阵散点图以方形矩阵形式在多个坐标轴上分别标示多对变量之间的相关关系；三维散点图以立体图的形式展现三对变量之间的相关关系。本例选简单散点图。

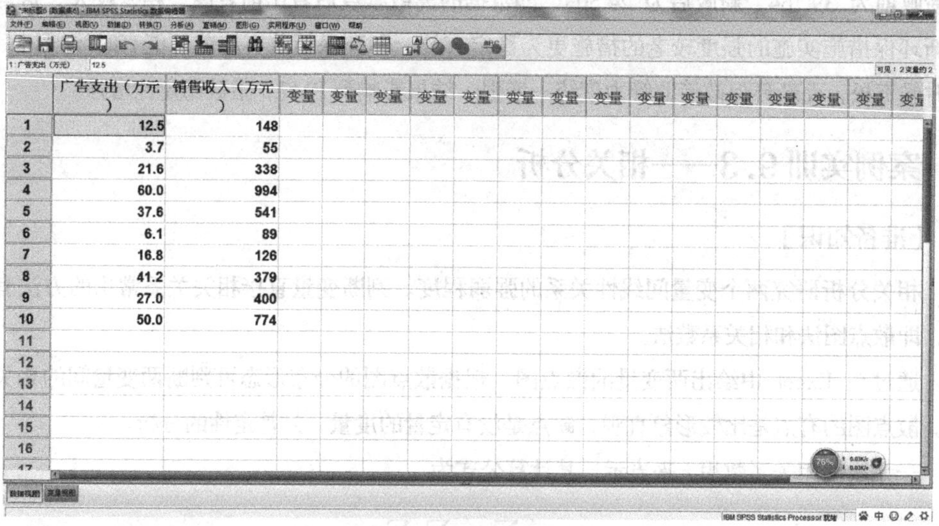

图 9-20　建立数据集

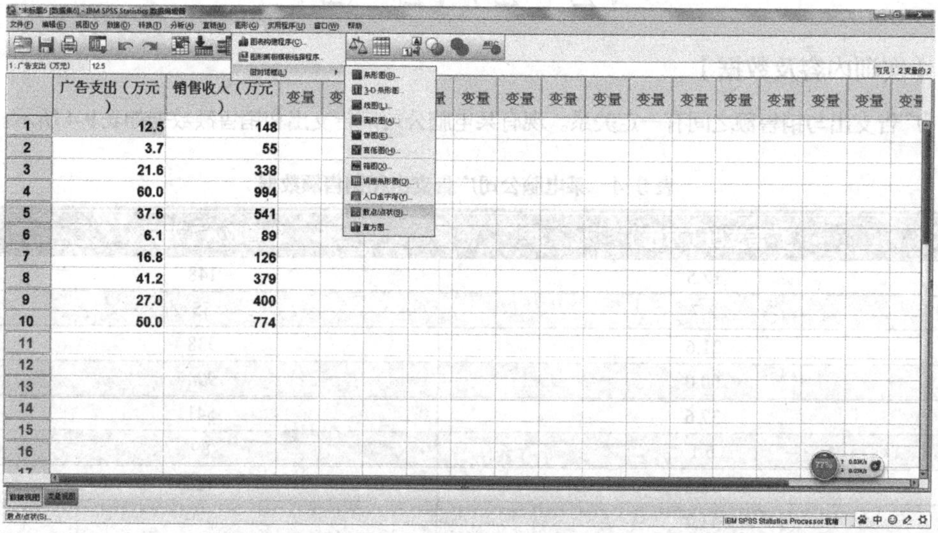

图 9-21　选择“散点/点状”选项

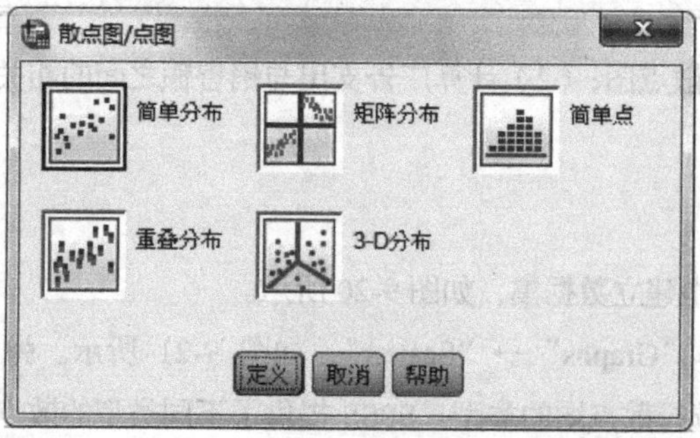

图 9-22　散点图类型选择对话框

第三步：然后单击“定义”按钮，即弹出散点图定义对话框。对散点图进行具体定义，选择变量进入 *Y* 轴和 *X* 轴，如图 9-23 所示。

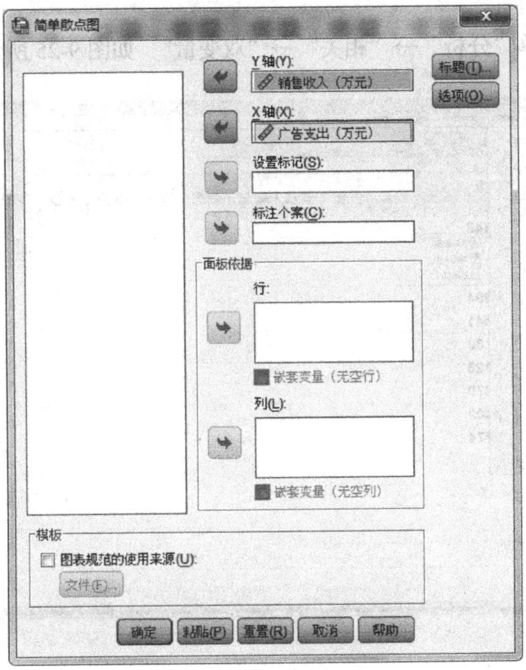

图 9-23　散点图定义对话框

第四步：单击“确定”按钮，SPSS 自动绘制散点图并显示到输出窗口，如图 9-24 所示。

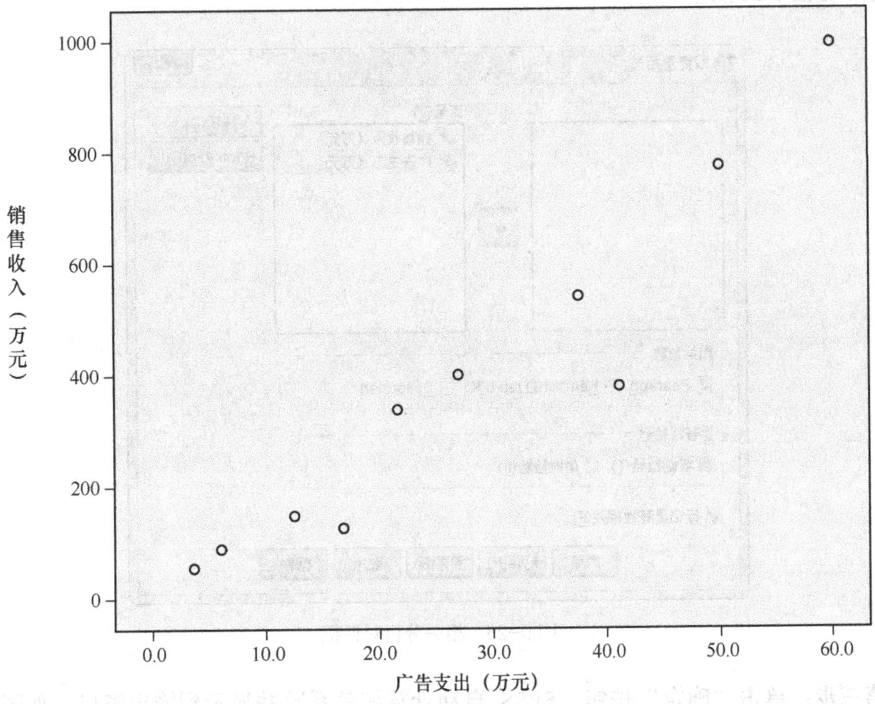

图 9-24　散点图

在图 9-24 中，可以观察到广告支出与销售额两个变量基本在一条直线上，因而两变量直接存在明显的强正相关关系，随着广告支出的增大，销售额也呈现增大趋势。

2. 相关系数

第一步：选择菜单“分析”→“相关”→“双变量”，如图 9-25 所示。

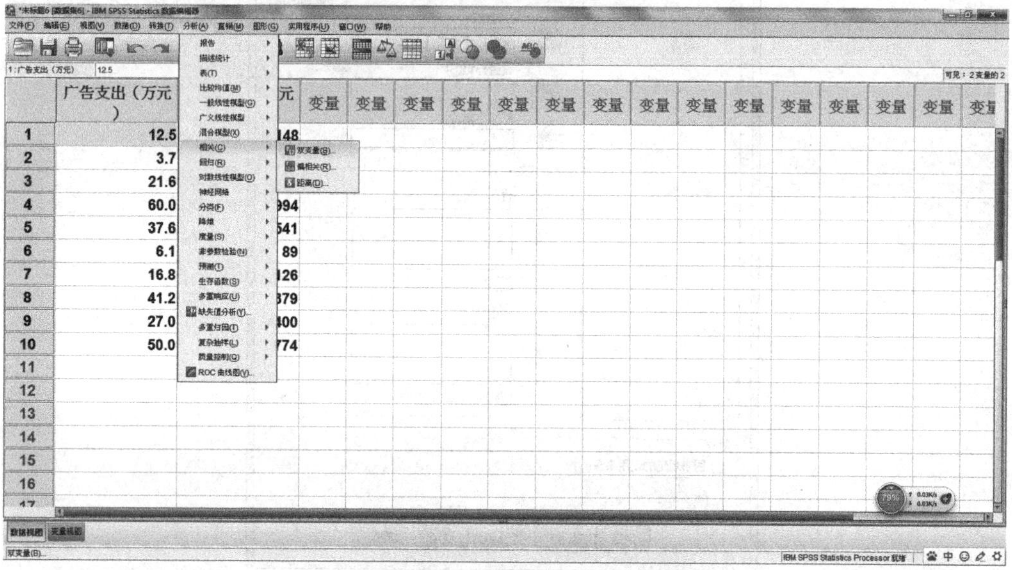

图 9-25 选择“计算相关系数”命令

第二步：即弹出双变量相关分析对话框，选择变量进入“变量”框并选择计算相关系数的类型，如图 9-26 所示。

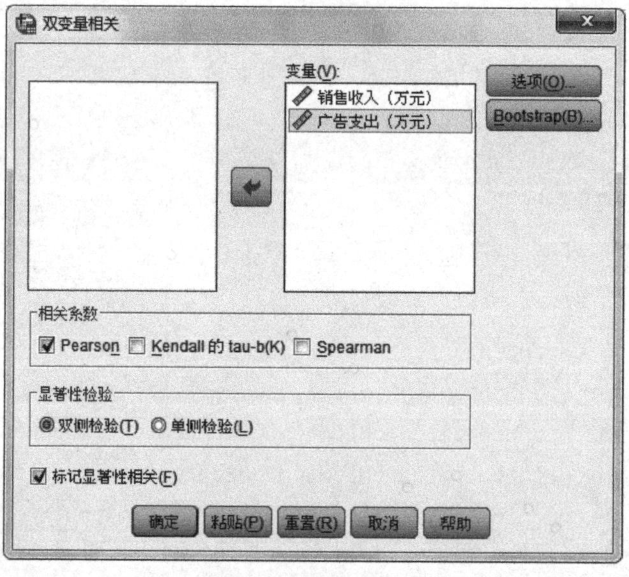

图 9-26 相关分析对话框

第三步：单击“确定”按钮，SPSS 自动计算相关系数并显示到输出窗口，如图 9-27 所示。

相关性

		销售收入（万元）	广告支出（万元）
销售收入（万元）	Pearson 相关性	1	0.956**
	显著性（双侧）		0.000
	N	10	10
广告支出（万元）	Pearson 相关性	0.956**	1
	显著性（双侧）	0.000	
	N	10	10

**. 在 .01 水平（双侧）上显著相关

图 9-27　相关分析结果

从图 9-27 所示的相关分析结果中可以看出，相关系数为 0.956，销售额与广告支出存在强的正直线相关关系。该结果与散点图的结论一致。

案例实训 9.4——回归分析

【准备知识】

通过相关分析，可以观察变量之间存在的相关关系及紧密程度，如果想进一步确定它们之间的数量变化关系，就要借助回归分析，回归分析根据自变量的多少可分为一元回归分析和多元回归分析，根据关系类型可分为线性回归分析和非线性回归分析。一元线性回归分析就是分析一个自变量与一个因变量之间线性关系的数学方程。

【实训内容及数据】

根据表 9-4 中的销售额与广告支出的数据，拟合销售额与广告支出的回归直线，并对此回归方程进行评价。

【操作步骤】

第一步：选择菜单“分析”→“回归”→“线性”，如图 9-28 所示。

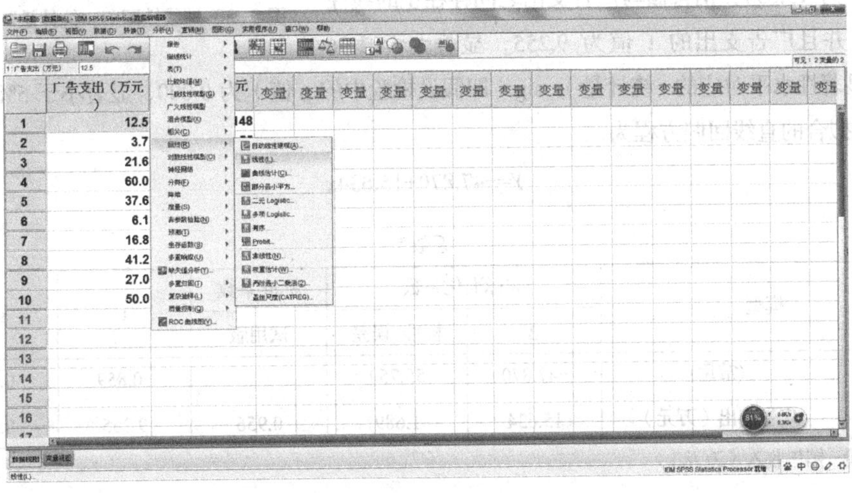

图 9-28　选择线性回归分析命令

第二步：随即弹出线性回归对话框，选择“销售额”进入“因变量”框，选择一个或多个解释变量进入“自变量”框，如图 9-29 所示。

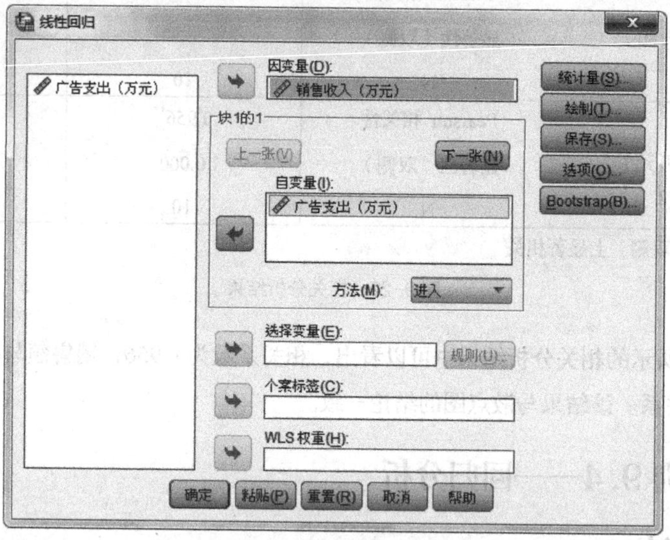

图 9-29　线性回归对话框

第三步：单击“统计量”按钮，弹出“线性回归：统计量”对话框，设置输出分析内容，如图 9-30 所示。然后单击“继续”按钮，回到线性回归对话框。这里使用“估计”和“模型拟合度”默认选项可以输出回归系数的标准差、标准化回归系数、t 值、p 值。

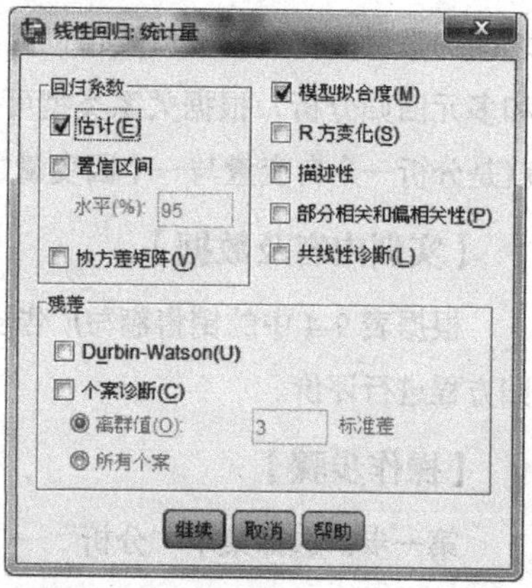

图 9-30　“线性回归：统计量”对话框

第四步：单击“确定”按钮，SPSS 根据指定内容自动进行回归分析并显示到输出窗口，回归分析的主要结果如图 9-31 所示。

在图 9-31 中可以观察到，截距 a 为-47.870，回归系数 b 为 15.634，销售额与广告支出之间存在正的线性关系，并且广告支出的 t 值为 9.255，显著大于 1.96（95%显著性水平对应的 t 统计量），sig（即假设检验中的 p 值）为 0.000，显著小于 5%的显著水平，拟合的直线回归方程为

$$Y=-47.870+15.634x$$

系数 a

模型		非标准化系数		标准系数	t	sig.
		B	标准 误差	试用版		
1	(常量)	-47.870	55.759		-0.859	0.416
	广告支出（万元）	15.634	1.689	0.956	9.255	0.000

a. 因变量：销售收入（万元）

图 9-31　回归分析主要结果

意味着：广告支出每增加 1 万元，销售额将会增加 15.634 万元。

结论分析

SPSS 对数据处理和数据分析具有强大的功能，主要包括数据管理、统计分析、图表分析和输出管理。利用 SPSS 作频数分析、描述统计分析、相关分析对把握数据的分布特征是非常有用的，基本统计分析往往是从频数分析开始，频数分析能够了解变量取值的基本情况；描述统计分析用于求解描述统计量。描述统计分析过程主要通过计算平均指标的统计量和变异指标的统计量等进行描述相关分析研究两个变量间线性关系的强弱程度。判断变量直接相关关系常用的方法有两种，即散点图法和相关系数法。

实践训练题

50 家《财富》500 强的所有者权益、市场价值和利润数据如表 9-5 所示。

表 9-5　家《财富》500 强的所有者权益、市场价值和利润数据　（单位：千万美元）

公司名称	所有者权益	市场价值	利　润
AGCO	982.1	372.1	60.6
AMP	2 698.0	12 017.6	2.0
Apple Computer	1 642.0	4 605.0	309.0
Baxter International	2 839.0	21 743.0	315.0
Bergen Brunswick	629.1	2 787.5	3.1
Best Buy	557.7	10 376.5	94.5
Charles Schwab	1 429.0	35 340.6	348.5
CMS Energy	2 216.0	45 46.6	285.0
Coca-Cola	2 438.0	15 704.9	142.0
Colgate-Palmolive	2 085.6	26 810.2	848.6
Comcast	3 815.3	26 746.1	972.1
Conagra	2 778.9	15 169.4	613.2
Conseco	5 273.6	11 725.7	588.1
Delta Air Lines	4 023.0	9 773.7	1 001.0
Dollar General	725.8	7 193.1	182.0
Federated	5 709.0	8 301.4	662.0
Fortune Brands	4 097.5	5 639.2	263.1
GAP	1 573.7	39 644.9	824.5
Hormel Foods	813.3	2 710.1	139.3
Ingersoll-Rand	2 707.5	8 209.2	509.1
Ingram Micro	1 399.3	2 555.6	245.2
Kimberly-Clark	3 887.2	26 881.4	1 165.8
Kmart	5 979.0	8 539.3	568.0
KN Energy	1 223.8	1 432.0	60.0

续表

公司名称	所有者权益	市场价值	利　润
Kohl's	1 162.8	11 790.5	192.3
Lowe's	3 136.0	22 635.3	482.4
Marketspan	3 000.0	3 850.7	51.3
Maytag	507.6	4 828.7	280.6
Mead	2 252.0	3 155.8	119.7
Mellon Bank	4 521.0	19 251.3	870.0
Nike	3 261.6	15 824.9	399.6
Nordstrom	1 316.7	5 683.2	206.7
Nucor	2 072.6	3 734.3	263.7
OfficeMax	1 138.1	1 014.6	42.6
Owens & Minor	1 61.1	299.6	20.1
Phelps Dodge	2 587.4	2 797.3	190.9
Qualcomm	957.6	5 862.1	108.5
Republic Industries	5 424.2	6 190.9	499.5
Safeco	5 575.8	5 655.6	351.9
Safeway	3 082.1	27 700.7	806.7
Shaw Industries	797.4	3 110.3	20.6
Staples	1 514.0	2 995.2	280.0
Sunoco	1 514.0	2 995.2	280.0
SuperValue	1 201.9	2 701.5	230.8
Tenneco	2 504.0	5 220.2	255.0
Thermo Electron	2 248.1	2 218.9	181.9
Walgreen	2 849.0	30 324.7	511.0
Westvaco	2 246.4	2 225.6	132.0
Whirlpool	2 001.0	3 729.4	325.0
Xerox	5 544.0	35 603.7	395.0

（1）请根据上面的数据利用 SPSS 对各项指标进行适当地分组，编制频数分布表，并绘制直方图。

（2）利用 SPSS 的描述统计工具对数据进行描述统计分析。

（3）利用 SPSS 绘制所有者权益、市场价值和利润散点图，说明两两之间的关系形态。

（4）以所有者权益为因变量，分别以市场价值和利润为自变量，利用 SPSS 求出估计的回归方程，并解释回归系数的意义。

案例篇

【案例一】2010年中国人口结构统计报告

根据《全国人口普查条例》和《国务院关于开展第六次全国人口普查的通知》，我国以2010年11月1日零时为标准时点进行了第六次全国人口普查。在国务院和地方各级人民政府的统一领导下，在全体普查对象的支持配合下，通过广大普查工作人员的艰苦努力，圆满完成了这次人口普查任务。现将快速汇总的主要数据公布如下。

一、总人口

全国总人口为1 370 536 875人。其中：普查登记的大陆31个省、自治区、直辖市和现役军人的人口共1 339 724 852人，香港特别行政区人口为7 097 600人，澳门特别行政区人口为552 300人，台湾地区人口为23 162 123人。

二、人口增长

大陆31个省、自治区、直辖市和现役军人的人口，同第五次全国人口普查2000年11月1日零时的1 265 825 048人相比，十年共增加73 899 804人，增长5.84%，年平均增长率为0.57%。

三、家庭户人口

大陆31个省、自治区、直辖市共有家庭户401 517 330户，家庭户人口为1 244 608 395人，平均每个家庭户的人口为3.10人，比2000年第五次全国人口普查的3.44人减少0.34人。

四、性别构成

大陆31个省、自治区、直辖市和现役军人的人口中，男性人口为686 852 572人，占51.27%；女性人口为652 872 280人，占48.73%。总人口性别比（以女性为100，男性对女性的比例）由2000年第五次全国人口普查的106.74下降为105.20。

五、年龄构成

大陆31个省、自治区、直辖市和现役军人的人口中，0~14岁人口为222 459 737人，占16.60%；15~59岁人口为939 616 410人，占70.14%；60岁及以上人口为177 648 705人，占13.26%，其中65岁及以上人口为118 831 709人，占8.87%。同2000年第五次全国人口普查相比，0~14岁人口的比重下降6.29个百分点，15~59岁人口的比重上升3.36个百分点，60岁及以上人口的比重上升2.93个百分点，65岁及以上人口的比重上升1.91个百分点。

六、民族构成

大陆31个省、自治区、直辖市和现役军人的人口中，汉族人口为1 225 932 641人，占91.51%；各少数民族人口为113 792 211人，占8.49%。同2000年第五次全国人口普查相比，汉族人口增加66 537 177人，增长5.74%；各少数民族人口增加7 362 627人，增长6.92%。

七、各种受教育程度人口

大陆 31 个省、自治区、直辖市和现役军人的人口中，具有大学（指大专以上）文化程度的人口为 119 636 790 人；具有高中（含中专）文化程度的人口为 187 985 979 人；具有初中文化程度的人口为 519 656 445 人；具有小学文化程度的人口为 358 764 003 人（以上各种受教育程度的人包括各类学校的毕业生、肄业生和在校生）。

同 2000 年第五次全国人口普查相比，每 10 万人中具有大学文化程度的由 3 611 人上升为 8 930 人；具有高中文化程度的由 11 146 人上升为 14 032 人；具有初中文化程度的由 33 961 人上升为 38 788 人；具有小学文化程度的由 35 701 人下降为 26 779 人。

大陆 31 个省、自治区、直辖市和现役军人的人口中，文盲人口（15 岁及以上不识字的人）为 54 656 573 人，同 2000 年第五次全国人口普查相比，文盲人口减少 30 413 094 人，文盲率由 6.72%下降为 4.08%，下降 2.64 个百分点。

八、城乡人口

大陆 31 个省、自治区、直辖市和现役军人的人口中，居住在城镇的人口为 665 575 306 人，占 49.68%；居住在乡村的人口为 674 149 546 人，占 50.32%。同 2000 年第五次全国人口普查相比，城镇人口增加 207 137 093 人，乡村人口减少 133 237 289 人，城镇人口比重上升 13.46 个百分点。

九、人口的流动

大陆 31 个省、自治区、直辖市的人口中，居住地与户口登记地所在的乡镇街道不一致且离开户口登记地半年以上的人口为 261 386 075 人，其中市辖区内人户分离的人口为 39 959 423 人，不包括市辖区内人户分离的人口为 221 426 652 人。同 2000 年第五次全国人口普查相比，居住地与户口登记地所在的乡镇街道不一致且离开户口登记地半年以上的人口增加 116 995 327 人，增长 81.03%。

十、登记误差

普查登记结束后，全国统一随机抽取 402 个普查小区进行了事后质量抽样调查。抽查结果显示，人口漏登率为 0.12%。

资料来源：国家统计局网站

讨论题：

1. 该报告中运用了大量统计指标来说明 2010 年我国人口结构的变化趋势。请从中举几个例子来说明每个统计指标包括了哪些构成因素，并体会怎样在分析报告中运用统计指标的信息。

2. 该报告中有哪些统计指标是数量指标？有哪些统计指标是质量指标？其中哪些是绝对数表示？哪些是相对数表示？哪些是平均数表示的？

【案例二】青岛市第六次人口普查方案

国务院决定于 2010 年开展第六次全国人口普查。按照《全国人口普查条例》和第六次全国人口普查方案要求，在普查登记前应做好清查摸底工作。为此，青岛市第六次人口普查领导小组办公室决定，10 月 8 日～10 月 31 日在全市进行人口普查入户清查摸底。现将有关事项公告如下。

一、清查摸底的对象为青岛市辖区内的自然人以及在境外但未定居的户籍人口,不包括在青岛短期停留的境外人员。

二、清查摸底内容包括：住户人口数量、户主姓名、国籍、迁移流动、生育、死亡情况。

三、清查摸底采用按现住地的原则，每个人必须在现住地进行清查摸底。其中，现住地和户口登记地不同的人员，除在现住地清查摸底外，还需在户口登记地登记相应信息。

四、普查员入户时，将出示由青岛市第六次人口普查领导小组办公室统一制发的普查员证件。

五、人口普查对象阻碍普查机构和普查人员依法开展人口普查工作，构成违反治安管理行为的，将由公安机关依法给予处罚。

按照《全国人口普查条例》和第六次全国人口普查方案要求，将于明日（11 月 1 日）开始入户进行正式登记。现将有关事项公告如下。

一、入户登记时间：11 月 1 日至 10 日，普查员将入户进行人口普查正式登记。11 月 15 日至 30 日，各级普查机构还将对部分住户进行人口普查事后质量抽查。

二、入户登记对象：凡是标准时点在青岛市辖区内的自然人以及在境外但未定居的户籍人口均属于人口普查对象。

三、入户登记内容：姓名、性别、年龄、民族、户口登记状况、受教育程度、行业、职业、迁移流动、社会保障、婚姻、生育、死亡、住房情况等。

四、入户登记原则：入户登记实行以户为单位采用按现住地和户口登记地双向登记的原则，每个人必须在现住地进行登记，现住地和户口登记地不同的人员，除在现住地进行登记外，户口登记地也必须登记相应信息。

五、人口普查对象应当真实、准确、完整申报人口普查所需的资料。人口普查对象阻碍普查机构和普查人员依法开展人口普查工作，构成违反治安管理行为的，将由公安机关依法给予处罚。

资料来源：青岛统计信息网

讨论题：

1. 该调查方案是否完整？通过上述方案例说明调查方案的结构构成。
2. 试分析统计调查的调查目的和调查内容的关系。
3. 思考并体会怎样进行统计调查的组织实施。

【案例三】上市公司年报数据分析案例

经统计调查取得数据后，需要通过统计整理、综合指标计算与相关回归分析等方法技术对总体数据进行处理，以认识总体变量分布状态（如正态分布）、特征表现（如结构相对数、平均数和标准差）、相关关系（如相关系数）和变化规律（如回归模型），从而了解事物或现象的本质及其依存因素。其中统计整理技术包括总量指标、相对指标、平均指标和标志变异指标的揭示，他们的计算既是对总体基本特征的描述，又是对事物或现象进一步定量研究的基础；相关和回归是研究总体各事物或现象间相互关系的定量分析，用以测定不同特征相互联系的紧密程度，揭示变化形式和规律。本章案例主要通过对总体静态数据处理过程的介绍，帮助读者掌握统计整理、指标描述和相关回归分析技术结合运用的技术与经验。

案例以沪深股市制造业上市公司为对象，系统介绍了静态数据总体的统计处理过程，包括分布描述、分类研究和相关因素分析。

上市公司年报数据分析案例的教学目的：数据整理是统计分析的基础工作，在总体规模很大，数据量浩瀚、分布未知的情况下，如何对总体数据进行整理分类，描述总体分布及进一步分析总体各特征间的相互关系是对总体正确认识的关键。由于具体的工作过程与教科书的知识点讲授顺序并不完全一致，因此本案例通过对1999年沪深股市制造业上市公司年报数据分析过程的介绍，给读者以处理总体静态数据的思路和技巧，从而训练读者解决实际问题的能力。

案例的背景分析与数据资料

一、案例的现实意义

上市公司的经营业绩与其股票价格、市场价值息息相关，因此反映上市公司经营业绩的定期公开披露的中期会计报告、年度会计报告就成为社会各界密切关注的重要信息之一。对所有上市公司的财务报告进行统计整理和分析，把握上市公司整体的经营状况、经营业绩的水平和变化趋势，无论是对投资选择，还是政府的决策与监督，都是不可或缺的。

本案例探讨的就是面对大量的财务报告数据信息如何进行统计整理与分析，这对于投资者、投资咨询人员或是理论界研究者，都具有实际的指导意义。通过本案例的学习讨论，有助于大家掌握统计描述和相关回归分析的方法，同时积累应用这些方法的实际经验和教训。

二、案例所依托的总体及其现状与研究目的

（一）案例所依托的客体

本案例所依托的客体是1999年上市公司年报中的有关财务指标。1999年年末，沪、深两市共有上市公司949家。这些上市公司分布在13个行业部门。根据中国证监会的《上市公司分类指引》中规定的分类方法，其中制造业共有578家，占60.91%。总股本1 938亿元，占62.73%，制造业是上市公司最集中的行业。截至2000年4月30日，已公布年报的有560

家。所以本案例研究的总体范围确定为如期公布年报的制造业 560 家上市公司。

（二）案例研究的目的与任务

1. 上市公司年报财务数据统计分析的目的

通过对制造业 1999 年报有关数据进行系统的统计整理、描述和回归分析，揭示 1999 年制造业上市公司主要财务指标的总体分布、分行业的经营业绩水平和重要特征，从中掌握认识总体分布特征和数量变化的技巧和方法，提高用统计思想和方法解决实际问题的能力。

2. 上市公司年报财务数据统计分析的任务

对纷繁的数据进行不同的分类、分组、汇总、综合、分析、归纳、推断，显示上市公司财务报告中的主要财务指标的分布形态和主要特性，寻找财务指标之间的相互关系和表现规律。

3. 上市公司年报财务数据统计分析的对象

本案例所引用资料取自《上海证券报》，包括了制造业 560 家上市公司，共选有 8 个财务指标：总资产、净利润、主营业务收入、股东权益、每股收益、每股净资产和股东权益比率。其中，前 4 个为反映资产、收益方面的总量指标，后 4 个为反映盈利能力、业绩水平的相对指标。

4. 数据的初步分析——制造业上市公司行业结构

在制造业中，生产不同产品的企业或公司，具有不同的规模，占有不等的资源要素，他们的总股本、净利润、净资产收益率必然存在很大的差异。为了深入认识总体，首先要对制造业按其经济活动的特点进行行业分类。根据《上市公司分类指引》，制造业进一步分为 10 个行业种类，编码为 C0、C1、C2、…、C9。分类统计属于定名测定。上述资料经计数整理后，即可得到如案例表 3-1 所示的分布数列。

案例表 3-1　制造业上市公司行业分布

代　码	行业分类	上市公司数	比重（%）
C0	食品、饮料	48	8.57
C1	纺织、服装、皮毛	45	8.04
C2	木材、家具	2	0.36
C3	造纸、印刷	16	2.86
C4	石油、化学	130	23.21
C5	橡胶、塑料	10	1.79
C6	金属、非金属	96	17.14
C7	机械、仪表、设备	151	26.96
C8	通信、电子	51	9.11
C9	其他	11	1.96
	合　计	560	100.00

这是一个品质标志分组的分布数列。从该数列中可以知道上市公司的行业结构。1999 年 560 个制造业上市公司中，27%是机械、仪表、设备制造业（包括汽车、船舶、摩托车、家电

等）；23%是石化类行业；而冶金、钢铁等金属非金属类公司占 17%；通信电子占 9%。所以，制造业上市公司中传统产业占了较大比重。这些行业中大部分是国有或国有控股企业，是国企改革中率先建立现代企业制度进入资本市场的排头兵。行业的分布也体现了国家的产业政策导向，在 1999 年新发行的 A 股中，大盘股和高科技股明显增多，有力地支持了国企改革和高科技企业的发展，推动了上市公司的行业结构优化。

讨论题：

1. 该案例设计的过程是怎样的？通过上述方案例说明方案设计的结构构成。
2. 试分析案例设计数据的描述性统计。

【案例四】德州学院创建平安和谐校园问卷调查

1. 根据问题，在选项中选择你认为最合理的选项。
2. 如果在选项中没有你认为最合理的答案，请把你自己的答案写在问题的后面。

学生篇

（1）性别：A. 男　　B. 女

（2）年龄：A. 16～18 岁　　B. 19～25 岁　　C. 26～35 岁

（3）学历：A. 中专　　B. 大专　　C. 大学本科及以上

（4）户籍性质：A. 农业　　B. 非农业

（5）户籍所在地：A. 工作单位当地　　B. 山东省其他地区（除德州外）（请注明：　　）

C. 省外（注明：　　省　　市（县））

防火篇

（1）如果你碰到大型火灾，你首先做什么？______

A. 打 119 报警　　B. 逃离现场　　C. 协助救火

（2）如果你在宿舍看到电线起火了，你首先会做什么？______

A. 拿贵重物品出门　　B. 用水灭火　　C. 关掉总电源

（3）你会注意放在宿舍楼内的灭火箱吗？你会用灭火器吗？______

A. 从不注意也不会用　　B. 注意过但不会用　　C. 注意且会用

（4）在宿舍楼、教学楼和实训楼你注意过标有安全出口的门口吗？______

A. 没有　　B. 有　　C. 有时会

（5）发生火灾，正确的避险逃生方法是什么？______

A. 捂住口鼻，低姿逃出　　B. 乘电梯逃出　　C. 跳楼逃生

交通篇

（1）在坐公交车时，经常会看见在车箱内壁挂有一个红色的类似小铁锤的东西，请问你知道它做什么用途吗？______

A. 修车工具　　B. 紧急出口使用工具　　C. 装饰用品

（2）通常在长途车上会有一些看似盈利很大的赌博，你会认为：______

A. 纯属骗人　　B. 参加无妨　　C. 赢后不继续参加

（3）你有在车上被盗的经历吗？______

A. 有一次　　B. 无　　C. 有几次

（4）在十字路口看到交通信号灯绿灯熄灭，黄灯闪烁，你会：______

A. 骑车冲过去　　B. 等待　　C. 看情况而定

防盗篇

（1）如果你宿舍的防盗设施坏了（门、窗等），你会主动去报修吗？______

A. 会　　B. 不会

（2）假设你的舍友在宿舍里丢了东西，你会怎样想？______

A. 没想过　　B. 幸好自己没丢　　C. 以后要更注意防范

（3）假如你的舍友经常把他（她）的钱包或贵重物品随便丢在桌面上，你会提醒他（她）要注意吗？______

A. 会　　B. 不会　　C. 可能会

（4）你有带你的同学或朋友到你的宿舍留宿吗？或者你的舍友有带他（她）的朋友在宿舍留宿吗？______

A. 没有　　B. 有时会　　C. 经常

（5）假如宿舍没有人在，你又要出去几分钟，你会锁门吗？______

A. 不会　　B. 会　　C. 只是关门而不锁

用电篇

（1）你的宿舍有大功率（500W 以上）用电器吗？______

A. 有　　B. 无　　C. 曾经有

（2）你认为你宿舍的用电设施（线路、插座、保险设施）安全吗？______

A. 安全　　B. 不安全　　C. 有些不安全

（3）你认为在宿舍使用大功率用电器安全吗？______

A. 安全　　B. 不安全　　C. 应该可以

（4）假如你认为宿舍的线路存在问题，你会选择：______

A. 到后勤管理处申请检修　　B. 自己动手拉线　　C. 无所谓

（5）抢救触电者，首先应采取的正确方法是什么？______

A. 切断电源，对触电者实施心肺复苏

B. 把伤员背出事发现场

C. 跑开去寻找救护人员

健康篇

（1）到目前为止，艾滋病属于：______

A. 可防可治　　B. 不可防不可治　　C. 可防不可治

（2）对高烧病人进行物理降温，正确的冷敷部位是哪里？______

A. 前额部、腋窝、颈部、大腿根部　　B. 胸背部

C. 腰部、腹部

（3）有人散步时突然摔倒在地，发现呼吸心跳停止，应在什么地方对其进行心肺复苏？______

A. 将病人放在木板或地面上　　B. 立即送到附近医务室

C. 将病人抬至救护车上

（4）手足被烧（烫）伤后，首先采取的急救方法是什么？______

A. 立即用冷水冲洗伤口　　B. 在伤口处涂上紫药水

C. 将水泡刺破，包扎伤口

（5）春天是传染病高发期，以下哪种行为不可取？______

A. 经常把被子拿出宿舍晒　　B. 经常在外买摊贩的小吃

C. 勤洗澡

问答篇

讨论题：

1. 该调查问卷由哪几个大部分的内容组成？设计“员工基本情况”的调查项目（问题）对此项调查分析有何具体意义？

2. 该调查问卷中设计了哪些类型的问题？哪些是开放式问题？哪些是封闭式问题？

3. 该调查问卷中设计的问题答案选项有哪些类型？为什么有些问题可选多项？有的只要求选择一项？两者对数据汇总有何影响？考虑如何输入调查数据？对不同的调查题目和答案如何编码？

4. 该调查问卷中的问题的排列顺序是否合理？每个问题下备选答案的表述、数量及顺序是否恰当？

5. 这是一份网上调查问卷。你认为它是否同样适合于面访调查或其他调查方式？

6. 你认为这种网上调查有何优缺点？其调查结果质量如何？调查数据与实际情况的误差可能来源于哪些方面？

【案例五】关于全国劳动力受教育程度情况的分析

根据国家统计局公布的 2010 年全国劳动统计数据，了解到按年龄、性别分别统计的全国就业人员受教育程度构成数据，如案例表 5-1、案例表 5-2 和案例表 5-3 所示。

案例表 5-1　全国不同年龄就业人员受教育程度构成情况（单位：%）

年龄（岁）	合计	未上过学	小学	初中	高中	大学专科	大学本科	研究生
总计	100	6.7	29.9	44.9	11.9	4.3	2.1	0.2
16 ~ 19	100	1.2	14.9	72.9	10.5	0.5	0.1	…
20 ~ 24	100	1.2	11.8	62.6	15.5	6	2.7	0.1
25 ~ 29	100	1.6	14.5	54.7	15.9	8.2	4.6	0.5
30 ~ 34	100	2.1	20.8	53.6	13.1	6.7	3.4	0.4
35 ~ 39	100	2.7	26.3	52.1	11	4.8	2.8	0.3
40 ~ 44	100	3.4	25.8	49.6	14.4	4.3	2.2	0.3
45 ~ 49	100	6.4	32.6	37.8	18.2	3.5	1.4	0.2
50 ~ 54	100	10.6	46.3	30.3	9.1	2.6	0.9	0.1
55 ~ 59	100	15.2	56.9	21.4	4.2	1.7	0.6	…
60 ~ 64	100	22.1	57.1	17.7	2.1	0.5	0.4	…
65 以上	100	37.1	51.9	8.9	1.4	0.3	0.3	…

案例表 5-2　全国不同年龄男性就业人员受教育程度构成情况（单位：%）

男（岁）	合计	未上过学	小学	初中	高中	大学专科	大学本科	研究生
总计	100	3.8	26.7	48.6	13.8	4.5	2.4	0.3
16 ~ 19	100	0.8	14.4	74.2	10.1	0.5	0.1	…
20 ~ 24	100	0.9	10.7	64.2	16.4	5.1	2.6	0.1
25 ~ 29	100	1	12.3	56.5	17.3	7.7	4.6	0.5
30 ~ 34	100	1.1	16.7	55.9	14.9	7	3.7	0.4
35 ~ 39	100	1.4	20.6	56.1	13	5.1	3.3	0.4
40 ~ 44	100	1.4	18.6	54.3	17.3	5.1	2.9	0.5
45 ~ 49	100	2.7	24.6	44.1	22.5	4.2	1.7	0.2
50 ~ 54	100	4.5	39.2	38.9	12.6	3.5	1.2	0.1
55 ~ 59	100	7.1	53.7	29.4	6.3	2.6	0.8	0.1
60-64	100	11.7	59.2	24.6	3.1	0.7	0.6	0.1
65 以上	100	24.5	60.4	12.2	2	0.4	0.4	…

案例表 5-3 全国不同年龄女性就业人员受教育程度构成情况（单位：%）

女（岁）	合计	未上过学	小学	初中	高中	大学专科	大学本科	研究生
总计	100	10.2	33.7	40.6	9.6	4	1.8	0.2
16～19	100	1.6	15.4	71.4	10.9	0.5	0.1	…
20～24	100	1.6	13	60.9	14.6	7	2.8	0.1
25～29	100	2.3	16.9	52.8	14.3	8.7	4.6	0.4
30～34	100	3.1	25.2	51	11.1	6.3	3	0.3
35～39	100	4.2	32.4	47.8	8.8	4.5	2.2	0.2
40～44	100	5.6	33.4	44.6	11.3	3.5	1.5	0.1
45～49	100	10.7	42.1	30.5	13.1	2.6	0.9	0.1
50～54	100	18.6	55.4	19.1	4.6	1.6	0.6	0.1
55～59	100	26.3	61.3	10.5	1.3	0.4	0.2	…
60～64	100	36.8	54.2	7.8	0.6	0.2	0.2	…
65 以上	100	58.4	37.6	3.2	0.3	0.2	0.2	…

（资料来源：国家统计局网站）

讨论题

1. 用图形方法对上述数据进行适当描述，并分析其分布特征。

2. 案例表 5-1 若以年龄为横轴，分别可以如何表示？请绘制相关图形，并表示向上累计和向下累计情况。

3. 案例表 5-1 若以受教育程度为横轴，将表现如何？请绘制相关图形。受教育程度可否用向上累计和向下累计表示？如可以，请绘制其图形。

4. 请根据 20～40 岁的就业人员受教育程度情况绘制饼形图，判断大学专科学历在就业人员中的比例。

5. 通过图形方法对案例表 5-2 和案例表 5-3 进行比较分析，你从比较分析中能得出什么结论？

【案例六】个人投资者选择证券组合的理由

普度大学曾作过一项研究，考察个人投资者选择某些证券组合的理由：研究人员从一家大型全国性金融经济所的客户计算机记录中随机抽取 3 000 名客户，分别给他们寄去一份问卷。填写后寄回答卷的共 972 人，答卷所提供的信息包括性别、婚姻、年龄、收入、学历、职业 6 项。通过对投资者有关信息的了解，有助于分析个人投资者选择证券组合的原因。案例表 6-1、案例表 6-2、案例表 6-3 显示出这 6 项所代表的每一类投资人的数目。

案例表 6-1　客户性别和婚姻状况构成情况

性　别		婚 姻 状 况	
男（人）	782	已婚（人）	784
女（人）	190	未婚（人）	188

案例表 6-2　客户年龄和受教育程度构成情况

年　龄		受教育程度	
21 ~ 25	1	中学	225
25 ~ 35	29	学士	526
35 ~ 45	117	硕士	90
45 ~ 55	274	法学位	63
55 ~ 65	252	理科博士	28
65 以上	299	医学位	40

案例表 6-3　客户职业构成和年收入结构情况（单位：人）

职　业			
专业技术人员	265	农场主	15
管理人员	157	服务员	5
业主	124	办事员	23
推销员	53	手艺人	18
家庭主妇	69	退休人员	217
技工和一般工人	8	失业人员	18

年收入（美元）	
5 000 以下	1
5 000 ~ 10 000	80
10 000 ~ 15 000	148
15 000 ~ 20 000	129
20 000 ~ 25 000	173
25 000 ~ 50 000	251
50 000 ~ 100 000	132
100 000 ~ 150 000	27
150 000 以上	15

资料来源：蔡火娣、梁丹婴. 统计学实训与案例（第二版）. 北京：经济科学出版社，2013.

讨论题：

1. 识别表中各变量的类型，哪些变量属于品质变量？哪些变量属于数字变量？
2. 用图形方法对每一变量进行适当描述，并分析其分布特征。
3. 结合上述分析，判断影响个人投资者选择证券组合的因素。

【案例七】中华人民共和国 2012 年国民经济和社会发展统计公报（节选）

（中华人民共和国国家统计局）

2012 年，面对复杂严峻的国际经济形势和艰巨繁重的国内改革发展稳定任务，全国各族人民在党中央、国务院的正确领导下，坚持以科学发展为主题，以加快转变经济发展方式为主线，按照稳中求进的工作总基调，认真贯彻落实加强和改善宏观调控的各项政策措施，国民经济运行总体平稳，各项社会事业取得新的进步，为全面建成小康社会奠定了良好基础。

综合初步核算，全年国内生产总值 519 322 亿元，比上年增长 7.8%。其中，第一产业增加值 52 377 亿元，增长 4.5%；第二产业增加值 235 319 亿元，增长 8.1%；第三产业增加值 231 626 亿元，增长 8.1%。第一产业增加值占国内生产总值的比重为 10.1%，第二产业增加值比重为 45.3%，第三产业增加值比重为 44.6%。

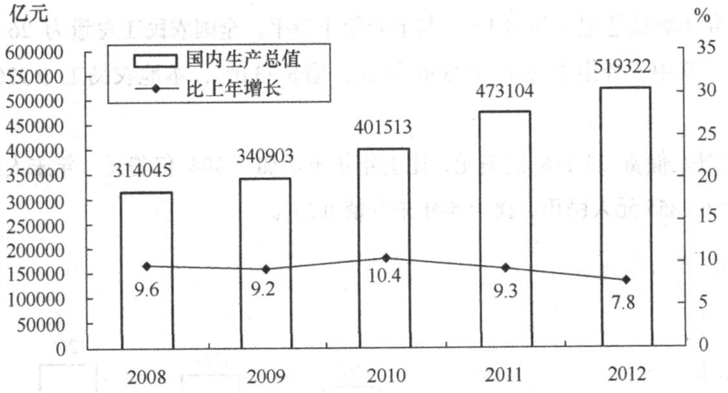

案例图 7-1　2008～2012 年国内生产总值及其增长速度

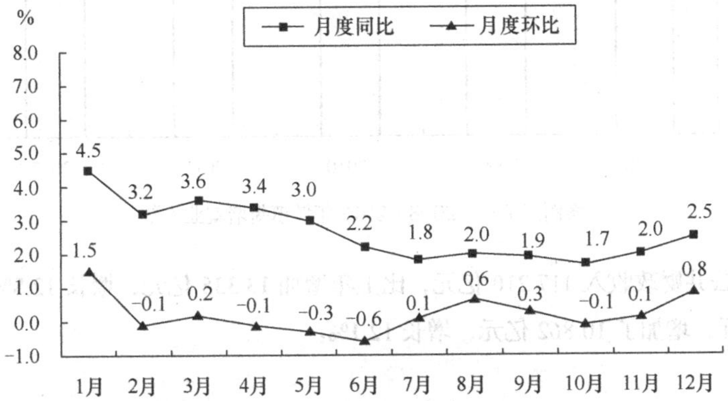

案例图 7-2　2012 年居民消费价格月度涨跌幅度

全年居民消费价格比上年上涨 2.6%，其中食品价格上涨 4.8%。固定资产投资价格上涨 1.1%。工业生产者出厂价格下降 1.7%。工业生产者购进价格下降 1.8%。农产品生产者价格上涨 2.7%。

案例表 7-1　2012 年居民消费价格比上年涨跌幅度（单位：%）

指　　标	全　　国	城　　市	农　　村
居民消费价格	2.6	2.7	2.5
其中：食品	4.8	5.1	4
烟酒及用品	2.9	2.9	2.7
衣着	3.1	2.9	3.8
家庭设备用品及维修服务	1.9	2.1	1.5
医疗保健和个人用品	2	2	2.1
交通和通信	-0.1	-0.3	0.6
娱乐教育文化用品及服务	0.5	0.4	1
居住	2.1	2.2	1.9

70 个大中城市新建商品住宅价格月环比上涨的城市个数年末为 54 个。

年末全国就业人员 76 704 万人，其中城镇就业人员 37 102 万人，全年城镇新增就业 1 266 万人。年末城镇登记率为 4.1%，与上年年末持平。全国农民工总量为 26 261 万人，比上年增 3.9%，其中，外出农民工 16 366 万人，增长 3.0%；本地农民工 9 925 万人，增长 5.4%。

年末国家外汇储备 33 116 亿美元，比上年年末增加 1 304 亿美元。年末人民币汇率为 1 美元兑人民币 6.2855 元人民币，比上年年末升值 0.25%。

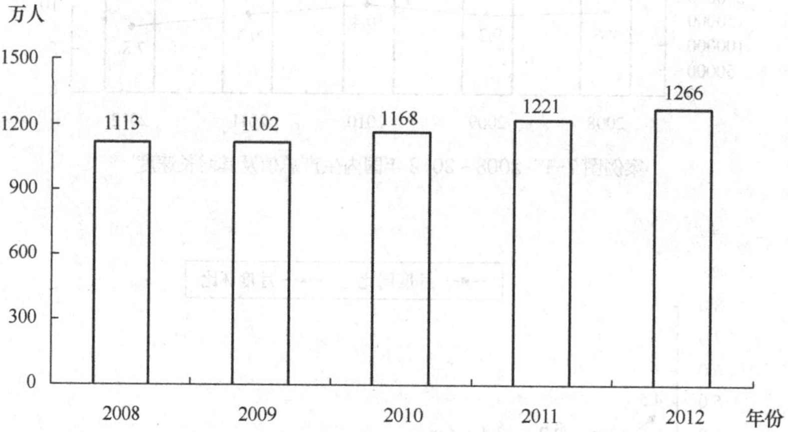

案例图 7-3　2008～2012 年城镇新增就业人数

全年全国公共财政收入 117 210 亿元，比上年增加 13 335 亿元，增长 12.8%。其中税收收入 100 601 亿元，增加了 10 862 亿元，增长 12.1%。

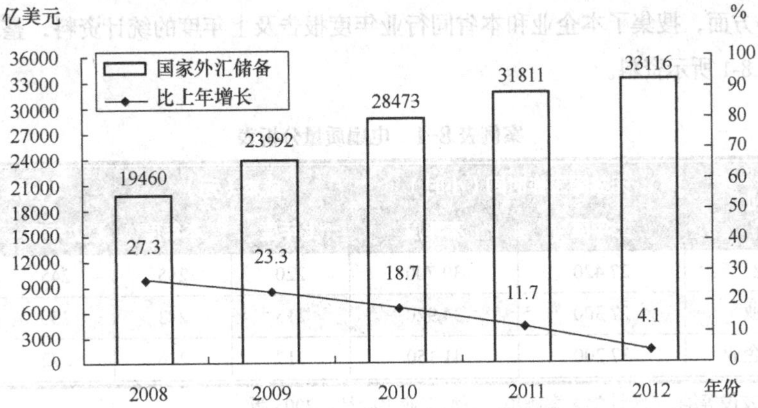

案例图 7-4　2008～2012 年年末国家外汇储备及增长速度

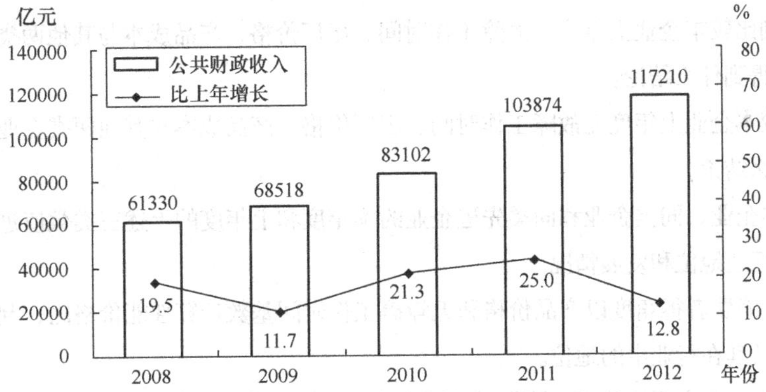

案例图 7-5　2008～2012 年公共财政收入及增长速度

讨论题：

1. 材料中所提到的经济指标，分别属于哪一类综合指标？
2. 材料中所用的是哪种类型的统计图？
3. 这些经济指标所表达的意义是什么？

【案例八】黄河家用电器厂产品竞争能力分析

黄河家用电器厂前两年电扇市场占用率比较高。由于产品质量较好，价格相对较低，无需在销售中花费更多的气力，就可以得到较高的占有率。销售总量在本省同行业总量中所占比例前两年均为 8.3%，2012 年他们沿用过去的销售方法，没有什么新的开拓方法，原以为还可以保持原有的市场占有率，单市场占有率急剧下降，从厂领导到职工，心中都是十分焦急，希望找到原因，重振黄河电器厂的雄风。市场占有率下降，说明企业竞争力减弱。本厂电扇市场占有率为何下降？有什么对策？厂领导责成统计科进行分析研究 。

统计科经过研究认为，影响产品竞争力的主要因素是产品质量、出厂价格、促销策略、售后服务等方面。所以统计科着重就电扇质量的主要指标——无故障工作时间、出厂价格、产品成本等方面，搜集了本企业和本省同行业年度报告及上年度的统计资料，整理分析后，得到案例表 8-1 所示资料。

案例表 8-1　电扇质量分析表

企　业	无故障工作时间（小时）		成本（元）		价格（元）	
	上年度	本年度	上年度	本年度	上年度	本年度
本企业	27 420	39 700	220	245	245	270
同类企业	27 300	34 920	215	213	250	248
同类先进企业	37 200	41 150	217	216	272	272

资料来源：李友俊等编：《统计学》案例集，石油工业出版社，2006 版

讨论题：

1. 分别比较本企业上年度无故障工作时间、出厂价格、产品成本与其他两类企业的绝对数值，可以得到什么结论。

2. 比较本企业上年度无故障工作时间、出厂价格、产品成本与其他两类企业的绝对值，可以得到什么结论。

3. 对本企业、同类企业和同类先进企业的本年度和上年度的上述三类数值进行比较，判断本企业的行业地位和发展情况。

4. 站在消费者得角度以产品价格和无障碍工作时间基数计算性能价格比，判断本企业的性价情况，及其在行业中的地位。

通过以上 4 个方面的分析，请您对黄河电器厂今年产品竞争力下降的原因作出诊断。

【案例九】我国农村居民的收入水平差异

随着城市化进程的加速，我国乡村人数占总人口的比例呈现出逐年下降的趋势，到 2009 年，这一比例下降到 53.41%。提高居民的收入水平一直是提高居民的收入水平、实现和谐社会目标的重点和难点。“十一五”计划期间，我国国民经济保持平稳较快发展，各地区农村居民收入水平有了很大幅度的提高，但同时也存在很多问题。其一就是，由于各地经济发展很不平衡，导致各地区农村收入水平也存在很大差异。为了对此有个清晰正确的认识，案例表 11-1 选择了“十一五”期间的 2007 年、2008 年、和 2009 年的统计数据，利用这些年的统计数据可进行科学的定量分析。

案例表 9-1　我国人口数及各地区农村居民家庭人均纯收入表

地　区	年末乡村人口（万人）			人均纯收入（元）	
	2007	2008	2009	2008	2009
全国	72 750	72 135	71 288	4 760.62	5 153.17
北京	253	256	263	10 661.92	11 668.59
天津	264	268	270	7 910.78	8 687.56

续表

地区	年末乡村人口（万人）			人均纯收入（元）	
	2007	2008	2009	2008	2009
河北	4 148	4 061	4 609	4 795.46	5 149.67
山西	1 899	1 872	1 851	4 097.24	4 244.7
内蒙古	1 199	1 166	1 129	4 656.18	4 937.8
辽宁	1 754	1 724	1 712	5 576.48	5 958
吉林	1 279	1 279	1 279	4 932.74	5 260.91
黑龙江	1 763	1 706	1 703	4 855.59	5 206.76
上海	210	215	219	11 440.26	12 482.94
江苏	3 569	3 509	3 430	73 56.47	8 003.54
浙江	2 166	2 171	2 181	9 257.93	10 007.31
安徽	3 570	3 650	3 550	4 202.49	4 504.32
福建	1 837	1 806	1 763	6 196.07	6 680.18
江西	2 630	2 580	2 518	4 696.19	5 075.01
山东	4 988	4 935	4 894	5 641.43	6 118.77
河南	6 146	6 032	5 910	4 454.24	4 806.95
湖北	3 174	3 130	3 089	4 656.38	5 035.26
湖南	3 748	3 691	3 639	4 512.46	4 906.94
广东	3 483	3 496	3 528	6 399.79	6 906.93
广西	3 040	2 978	2 952	3 690.34	3 980.44
海南	446	444	440	4 389.97	4 744.36
重庆	1 455	1 420	1 384	4 126.21	4 478.35
四川	5 234	5 094	5 017	4 121.21	4 462.05
贵州	2 700	2 689	2 663	2 796.93	3 005.41
云南	3 088	3 044	3 017	3 102.6	3 369.34
西藏	204	222	211	3 175.82	3 531.72
陕西	2 226	2 178	2 131	3 132.46	3 437.55
甘肃	1 790	1 783	1 775	2 723.79	2 980.1
青海	331	327	324	3 061.24	3 346.15
宁夏	341	340	337	3 681.42	4 048.33
新疆	1 275	1 286	1 299	3 502.9	3 883.1

资料来源：《中国统计年鉴（2007）》《中国统计年鉴（2008）》和《中国统计年鉴（2009）》，中国统计出版社，2007年版、2008年版和2009年版

讨论题：

1. 全国的农村居民人均收入与31个地区的农村居民人均收入之间存在什么样的数量关系？

2. 根据案例表9-1中的数据，应该用简单算术平均法，还是用加权算术平均法来计算各地农村居民人均纯收入的平均水平？为什么？

3. 利用 Excel 分别按上述两种平均法计算出 2008 年、2009 年的居民人均纯收入水平，指出哪种方法得到的计算结果比较大，并结合表中的数据具体解释其原因。

4. 可以计算哪些指标来说明各地区农村居民人纯收入的差异程度？

5. 利用 Excel 分别来计算出 2008 年、2009 年的 居民人均纯收入的主要变异指标。

6. 比较 2008 年、2009 年的居民人均纯收入水平的平均水平和差异程度的计算结果，你能够得出什么结论？尝试写出简要的文字分析说明。

【案例十】农村居民收入与消费的关系

经济学理论和常识表明，居民的收入水平与消费水平和消费结构都有一定。它们之间到底有什么样的关系呢？可以用统计方法对这些关系进行定量分析，并且做出合理的解释和估计、预测。

案例表 10-1 是 2010 年我国 31 个地区的农村居民家庭的人均纯收入、人均生活消费支出、人均食品消费支出和食品消费支出占生活消费支出的比重的实际数据。

案例表 10-1　我国几个地区农村居民家庭人均纯收入、人均生活消费支出及其比重（2011 年）

地　区	人均纯收入（元）	人均生活消费支出（元）	人均食品消费支出（元）	人均食品消费支出占人均生活消费支出的比重（%）
全国	6 977.29	5 221.13	2 107.34	40.36
北京	14 735.68	11 077.66	3 593.48	32.44
天津	12 321.22	6 725.42	2 375.97	35.33
河北	7 119.69	4 711.16	1 579.65	33.53
山西	5 601.40	4 586.98	1 729.91	37.71
内蒙古	6 641.56	5 507.72	2 067.03	37.53
辽宁	8 296.54	5 406.41	2 116.30	39.14
吉林	7 509.95	5 305.75	1 872.09	35.28
黑龙江	7 590.68	5 333.61	2 072.44	38.86
上海	16 053.79	11 049.32	4 517.16	40.88
江苏	10 804.95	8 094.57	2 839.93	35.08
浙江	13 070.69	9 965.08	3 714.82	37.28
安徽	6 232.21	4 957.29	2 055.23	41.46
福建	8 778.55	6 540.85	3 032.17	46.36
江西	6 891.63	4 659.87	2 106.37	45.20
山东	8 342.13	5 900.57	2 107.07	35.71
河南	6 604.03	4 319.95	1 559.74	36.11
湖北	6 897.92	5 010.74	1 954.62	39.01
湖南	6 567.06	5 179.36	2 343.06	45.24

续表

地　区	人均纯收入（元）	人均生活消费支出（元）	人均食品消费支出（元）	人均食品消费支出占人均生活消费支出的比重（%）
广东	9 371.73	6 725.55	3 301.14	49.08
广西	5 231.33	4 210.89	1 844.94	43.81
海南	6 446.01	4 166.13	2 137.90	51.32
重庆	6 480.41	4 502.06	2 108.61	46.84
四川	6 128.55	4 675.47	2 161.65	46.23
贵州	4 145.35	3 455.78	1 646.53	47.65
云南	4 721.99	3 999.87	1 883.95	47.10
西藏	4 904.28	2 741.60	1 384.65	50.51
陕西	5 027.87	4 491.71	1 344.99	29.94
甘肃	3 909.37	3 664.91	1 548.19	42.24
青海	4 608.46	4 536.81	1 716.39	37.83
宁夏	5 409.95	4 726.64	1 762.53	37.29
新疆	5 442.15	4 397.82	1 589.46	36.14

资料来源：《中国统计年鉴（2012）》，中国统计出版社，2012 年版

讨论题：

1. 家庭居民的人均收入分别与人均生活消费支出、人均食品消费支出和食品消费支出占生活消费支出的比重等变量之间存在什么关系？尝试利用恰当的统计图表和统计指标来说明。

2. 如果存在相关关系，则具体说明他们之间分别是什么性质（方向）、形态和强度的相关关系。

3. 上述变量之间的关系能否用一定的数学关系式（回归方程）来表达？如果能够，应该建立什么样的关系式？自变量和因变量分别是什么？

4. 试求出具体的回归方程，并解释所估计的回归方程中回归系数的具体意义。

5. 上述定量分析结论与经济学理论相符合吗？

6. 若已知某地区农村居民家庭的人均纯收入时，能否估计出该地区农村居民家庭的人均消费支出或人均食品消费支出？

【案例十一】我国社会消费品零售总额分析

近年来，随着中国社会经济的快速发展，城乡居民和社会集团的消费水平不断提高，而且由于社会主义市场经济体制的建立，国内消费需求对经济增长所发挥的作用也更趋明显。为了分析近年来我国城乡居民和社会集团消费需求的发展态势，预测未来我国城乡居民和社会集团消费需求的基本走势，需要对我国国内消费需求的发展变化做具体的数量分析。在各类

与消费有关的统计数据中，社会消费零售总额是表现国内消费需求最直接的数据。它是反映各行业通过多种商品流通渠道向居民和社会集团供应的生活消费品总量，是研究国内零售市场变动情况，反映经济景气程度的重要指标。

案例表 11-1 收集了我国社会消费品零售总额的月度数据。根据这些数据可以分析研究我国社会消费品零售总额的水平、速度和构成因素等各种数量特征。

案例表 11-1　我国社会消费品零售总额（2005～2011 年）　　单位：亿元

月份	2005 年	2006 年	2007 年	2008 年	2009 年	2010 年	2011 年
1	5 300.9	6 641.6	7 488.3	9 077.3	10 756.6	12 718.4	15 249
2	5 012.2	6 001.9	7 013.7	8 354.7	9 323.8	12 334.2	13 769.1
3	4 799.1	5 796.7	6 685.8	8 123.2	9 317.6	11 321.7	13 588
4	4 663.3	5 774.6	6 672.5	8 142	9 343.2	11 510.4	13 649
5	4 899.2	6 175.6	7 157.5	8 703.5	10 028.4	12 455.1	14 696.8
6	4 935	6 057.8	7 026	8 642	9 941.6	12 329.9	14 565.1
7	4 934.9	6 012.2	6 998.2	8 628.8	9 936.5	12 252.8	14 408
8	5 040.8	6 077.4	7 116.6	8 767.7	10 115.6	12 569.8	14 705
9	5 495.2	6 553.6	7 668.4	9 446.5	10 912.8	13 536.5	15 865.1
10	5 846.6	6 997.7	8 263	10 082.7	11 717.6	14 284.8	16 546.4
11	5 909	6 821.7	8 104.7	9 790.8	11 339	13 910.9	16 128.9
12	6 850.4	7 499.2	9 015	10 728.5	12 610	15 329.5	17 739.7

资料来源：国家统计局网站：http://www.stats.gov.con/tjsi

讨论题：

1. 利用 Excel 绘制出该动态数列的折线图。

2. 按动态数列构成因素的分类和特征，观察折线图并说明我国社会消费品零售总额的变化中受哪几种构成因素的影响？

3. 对上述月度数据计算同比增长速度和环比增长速度各有什么意义？

4. 汇总出各年度社会消费品零售总额，并根据年度数据计算 2002~2008 年间的：

（1）年平均发展水平。

（2）各年的逐期增长量、累计增长量和年平均增长量，验证逐期增长量与累计增长量之间的关系。

（3）各年的发展速度（环比、定基）、增长速度（环比、定基）、平均发展速度和平均增长速度，并观察有没有增长速度超过一般水平的年份。

（4）年度社会消费品零售总额呈现出哪种形态的长期趋势？并预测 2012 年和 2013 年的发展水平。

【案例十二】预测食品和饮料的销售量

Vintage 饭店位于靠近佛罗里达的 Fort Myers 的 Captiva 岛上，是一个公众常去的场所。它由 Karen Payne 拥有和经营，到目前经营已超过 30 年。在这期间，Karen 一直在寻求建立以新鲜海味设置的高质量正餐的饭店信誉。Karen 及其员工的努力被证实是成功的，她的饭店成为岛上最好的营业额增长最快的饭店之一。

Karen 为确定饭店未来的增长计划，需要建立一个系统，这个系统可使她提前一年预测今后每个月食品和饮料的销售量。Karen 拥有如下资料，这些资料是在三年的经营中有关食品和饮料销售总量，如案例表 12-1 所示。根据这些资料，可以分析 Vintage 饭店的销售资料。

案例表 12-1　三年 Kaven 饭店食品和饮料月销售总量

月份	1	2	3	4	5	6	7	8	9	10	11	12
第一年	242	235	232	178	184	140	145	152	110	130	152	206
第二年	263	238	247	193	193	149	157	161	122	130	167	230
第三年	282	255	265	205	210	160	166	174	126	148	173	235

讨论题：

1. 利用 Excel 绘制出该动态数列的折线图。

2. 计算每个月的季节指数，并讨论各月销售量的高低。季节指数有直观上的意义吗？对此加以讨论。

3. 预测第 4 年各月的销售量。

4. 假设第 4 年 1 月份的销售额为 295 000 美元，你的预测误差为多少？如果这个误差太大，Karen 可能会对你的预测值和实际销售额的差异产生疑虑，你将如何消除她对预测方法的疑虑？

【案例十三】解读 2010 年天津市的价格水平

2010 年，天津市全市居民消费价格总水平比上年上涨 5.1%，如案例表 13-1 所示，涨幅高于上年 2.7 个百分点。其中，低收入层的居民消费价格总水平上涨 8.9%，高于上年 3.3 个百分点；食品价格上涨 16.1%，非食品价格上涨 0.3%；消费品价格上涨 7%，服务项目价格下降 0.1%。

案例表 13-1　居民消费价格变动幅度　（单位：%）

指　标	2008 年	其中：低收入层	2007 年	其中：低收入层
居民消费价格总水平	5.1	8.9	2.4	5.6
食品	16.1	20.2	9.2	13.4
其中：粮食	8.9	9.5	7.4	7.1
肉禽及其制品	25.1	28.4	28.7	33.7
油脂	21.3	30.6	17.3	21.1
烟酒及用品	6	8.8	1.8	1.8
衣着	-0.9	1.9	0	3.8
家庭设备用品及维修服务	4.4	5.4	0.4	2.4

续表

指　标	2008年	其中：低收入层	2007年	其中：低收入层
医疗保健和个人用品	2	1.7	0.3	0.8
交通和通信	-2.4	1	-4.3	-2.5
娱乐教育文化用品及服务	-2	-0.3	-0.8	-0.5
居住	3	1.8	3.5	3.4

资料来源：根据国家统计局网站，《天津市2010年国民经济和社会发展统计公报》整理

农产品生产价格比上年上涨12.3%，涨幅比上年回落2.1个百分点。工业品出厂价格上涨3.3%（上年为下降0.3%）；原材料、燃料、动力购进价格上涨15.8%，涨幅高于上年10.8个百分点。固定资产投资价格上涨7.8%，涨幅高于上年5个百分点。土地交易价格上涨11.6%，涨幅高于上年2.2个百分点。

房屋销售价格比上年上涨9.5%，涨幅比上年回落1.9个百分点。其中新建住宅销售价格上涨11.9%，涨幅回落0.9个百分点；二手住宅价格上涨6.2%，涨幅回落4个百分点。

房屋租赁价格上涨1.8%，涨幅比上年回落0.9个百分点。其中住宅租赁价格上涨2.4%，涨幅回落1个百分点。

在国内贸易方面，全年实现社会消费品零售额4 589亿元，比上年增长20.801 0，增幅比上年提高4.8个百分点，扣除价格因素后，实际增长15.7%（见案例表13-2）。

案例表13-2　2008年社会消费品零售额　（单位：亿元）

指　标	2008年	比上年增长（%）
社会消费品零售额	4 589	20.8
按商品用途分		
吃的商品	1 138.9	22.2
穿的商品	430.6	21
用的商品	2 659.9	21.7
烧的商品	359.6	9.9
按行业分		
批发、零售贸易业	4 044.4	21.2
餐饮业	411.1	19.9
其他行业	133.5	9.9
按地区分		
城镇	4 038.3	21.2
郊区	550.7	17.6

资料来源：根据国家统计局网站《天津市2010年国民经济和社会发展统计公报》整理

讨论题：

1. “指数”与“增减率”有何关系？2008年居民消费价格指数是多少？

2. 居民消费价格指数”是分几个大类计算的（按消费类别划分）？2008 年价格上升最快的是哪一个大类？“居民消费价格指数”与各个大类消费价格指数应该存在什么样的数量关系？

3. “居民消费价格指数”与“商品零售价格指数”包括的范围有什么区别？为什么北京市要另外计算低收入层的居民消费价格指数？

4. 案例分析中提到“全年实现社会消费品零售额 4 589 亿元，比上年增长 20.8%，增幅比上年提高 4.8 个百分点，扣除价格因素后，实际增长 15.7%。”如何理解这段话中两个增长率的关系？“实际增长 15.7%”到底反映的是什么因素的增长？这个增长率对研究居民生活水平变化有什么意义？

5. 能否利用指数体系对 2008 年社会消费品零售额的变动情况进行因素分析（与 2007 年相比），包括相对数分析和绝对数分析？若能，请计算并作出分析说明。

【案例十四】全国农村居民的人均纯收入变动的因素分析

在【案例九】中，我们提到过这样的问题：“全国的农村居民人均纯收入与 31 个地区的农村居民人均纯收入之间存在什么样的数量关系？”显然，全国的农村居民人均纯收入是各地区农村居民人均纯收入的一般水平或平均水平，但它不是后者的简单算术平均，而是加权算术平均数。也就是说，从动态来看，全国农村居民人均纯收入的变动不仅要各地区农村居民人均纯收入变动的影响，还要受全国农村人口数的地区构成变动的影响，是这两个因素到底各有多大影响力呢？如何定量说明呢？学习了指数分析这一章后，可以用统计指数的方法来对此作因素分析。

讨论题：

1. 与 2008 年相比，2009 年全国农村居民人均纯收入的变动程度和变动幅度是多少（分别用相对数和绝对数来表示）？

2. 全国农村人口数的地区构成变动对全国农村居民人均纯收入变动的影响是多大（分别用相对数和绝对数来表示）？

3. 各地区的农村居民人均纯收入提高对全国农村居民人均纯收入变动的影响是多大（分别用相对数和绝对数来表示）？

4. 以上 3 个问题的计算结果存在什么样的数量关系？请对上述计算结果以及它们之间的关系作简要的文字说明。

【案例十五】美国劳工部劳工统计局

美国劳工部通过劳工统计局（Bureau of Labor Statistics）编纂各类指数及其他统计资料，如劳工统计局制和出版的消费价格指数、生产价格指数以及各类工人的平均工作时间与收入等资料，以此作为反映美国商业和经济活动的晴雨表。由劳工统计局编制的指数中，应用最广泛的是消费价格指数，它常常被用于测量通货膨胀。

1998 年 1 月美国劳工统计局的报告显示。1997 年 12 月的消费价格指数比 11 月上涨 0.1%，而基础通货膨胀率上升 0.2%。基础通货膨胀率不包含消费价格指数中的挥发性食品和能源部分，有时它也被认为是反映通货膨胀压力的较好的显示器。1997 年 12 月，食品指数下降 0.1%，能源指数下降 1.6%。整个 1997 年，消费价格指数仅仅上涨 1.7%。

许多经济学家和金融分析家声称美国进入了一个新的非通货膨胀时代。这是因为从 1991 年到 1997 年，消费价格指数年平均增长率为 2.7%，而 1997 年 12 月底的 1.7%的增长率，是自 1986 年石油价格下降使通货膨胀保持在 1.1%最小的年增长率。另外，1997 年下半年的亚洲金融危机，也是希望保持低通货膨胀的另一原因。凭借较为强大的美元，预期进口商品的价格能真正降低，以此对价格创造一个向下的压力，进口价格的竞争预期也能促进美国公司保持低价。这对于消费者来说，是一个好消息，但对于社会保障受益者和雇佣劳动者来说，未必是好消息。这是因为社会保障救济金和一些劳动合同也被用于计算消费价格指数。

另外，由已给的生产价格指数显示，在不久的将来通货膨胀的压力也会减轻。生产价格指数用于测量批发市场价格的变动，而且常常被看作是消费价格指数变动的主要“晴雨表”。1997 年 12 月，生产价格指数实际下降 0.2%，对整个 1997 年，批发商支付的价格下降 1.2%。

资料来源：[美]戴维. R. 安德林：《商务与经济统计》（中文版），机械工业出版社，2003 年版

讨论题：

1. 消费价格指数和生产价格指数分别有何作用？
2. 消费价格指数和生产价格指数有何不同？两者存在正相关关系吗？请解释。
3. 假设在过去 12 个月，消费物价指数上升 2.3%，即表示什么？
4. 假设下表代表了美国某年的消费情况，请完成下表并计算消费价格指数。

	计量单位	平均价格（美元）		指数（%）	权数	指数*权数
		基期	计算期			
一、食品类				104.15	42	
二、衣着类				95.46	15	
三、家庭设备及用品				102.70	11	
四、医疗保健				110.43	3	

续表

	计量单位	平均价格（美元）		指数（%）	权数	指数*权数
五、交通和通信工具				98.54	4	
1. 交通工具					60	
汽车	辆	21 350	21 678		80	
摩托车	辆	1 580	1 692		10	
自行车	辆	250	255		10	
2. 通信工具					40	
固定电话	部	34	31		10	
手机	部	450	400		90	
六、文教娱乐用品				101.26	5	
七、居住项目				103.50	14	
八、服务项目				108.74	6	
总指数						

参考文献

[1] 贾俊平，何晓群，金勇进. 统计学（第五版）[M].北京：中国人民大学出版社，2012.
[2] 蔡火娣，梁丹婴. 统计学实训与案例（第二版）[M]. 北京：经济科学出版社，2013.
[3] 胡宝坤. 统计学实用技术[M]. 北京：人民邮电出版社，2011.
[4] 梁烨，柏芳. Excel 统计分析与应用[M]. 北京：机械工业出版社，2009.
[5] 冯力. 统计学实验[M]. 大连：东北财经大学出版社，2008.
[6] 薛薇. SPSS 统计分析方法与应用[M]. 北京：电子工业出版社，2004.
[7] 刘星. 应用统计学实验[M]. 重庆：重庆大学出版社，2007.
[8] 袁卫，庞皓，曾五一. 统计学[M]. 北京：高等教育出版社，2008.
[9] 张慧卉，石宝峰，廉晓红译.现代商务统计（第 2 版）[M]. 北京：清华大学出版社，2007.
[10] 罗洪群，王青华，田义江. 统计学基础[M]. 北京：清华大学出版社，2007.
[11] 姚忠云，陈世文. 统计学原理[M]. 广州：华南理工大学出版社，2007.
[12] 阮红伟. 统计学基础[M]. 北京：电子工业出版社，2005.